"十四五"教育部高等学校
电子商务类教学指导委员会规划教材

电子商务数据运营与管理

E-commerce Data Operation and Management

（第 2 版）

邹益民　隋东旭　编著

人民邮电出版社

北　京

图书在版编目（CIP）数据

电子商务数据运营与管理 / 邹益民，隋东旭编著
. -- 2版. -- 北京：人民邮电出版社，2022.4
"十四五"教育部高等学校电子商务类教学指导委员
会规划教材
ISBN 978-7-115-58775-6

Ⅰ．①电… Ⅱ．①邹… ②隋… Ⅲ．①电子商务—数
据处理—高等学校—教材 Ⅳ．①F713.36②TP274

中国版本图书馆CIP数据核字(2022)第036169号

内 容 提 要

在电子商务领域，商家常常通过对数据进行专业分析，挖掘其内在的价值，发现新的商机，扩大市场份额。本书以提高读者的电子商务数据分析能力为宗旨，以帮助读者解决电子商务运营过程中涉及的数据分析问题为目标，注重理论知识的系统性，强调案例内容的实用性。通过对本书的学习，读者不仅能够了解如何开展电子商务数据分析，还可以学会具体的操作方法。本书分为 10 章，主要内容包括绪论、电子商务数据采集与预处理、电子商务市场数据分析、电子商务竞争店铺数据分析、电子商务商品数据分析、电子商务数据化选品与采购、电子商务流量推广数据分析、库存数据分析、客户画像数据分析、电子商务数据可视化与商业报告。

本书可作为高等院校电子商务、跨境电子商务、网络营销与直播电商、商务数据分析、国际经济与贸易等专业相关课程的教材，也可作为电子商务企业管理者、数据分析师、网店商家的自学用书。

◆ 编　著　邹益民　隋东旭
　　责任编辑　刘向荣
　　责任印制　李　东　胡　南

◆ 人民邮电出版社出版发行　　北京市丰台区成寿寺路 11 号
　　邮编　100164　电子邮件　315@ptpress.com.cn
　　网址　https://www.ptpress.com.cn
　　固安县铭成印刷有限公司印刷

◆ 开本：787×1092　1/16
　　印张：13.25　　　　　　　　2022 年 4 月第 2 版
　　字数：363 千字　　　　　　 2025 年 1 月河北第 8 次印刷

定价：49.80 元

读者服务热线：(010)81055256　印装质量热线：(010)81055316
反盗版热线：(010)81055315
广告经营许可证：京东市监广登字 20170147 号

前 言 Preface

党的二十大报告指出，与其他生产要素相比，数据具有可复制性、非消耗、边际成本接近零等新特征，打破了自然资源有限供给对增长的制约，能够为经济转型升级提供不竭动力。21世纪以来，随着我国经济的快速发展，商业得到了前所未有的发展，我国的电子商务更是乘着经济发展的东风迅速腾飞。电子商务是通过互联网等信息网络销售商品或者提供服务的经营活动，是数字经济和实体经济的重要组成部分，是催生数字产业化、拉动产业数字化、推进治理数字化的重要引擎，是提升人民生活品质的重要方式，是推动国民经济和社会发展的重要力量。我国的电子商务已深度融入生产、生活的各领域，在经济、社会数字化转型方面发挥了举足轻重的作用。"十四五"时期，电子商务将充分发挥连通线上线下、生产消费、城市乡村、国内国际的独特优势，全面践行新发展理念，以新动能推动新发展，成为促进强大国内市场、推动更高水平对外开放、抢占国际竞争制高点、服务构建新发展格局的关键动力。电子商务要想顺利发展，就必须有科学、有效的数据分析作为引导与支撑。

本书主要内容

本书旨在让读者更好地了解电子商务中数据分析的重要性，熟悉常用的数据分析工具，了解如何在电子商务中开展数据分析工作。本书以电子商务数据分析中的应用为主线，主要从电商卖家自身、竞争对手、商品数据、采购—销售—库存数据、客户画像等方面对电子商务数据分析进行深入讲解。本书共分为10章，主要内容包括绪论、电子商务数据采集与预处理、电子商务市场数据分析、电子商务竞争店铺数据分析、电子商务商品数据分析、电子商务数据化选品与采购、电子商务流量推广数据分析、库存数据分析、客户画像数据分析、电子商务数据可视化与商业报告。

本书编写思路

本书以电子商务行业发展为导向，突出了"以应用为主线，以技能为核心"的编写特点，体现了"导教相融、学做合一"的思想，系统地阐述了电子商务数据运营与管理的基础知识和使用技巧，以"实用、适度、够用"为原则，重点突出"应用"和"能力"，本书的目标是让读者在了解电子商务数据概念及岗位要求的基础上，快速掌握电子商务数据运营与管理的方法、技巧并应用到实战中。

本书从电子商务数据基础知识入手，清晰地展示了电子商务数据的各个主要领域，包括竞争店铺数据、商品数据、流量推广数据、销售数据、库存数据、客户画像数据等，全方位、多角度地介绍了电子商务数据从业人员必须掌握的各种知识和实战技能，培养其运营的思维，并使其在今后的实际工作中，能有效运用数据策略和技巧，胜任数据运营与分析相关岗位。

本书特点

（1）多学科知识交融，实操性强。本书将统计学理论、数据分析工具应用于电子商务的商业运营分析之中，深入浅出，具有指导性和实用性。同时本书以电子商务店铺的实际数据分析为例，从实践角度帮助读者熟悉和掌握具体的数据分析操作流程。

（2）图文解说教学，可读性强。与传统教材以理论介绍为主的编写方式不同，本书用形象的思维导图和丰富的图片来满足读者的思维需求，帮助其迅速掌握电子商务数据分析的基础知识与技能。

（3）以产教融合、工学结合为目标，以"课岗证融通、教学做一体化"为导向。通过"做中学、学中做"，让读者拥有必备的电商数据分析初始能力（当前应用能力）和长远能力（潜在能力）。

（4）配套资源丰富，方便教学。本书提供电子教案、多媒体课件、模拟试卷及答案、操作视频、拓展资料等配套教学资源，读者可登录人邮教育社区下载。

基于对高等院校课程体系的广泛调研，建议将电子商务数据运营与管理课程设置为 64 学时，4 学分。其中，40 学时为理论教学，24 学时为实践教学。

本书由邹益民和隋东旭老师编著，邹益民老师负责全书的整体构思、章节设计和编写统筹与安排等工作。具体分工如下：第 1 章～第 4 章由邹益民老师编写，第 5 章～第 10 章由隋东旭老师编写。编者均有非常扎实的理论基础学识和丰富的教学经验。

本书不仅教会读者如何收集和获取电子商务的各种数据，还详细说明了分析和处理这些数据的方法，以培养读者分析电子商务数据的能力。同时本书还依据电子商务数据从业人员的岗位需求，有针对性地向读者提供大量电子商务数据分析的实训内容，有助于读者快速掌握电子商务数据分析的技能。

本书在编写的过程中参阅了大量的资料，同时也借鉴了国内外专家学者的研究成果，由于数量众多，有些资料几经转载未能找到原作者，未能一一列出，在此一并表示真挚的谢意。

鉴于编者水平有限，书中难免有疏漏之处，敬请广大读者不吝赐教，以便再版时及时更正。

编者

目 录 Contents

第1章　绪论

1.1　数据化运营概述 / 2

1.1.1　数据化运营的概念 / 2

1.1.2　数据化运营的作用和意义 / 2

1.1.3　数据化运营的要求 / 3

1.1.4　电子商务与电子商务数据化运营 / 6

1.2　数据化运营的流程 / 7

1.2.1　需求分析 / 7

1.2.2　数据采集 / 8

1.2.3　数据清洗 / 8

1.2.4　数据分析 / 8

1.2.5　数据可视化 / 12

1.2.6　数据分析报告 / 12

1.2.7　应用 / 13

1.3　电子商务数据化运营的指标与体系 / 13

1.3.1　电子商务数据化运营的指标 / 13

1.3.2　电子商务数据化运营的体系 / 14

思考题 / 15

第2章　电子商务数据采集与预处理

2.1　电子商务数据采集 / 17

2.1.1　电子商务数据采集的概念和流程 / 17

2.1.2　电子商务数据采集的方法 / 18

2.1.3　电子商务数据采集的工具 / 23

2.2　电子商务数据预处理 / 28

2.2.1　数据类型 / 28

2.2.2　缺失值与异常值处理 / 28

2.2.3　数据合并 / 29

2.2.4　数据分组 / 37

2.2.5 数据变形 / 39

2.3 电子商务数据采集实例 / 41

思考题 / 48

第3章 电子商务市场数据分析

3.1 电子商务市场分析 / 50

3.1.1 电子商务市场分析的工作及模型 / 50

3.1.2 电子商务市场行情分析与行业数据挖掘 / 57

3.2 电子商务市场数据分析实例 / 62

3.2.1 分析市场规模 / 62

3.2.2 分析市场趋势 / 63

3.2.3 分析市场竞争和竞争趋势 / 65

3.2.4 分析行业最佳价格波段 / 68

3.2.5 综合分析市场，撰写分析报告 / 71

思考题 / 74

第4章 电子商务竞争店铺数据分析

4.1 电子商务竞争店铺数据分析 / 76

4.1.1 竞争对手概述 / 76

4.1.2 竞争店铺数据概述 / 80

4.1.3 撰写营销分析报告 / 84

4.2 电子商务竞争店铺数据分析实例 / 85

4.2.1 竞争对手的识别与分层 / 85

4.2.2 确定竞争店铺品类布局规划 / 87

4.2.3 确定竞争店铺价格布局 / 88

4.2.4 研究竞争店铺数据，撰写竞争店铺分析报告 / 89

思考题 / 91

第5章 电子商务商品数据分析

5.1 电子商务商品分析 / 93

5.1.1 商品分析的概念 / 93

5.1.2 商品分析的内容与指标 / 93

5.2 商品需求与定价分析 / 94

5.2.1 商品需求分析的内容与流程 / 94

5.2.2 商品定价的过程与策略 / 95

5.2.3 商品组合的优化原则与营销策略 / 100

5.3 商品利润与商品生命周期分析 / 102

5.3.1 商品利润预测的方法与流程 / 102

5.3.2 商品各生命周期的营销策略 / 104

5.4 电子商务商品数据分析实例 / 106

5.4.1 分析竞品基本情况 / 106

5.4.2 分析竞品价格波动 / 107

5.4.3 分析竞品SKU / 108

5.4.4 研究竞品数据，撰写竞品分析报告 / 109

思考题 / 111

第6章 电子商务数据化选品与采购

6.1 电子商务选品 / 113

6.1.1 电子商务选品管理 / 113

6.1.2 电子商务选品思路 / 115

6.1.3 电子商务选品方法 / 116

6.2 采购数据分析 / 117

6.2.1 采购的分类 / 117

6.2.2 电子商务采购的优势 / 119

6.2.3 电子商务采购的模式与流程 / 119

6.2.4 采购成本数据分析的指标 / 121

6.3 电子商务选品与采购实例 / 122

6.3.1 分析热卖商品特征进行选品 / 122

6.3.2 分析新品表现进行选品 / 125

6.3.3 采购成本的预测 / 126

思考题 / 128

第7章 电子商务流量推广数据分析

7.1 网站流量数据 / 130

7.1.1 网店运营分析 / 130

7.1.2 转化率 / 130

7.1.3 点击率 / 131

7.1.4 购买频率 / 131

7.1.5 收藏率与加购率 / 132

7.1.6 投资回报率 / 132

7.1.7 毛利润率 / 132

7.2 店铺流量数据 / 133

7.2.1 店铺每日流量数据分析 / 133

7.2.2 店铺每周流量数据分析 / 135

7.2.3 店铺长期流量数据分析 / 136

7.3 关键词数据分析 / 137

7.3.1 词根与关键词 / 137

7.3.2 关键词主要来源 / 137

7.3.3 关键词有效度分析 / 139

7.4 电子商务流量推广数据分析实例 / 140

思考题 / 143

第8章 库存数据分析

8.1 库存数据分析 / 144

8.1.1 库存系统的概念与电子商务库存的
组成 / 144

8.1.2 库存数据分析的指标 / 145

8.1.3 库存预测的方法 / 146

8.1.4 库存管理实施 / 147

8.2 库存数据分析实例 / 149

思考题 / 152

第9章 客户画像数据分析

9.1 客户画像分析 / 154

9.1.1 客户画像概述 / 154

9.1.2 客户画像分析的流程 / 155

9.1.3 客户画像分析的指标 / 156

9.2 客户特征与行为分析 / 158

9.2.1 客户特征分析的概念 / 158

9.2.2 客户特征分析的内容 / 158

9.2.3 客户行为分析的概念 / 160

9.2.4 客户行为分析的内容与流程 / 161

9.3 利用RFM模型进行客户画像数据分析 / 161

9.3.1 RFM模型简介 / 161

9.3.2 RFM模型的应用 / 164

9.4 电子商务消费者舆情数据分析实例 / 165

9.4.1 分析商品评论 / 165

9.4.2 分析客户问题 / 174

9.4.3 RFM模型分析 / 175

9.4.4 撰写消费者舆情分析报告 / 181

思考题 / 182

第10章 电子商务数据可视化与商业报告

10.1 电子商务数据可视化概述 / 183

10.1.1 电子商务数据可视化认知 / 183

10.1.2 电子商务数据可视化的步骤 / 184

10.1.3 使用Excel制作电子商务数据图表 / 185

10.1.4 使用特殊图表实现数据可视化 / 195

10.2 电子商务数据商业报告 / 198

10.2.1 电子商务数据商业报告的内容 / 198

10.2.2 电子商务数据商业报告写作实例 / 199

思考题 / 204

![章节目标图标] **章节目标**

- 了解数据化运营的概念与作用
- 了解数据化运营的流程
- 掌握电子商务数据化运营的体系

![学习重点图标] **学习重点**

- 数据化运营的要求
- 数据化运营的流程
- 电子商务数据化运营的体系

![学习难点图标] **学习难点**

- 数据化运营的流程
- 电子商务数据化运营的体系

![本章思维导图图标] **本章思维导图**

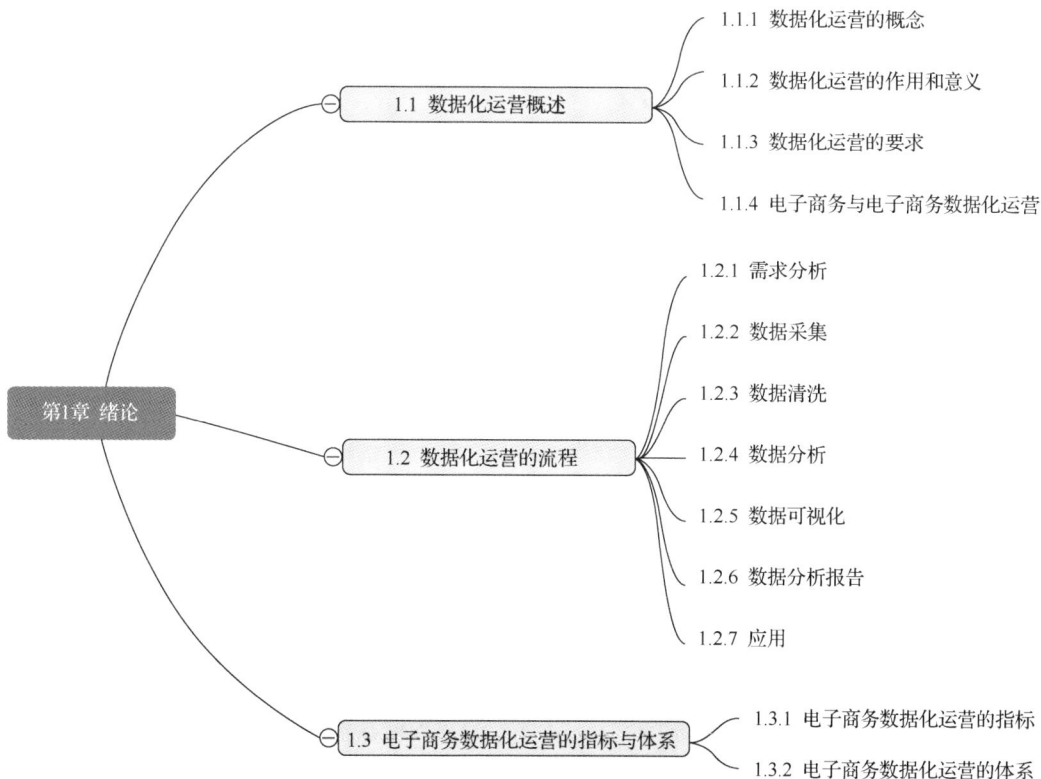

```
                                    ┌─ 1.1.1 数据化运营的概念
                                    │
                       1.1 数据化运营概述 ──┼─ 1.1.2 数据化运营的作用和意义
                                    │
                                    ├─ 1.1.3 数据化运营的要求
                                    │
                                    └─ 1.1.4 电子商务与电子商务数据化运营

                                    ┌─ 1.2.1 需求分析
                                    │
                                    ├─ 1.2.2 数据采集
                                    │
                                    ├─ 1.2.3 数据清洗
                                    │
  第1章 绪论 ───── 1.2 数据化运营的流程 ──┼─ 1.2.4 数据分析
                                    │
                                    ├─ 1.2.5 数据可视化
                                    │
                                    ├─ 1.2.6 数据分析报告
                                    │
                                    └─ 1.2.7 应用

                 1.3 电子商务数据化运营的指标与体系 ──┬─ 1.3.1 电子商务数据化运营的指标
                                              │
                                              └─ 1.3.2 电子商务数据化运营的体系
```

1.1 数据化运营概述

1.1.1 数据化运营的概念

1. 数据化管理

数据化管理是指运用分析工具对客观、真实的数据进行科学分析，并将分析结果运用到生产、运营、销售等各个环节中的一种管理方法。根据管理层次的高低不同，数据化管理可分为业务指导管理、营运分析管理、经营策略管理、战略规划管理等。根据业务逻辑的不同，数据化管理可分为销售中的数据化管理、商品中的数据化管理、财务中的数据化管理、人事中的数据化管理、生产中的数据化管理等。

2. 数据化运营

数据化运营是对数据化管理的具体化实践，是数据在企业经营和商品运营中的具体应用。数据化运营是指通过数据分析工具、技术和方法，对企业运营过程中各个环节进行科学的分析，为数据使用者提供专业、准确的行业数据解决方案，从而达到优化运营效果和效率、降低运营成本、提高效益的目的。

> **知识拓展**
>
> 数据化运营的概念中的数据分析工具主要有Excel、SAS、SPSS、Matlab等，其中Excel因其通用性强、功能强大等原因深受各种水平的数据分析人员的喜爱，是数据化运营人员必须掌握的一项数据分析工具。

1.1.2 数据化运营的作用和意义

1. 数据化运营的作用

（1）监控作用

数据化运营就像一台闭路电视，通过数据和对应的分析指标可以对业务指标进行全面监控，从而降低成本。

（2）预警作用

数据化运营就像一台预警机，可以提前预测销售额、客流量、访问量、盈亏等数据，可以对业务过程中的各个环节起到预警作用，从而制定相关的运营策略，提前做出反应。

（3）支撑作用

数据化运营可以为企业的新商品开发、营销方案的制订提供一定的数据支撑，如通过消费者舆情分析，可以帮助企业商品更新迭代等。

（4）找出问题症结点

在运营过程中经常遇到的一个难题就是当业绩出现下滑时，很难明确到底是什么原因导致的，很难明确流量、商品和营销活动，到底哪个是造成业绩下滑的主要因素。在以前，没有相关的数据支撑，我们基本只能依赖个人经验来判断，最终的解决方案就是在每个环节都投入资源去应对，虽然有时候也能解决问题，但是浪费了大量资源。而数据化运营的出现恰好能够解决这个难题，在线上运营中，数据化运营能帮助我们准确判断是哪个环节导致了整体业绩的下滑。例如，如果是整个页面浏览人数很少，可以判定是渠道流量过小；或者如果浏览人数很多，购买的人数很少，可以判定是营销活动的转化率较低等。数据化运营可以帮助企业找到问题的症结点，集中资源精准解决难题，同时也提高了资源利用率。

2. 数据化运营的意义

（1）最大化销售业绩和生产效率

数据分析本身不能带来最大化的业绩或效益，只有将正确的分析结果用最实际的方式应用到业务层面才能产生效益，只有持续不断地产生效益才能被称为数据化管理。

（2）节约企业成本

每个业务中心都可以建立独立的数据化管理体系，建立独立的追踪及预警机制，从而达到节约成本的目的。

（3）组织管理、部门协调的工具

同样一个指标，不同部门提供的数据可能不一样。日常和数据有关的信息传递尽量按照如下的原则来做，这样会大大提高组织及部门间的效率，有利于节省资源，协调部门关系，达到标准化管理。

① 提供正确且有效的数据。

② 不仅提供数据，还尽可能提供数据结论。

③ 对结论进行必要的补充说明，以及论证逻辑。

④ 建立业务管理模板共享机制。

（4）提高企业管理者的决策速度和准确性

企业管理者在做出决策时一般都是基于经验并经过深思熟虑的。企业管理者在决策过程中参考必要的数据，可以提高决策的速度和准确性。

1.1.3 数据化运营的要求

1. 数据化运营需掌握的技能

"工欲善其事，必先利其器"，在日常工作中数据运营人员主要对接运营、客服等部门人员的数据提取、分析、挖掘方面的需求，总体上需要掌握以下几个方面的技能：Excel 数据处理与绘图、SQL 类语言、Python 语言、PPT 制作能力以及业务理解能力。

（1）Excel 数据处理与绘图

Excel 的重要性不言而喻，日常数据处理、分析、作图、数据透视、制作报表管理模板都离不开 Excel。其中，需要熟练运用的是数据透视表和常用函数。

数据透视表：可以快速完成对分析数据的汇总、筛选、排序等。

常用函数：熟练掌握 Excel 的函数不仅有利于日常处理数据，同样有利于快速搭建数据管理报表。常用的函数包括关联匹配类函数、计算类函数和逻辑运算类函数。

① 关联匹配类函数

• VLOOKUP(查找目标，查找范围，查找范围中包含返回值列号，精确匹配或模糊匹配)：用于按行查找表或区域中的内容。

• INDEX(单元格区域，选择数组中某行，选择数组中某列 "可选")：用于返回表格或区域中的值或值的引用。

• MATCH(待匹配的值，查找区域)：用于在单元格区域中搜索某项，然后返回该项在单元格区域中的相对位置。

- OFFSET(单元格引用，左上角单元格引用的向上或向下行数，左上角单元格引用的从左到右的列数，需要返回的引用的行高，需要返回的引用的列宽)：用于从给定引用中返回引用偏移量。

② 计算类函数

- SUM(要相加的第一个数字，要相加的第二个数字)：用于求参数的和。
- COUNT(单元格引用区域)：用于计算参数列表中的数字个数。
- MAX(单元格引用区域)：用于返回参数列表中最大值。
- MIN(单元格引用区域)：用于返回参数列表中最小值。
- RAND()：用于返回 0 和 1 之间的一个随机数。
- ROUND(要四舍五入的数字，要进行四舍五入的位数)：用于将数字按指定位数舍入。

③ 逻辑运算类函数

- IF(要判断逻辑，结果为真返回值，结果为假返回值)：用于指定要执行的逻辑检测。
- IFERROR(检查是否存在错误，公式计算错误时返回值)：如果公式计算错误，则返回指定的值，否则返回公式结果。
- AND(逻辑条件 1，逻辑条件 2 "可选")：如果所有参数均为 TRUE，则返回 TRUE，常用于扩展执行逻辑测试的其他函数调用。

数据运营人员熟练掌握上面几个常用函数可以满足日常工作中的大部分需求。

（2）SQL 类语言

数据运营人员对数据进行分析时需要从数据仓库中提取数据。无论是 PostgreSQL、Hive SQL、impala 还是 MySQL，它们的 SQL 语法是相通的。熟练掌握 SQL 语言对于数据提取、数据建模、数据分析是非常有帮助的。

（3）Python 语言

Python 在数据运营中的应用非常广泛，爬取竞品数据、自动化任务脚本、数据建模与分析都离不开对 Python 语言的熟练运用。由于本书不是讲解 Python 语言的书籍，在这里只列举做好数据分析需要掌握的一些 Python 工具。

- Pandas：是一款针对数据处理和分析的工具包，其中提供了大量便于数据读写、清洗、填充以及分析的功能，可以帮助数据挖掘人员节省大量用于数据预处理工作的代码。
- NumPy：除了提供一些高级的数学运算机制，还具备非常高效的向量和矩阵运算功能。这些功能对于机器学习的计算任务尤为重要。
- SciPy：是在 NumPy 的基础上构建的更为强大、应用领域也更为广泛的科学计算工具。它包含的功能有最优化、线性代数、积分、插值、拟合、常微分方程求解、快速傅里叶变换、信号处理和图像处理等。SciPy 的安装依赖于 NumPy。
- Scikit-learn：是著名的机器学习库，它封装了大量经典以及最新的机器学习模型，接口封装非常完善，几乎所有机器学习算法的输入输出部分格式都一致。

（4）PPT 制作能力

在数据分析完成后，如何制作 PPT 将分析结论形象、具体、可视化地展现出来，直观地将信息传递给需求方或管理者，是数据运营人员必须要解决的问题。PPT 中要尽可能用简洁明了的语言和图表将分析的结论一针见血地表达出来。

（5）业务理解能力

数据运营本身就是从业务中来，再指导到业务中去。无论是简单提取业务数据，结合业务的经营分析，还是用户画像建模，对业务的理解始终贯穿其中。数据运营人员需要学习业务逻辑、业务背景和业务知识，这样提交的分析报告或做出来的解决方案才能真正解决客户的问题。如果数据运营人员对业务的理解能力不强，即使数据分析能力再强，也很难做出令客户满意的方案。

2. 数据化运营的岗位职责

要谈数据化运营的岗位职责，首先要谈谈数据部门在互联网企业中所处的位置。常见的职能架构包括分散型数据架构（各业务中心下单独设立数据部门）和集中型数据架构（企业数据工作集中在一个中心部门）。集中型数据架构是把所有数据需求都汇总到一个中心进行集中统筹和分配，能有效地解决数据源不一致问题和数据口径定义问题，保证数据质量和及时性，因此这种架构在企业中较为常见。

钟华曾在其著作《企业 IT 架构转型之道：阿里巴巴中台战略思想与架构实战》中提到："在灵活的'大中台，小前台'组织机制和业务机制中，作为前台的一线业务会更快速适应瞬息万变的市场。而中台将集合整个集团的运营数据能力、商品技术能力，对前台业务行为强力支撑。"由此可见，企业的业务架构更应是基于共享服务体系构建的，通过将相关领域的业务功能和数据模型在业务层汇聚到一起，从而避免重复功能建设和维护带来成本浪费的弊端。

在这种"大中台、小前台"的组织架构下，处于中台的商品运营部门需要为前台提供用户群和商品环境，支持前台业务群实现各自的业务及团队架构。而在中台的商品运营部门又可细分为主线运营（流量运营）、动线运营（用户运营）、商业运营、数据支持、商品设计等团队。其中，数据支持团队作为商品运营部门中的一员，除了要对前台各业务群提供数据支持，还需要为中台内的主线运营、动线运营、商业运营等团队提供数据分析、数据方案、用户画像、推荐算法等方面的支持。

随着精细化运营的理念不断深入人心，"数据运营"这一岗位得到了大家越来越多的重视。从工作岗位上看，数据团队作为各业务部门的支持方，团队内成员主要从事数据采集、清理、分析、策略、建模等工作，以支撑整个运营体系朝精细化方向发展。常见的岗位包括：数据分析师、算法工程师、爬虫工程师、ETL 工程师、数据挖掘工程师等。从工作内容上来分，可将岗位归纳为数据治理、数据分析与挖掘、数据商品三个层次。

（1）数据治理：优质的数据是应用的前提。数据治理负责数据系统的架构规划、数据的标准和规范化作业、数据的权限管理，保证数据的安全性和可用性，定义各业务口径的数据标准，构建数据集市和底层数据架构，输出支持分析人员应用的数据字典。

（2）数据分析与挖掘：数据分析与挖掘是数据运营的重点工作，其核心是业务方向的数据分析支持。主要包括：①对业务活动进行效果评估以及异常分析，如异常订单分析、异常流量分析，挖掘业务机会点，给予运营方建议及指导；②收集整理各业务部门的数据需求，搭建数据指标体系，定期向业务部门提交数据报表，包括日报、周报、月报等；③数据价值挖掘，如基于用户行为数据建立用户画像、建立 RFM 模型对客群进行聚类营销；④辅助管理层决策，对问题进行定位，输出可行性建议，辅助管理层进行决策。

（3）数据商品：负责梳理各部门对数据商品的需求，规划报表并优化报表，协调数据仓库的开发资源，保证项目按时上线。将数据分析部门建立的挖掘模型、用户画像等数据模型做成可视化商品输出。企业内部常见的数据商品包括数据管理平台和自助数据提取平台：数据管理平台支持运营日报查看、实时交易数据查看、业务细分数据查看；自助数据提取平台满足业务方对更细维度业务数据的需求，减少数据提取人员的重复性工作。

1.1.4 电子商务与电子商务数据化运营

1. 电子商务的概念与特征

（1）电子商务的概念

电子商务（简称"电商"）是指以信息网络技术为手段，以商品交换为中心的商务活动；也可理解为在互联网、企业内部网和增值网上以电子交易方式进行交易的活动，是传统商业活动各环节的电子化、网络化、信息化。以互联网为媒介的商业行为均属于电子商务的范畴。

对于电子商务的概念，应该从"现代信息技术"和"商务"两个方面加以理解。一方面，"电子商务"概念所包括的"现代信息技术"应涵盖各种以使用电子技术为基础的通信方式；另一方面，对"商务"一词应做广义解释，使其包括契约型或非契约型的一切商务性质的关系所引起的种种活动。

> 📖 **学而思**
>
> **如何理解"电子商务"与"现代信息技术商务"的关系？**
>
> 如果将"现代信息技术"看作一个子集，将"商务"看作另一个子集，则电子商务所覆盖的范围应当是这两个子集所形成的交集，即"电子商务"标题之下可能广泛涉及的互联网、企业内部网和电子数据交换在贸易方面的各种用途。

（2）电子商务的特征

电子商务与传统商务相比，具有以下几个明显的特征。

① 交易虚拟化。电子商务通过互联网开展贸易，参与贸易的各方从贸易磋商、签订电子合同到资金支付等都无须当面进行，整个交易完全虚拟化。对卖方来说，其可以通过建设自己的网站或者大型网络交易平台，将商品信息发布到互联网上。对买方来说，其通过网络找到自己需要的商品。买卖双方通过网上治谈，签订电子合同，并进行电子支付完成交易。

② 交易成本低。距离越远，网络上进行信息传递的成本相对于信件、电话、传真等的成本而言就越低。

买卖双方通过网络进行商务活动，无须中介参与，减少了交易环节。

电子商务实行"无纸化贸易"，可减少90%的文件处理费用。

企业利用内部网可实现"无纸化办公"，提高内部信息传递的效率，节省时间，并降低管理成本。而且，企业通过互联网可把总部、代理商，以及分布在各地的子公司、分公司联系在一起，即时对各地市场做出反应，及时生产、销售，降低库存，采用高效快捷的配送公司提供交货服务，从而降低商品成本。

卖方可通过网络进行商品宣传，减少传统广告等费用，交易效率高。

互联网将贸易中的商业报文标准化，使商业报文能在各地瞬间完成传递与计算机自动处理，使原材料采购、商品生产与销售、银行汇兑、保险、货物托运及申报等环节无须人员干预，即可在最短时间内完成。

③ 交易透明化。买卖双方的交易治谈、签订电子合同、货款的支付、交货等都在网络上进行。通畅、快捷的信息传输可以保证各种信息之间互相核对，以防止伪造信息的流通。同样，在典型的许可证电子数据交换（electronic data interchange）系统中，由于加强了发证单位和验证单位的通信、

核对，所以假的许可证就不易漏网。

2. 电子商务数据化运营

电子商务运营（electronic commerce operation）最初定义为电子商务平台建设，包括各搜索商品优化推广，电子商务平台维护重建、扩展以及网络商品研发及盈利等内容。

电子商务数据化运营，顾名思义，即通过数据化的工具、技术和方法，对企业在电子商务平台运营过程中各个环节进行科学的分析，为数据使用者提供专业、准确的行业数据解决方案，从而达到优化运营效果和效率、降低运营成本、提高效益的目的。电子商务卖家通过数据分析，能将整个店铺的运营建立在科学分析的基础上，将各种指标定性、定量地分析出来，从而为决策者提供最准确的参考依据。

1.2 数据化运营的流程

数据化运营的流程可大致分为 7 个步骤，如图 1-1 所示。

需求分析 → 数据采集 → 数据清洗 → 数据分析 → 数据可视化 → 数据分析报告 → 应用

图 1-1　数据化运营的流程

1.2.1　需求分析

需求分析又包括收集需求、分析需求、明确需求三个部分。在数据运营过程中的日常需求主要来源于运营部门在日常经营中发现的问题。分析需求时推荐使用思维导图来整理收集的信息，思维导图的设计逻辑可以参考使用"5W2H"分析法，如图 1-2 所示。该分析法简单、方便，易于理解、使用，富有启发意义，广泛应用于企业管理和技术活动，对于决策和执行性的活动措施也非常有帮助，也有助于弥补考虑问题的疏漏。

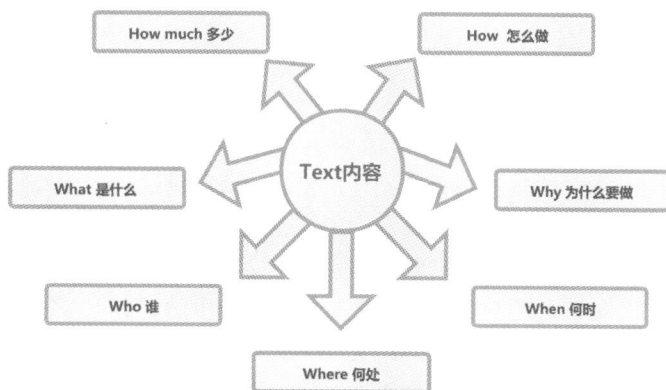

How much 多少　　How 怎么做

What 是什么　　Text内容　　Why 为什么要做

Who 谁　　When 何时

Where 何处

图 1-2　"5W2H"分析法

具体内容如下。

① What——是什么？目的是什么？做什么工作？

② Why——为什么要做？可不可以不做？有没有替代方案？

③ Who——谁？由谁来做？

④ When——何时？什么时间做？什么时机最适宜？

⑤ Where——何处？在哪里做？

⑥ How——怎么做？如何提高效率？如何实施？方法是什么？

⑦ How much——多少？做到什么程度？数量如何？质量水平如何？费用产出如何？

1.2.2 数据采集

数据采集即数据获取，是根据需求，通过各种方法来获取相关数据的过程。采集的数据既可以是从现有、可用的无尽数据中收集、提取想要的二手数据，也可以是经过问卷调查、采访、沟通等方式获得的一手资料。数据采集的途径包括公司的数据库、第三方数据平台（如生意参谋等）、互联网、市场调查等。数据采集是数据分析的基础环节，只有有了数据，才能进行后续的分析。

1. 数据采集流程

完整的数据采集流程可包括采集、存储和清洗三个环节。

（1）采集：将整个 HTML 或者 JS 文件下载到本地，此时数据在文件中，文件可转换成文本这种可读的类型。

（2）存储：存储数据时一般将下载的文件或者文本整个存入数据库。

（3）清洗：从文件或者文本中提取目标资料，并组织成表格形式，形成可供分析的原始资料。

2. 数据采集方法

数据采集方法大致可分为两种，一种是借助代码或者网页源码进行手动数据采集的工具，通常是一些数据分析工具（如 Power BI、Excel 等）或者编程语言（如 Python 等）。利用这些工具进行手动数据采集时，通常要求用户有一定的数据分析或者编程基础，因为使用过程中通常涉及一些函数或者命令的调用。

另一种是利用第三方公司开发的数据采集工具，常见的有八爪鱼、火车头、后羿采集器等。一般先进行一些基本字段或者规则设置，即可实现数据的采集。这一类工具通常对用户的数据分析或者编程等技术要求较低，但局限性在于，能够获取的数据有限，许多信息无法采集，并且有些工具需要付费才能实现相应功能。

1.2.3 数据清洗

数据清洗指的是对获取到的数据进行预处理，使之变成可供进一步分析的标准格式的过程。需要进行数据清洗的数据包括非标准格式的数据、不符合业务逻辑的数据两大类。非标准格式的数据如文本格式的日期、文本格式的数字、字段中多余的空格符号、重复数据等。在零售行业中不符合业务逻辑的数据非常多，如虚假的会员购买记录、电子商务中的虚假点击等。

数据清洗的好坏直接决定了数据分析的结果。数据清洗的方法主要有：分类、排序、做表格等，可以利用 Excel 中的分列、删除重复值、数据透视表、图表、函数等功能来辅助清洗；当然也可以使用编程语言如 Python 等，或者其他商务智能软件。

1.2.4 数据分析

数据分析是指在业务逻辑的基础上，运用简单、有效的分析方法和合理的分析工具对数据进行处理的一个过程。没有业务逻辑的数据分析是不会产生任何使用价值的，对数据分析师来说，熟悉业务、有业务背景非常重要。分析方法简单有效就可以，实用为最高准则，本书会详细讲解一些常用的数据分析方法。对分析师来说，工具不在多而在精。对工具掌握的熟练程度决定了其分析的高度。只有熟练掌握数据分析工具，同时又对业务有深入了解的人才能成为真正的数据分析师。

1. 数据分析理论模型

很多时候我们听到模型两个字会觉得需要高深复杂的技术才可以实现，但实际上并非如此。任何对现实的抽象都可以称为模型。数据分析模型可以理解为对数据分析思路的抽象。

数据分析的理论模型分为很多种，如针对具体的业务问题，通过数学算法等方式来输出计算结果的挖掘算法模型，如预测、聚类、文本挖掘等；按一定的业务逻辑模型，通过一些指标的内在联系组合起来的可分析问题的模型；通过一定的逻辑来分析具体问题的逻辑模型等。常用的逻辑模型有 4P 营销理论、5W2H 分析法、PEST 分析方法、SWOT 分析法、拆分法、杜邦分析法、逻辑树模型、金字塔原理、PDCA 循环规则、SMART 原则、二八原则等。本章简单介绍几种逻辑模型。

（1）4P 营销理论

4P 营销理论是密歇根大学教授杰罗姆·麦卡锡（E．Jerome Mccarthy）在 20 世纪 60 年代提出的。这个理论将营销组合分为 Product（商品）、Price（价格）、Promotion（促销）和 Place（渠道）四个要素，使得营销简化并方便记忆和传播，如图 1-3 所示。

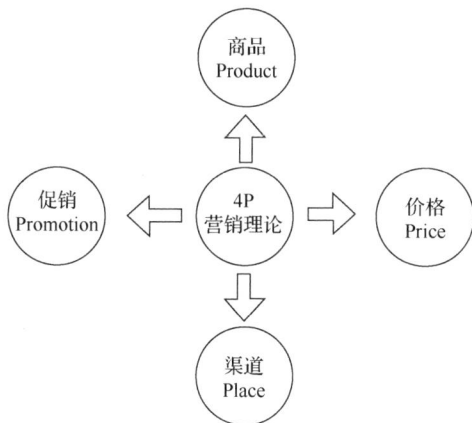

图 1-3　4P 营销理论

其中，商品可以是任何在市场中存活的，满足用户某种需求的东西，它可以是实物，也可以是服务、人员、技术、组织、智慧等或以上若干种的组合；价格指的是商品的销售价格；促销指的是通过发放优惠券、打折、满减、包邮等手段来促进用户消费，从而促进销售的增长；渠道是商品从生产者到达用户所经过的各个环节，如某医疗公司保险商品的销售渠道可以包含健康管理类咨询公司、银行、国企等。又如，某 App 推广包含地推、应用商店推广和运营商合作等，这些均为渠道。

（2）PEST 分析方法

PEST 分析方法一般用于对宏观环境的分析，一般指的是通过对四类外部环境——P（Political，代表政治环境）、E（Economic，代表经济环境）、S（Social，代表社会环境）和 T（Technological，代表技术环境）的分析来把握整体宏观环境，从而评估对企业业务的影响方向。由于行业与企业有不同的特点，故分析的时候也要结合不同的宏观环境来进行分析。

① P（政治坏境），通常包括国家的社会制度、执政党的性质、政府的政策、法令等。其对行业

及企业的影响都是巨大的，一般政策颁布之后，相关的产业会受到非常大的影响。一旦政策有变化，公司的业务就得随之变化。国家政策支持的要大力开展，国家政策不允许涉猎的要坚决抵制。也因此很多从商人士都会关注新闻联播，关注各种时事，有些受政策影响大的行业（如互联网医疗）中还有专门的人来研究国家领导人的讲话，研究各个政策对行业的影响，来为高层领导做决策提供方向性指导。数据分析人员除了需要实时关注之外，也可以向专门做宏观环境影响分析的同事了解情况，或多与领导沟通，了解政策、法令的变化情况。

② E（经济环境），一般分为宏观环境和微观环境两个方面。宏观环境主要指国民收入、国民生产总值等关键因素的变化情况，用于了解国民经济发展水平及国民经济发展速度。微观环境一般指的是目标群体的收入、消费、储蓄等情况。例如，如果同一个行业中的所有企业都同步表现出营收下降，企业内部各个业务线、各个团队不论处于何种进度，营收的变化情况也是下滑的，则这很有可能是经济环境带来的经济下滑。这个时候我们可以看看，GDP 的走势是否和企业、行业的营收走势一致。如果 GDP 一直在上涨，而企业、行业的营收一直下滑，那么就需要好好找出原因，为领导决策提供依据。

③ S（社会环境），一般用来了解各个客群的规模及规模变化，通常研究的是人口环境及人口文化水平。研究人口环境时一般看人口规模、年龄结构、人口分布；人口文化水平因为和人口所处的需求等级密切相关，故一般研究收入分布、生活方式、购买习惯等。例如最近非常热的消费升级，大家收入增加之后就会追求更好的体验，追求更优的商品质量与商品服务，体现在数据分析上就是看客群的变化，对应客群客单价的变化。研究清楚社会环境可对现有客群的精准的认识与定位，在对用户群体进行精准定位之后，也可以研发合适的商品，精准地推送，提高转化。

④ T（技术环境），一般指的是新技术、新工艺及新技术、新工艺在某些方面的应用。其主要影响的是渠道及资源的智能整合。公司需要通过新技术的变革来评估公司的成本，选取合适的技术来控制成本。例如渠道，原来我们只能通过实体店来销售物品，受地理位置及资源的限制，现在因技术的革新，网上店铺已成为可能，这大大降低了实体店的支出成本，能把节省下来的钱花在更需要的地方。

（3）SWOT 分析法

SWOT 分析法主要通过分析企业自身的优势、劣势、机会和威胁来为企业战略提供参考。S（Strength，代表优势），W（Weakness，代表弱势），O（Opportunity，代表机会），T（Treat，代表威胁），其中，S、W 是内部因素，O、T 是外部因素。在分析外部因素时可以从宏观环境、行业环境、竞争环境来着手，如图 1-4 所示。

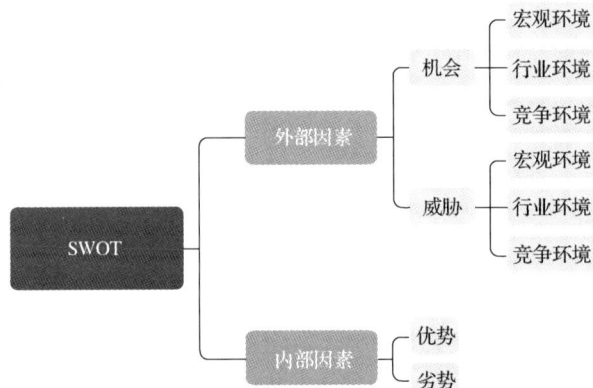

图 1-4　SWOT 分析法

（4）拆分法

拆分法是最常用的分析方法之一。拆分法将某个问题拆解成若干子问题，通过研究若干子问题找到问题产生的原因并解决问题。举个简单的例子来说明拆分法的应用，如图1-5所示。销售额下降，那么我们可以通过电子商务万能公式：销售额=访客数×转化率×客单价，将问题进行拆分，判断到底是访客数、转化率还是客单价出了问题，从而导致销售额下降。如果是访客数减少的原因，我们再继续进行拆分，判断是付费流量出了问题还是免费流量出了问题，最终找到问题的根源。

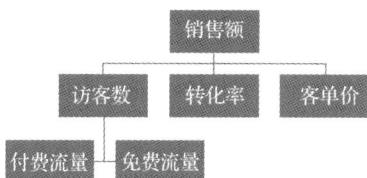

图1-5 拆分法的应用举例

2. 数据分析方法与运用场景

（1）多维分析

多维分析实质上是细分分析，在越来越讲究精细化运营的今天，多维分析的作用越来越重要。此处我们讲的多维分析主要基于两个方向展开：一个是指标，指标的细化；另一个是维度，维度的多元，如时间维度，竞品维度等。指标的细化是为了发现问题，管理层通常看的是综合指标、总值，但通常通过这些总值无法真正反映问题。而运营人员通常是执行具体运营策略的人，他们需要根据具体的、细分的数据来确定决策方向。例如从用户角度来看，我们知道每天来访的用户是100万人，每天购买的用户是1万人，但这100万个用户是通过什么渠道知道平台的，在平台哪个模块中停留的时间长，哪个模块的转化率高，哪个商品流程比较受用户喜爱，这些是无法通过总值来发现的。只有通过指标细化，才能有足够多的信息，来得出结论。

所谓指标，指的是用来记录关键流程的，衡量目标的单位或方法。例如，某个部门的KPI考核指标为营收，这个部门的主营业务是速卖通平台上的商品销售，对KPI的拆解按如下形式来进行：商品营收=（新用户数+老用户数）×商品订单转化率×客单价。对新老用户可以再进行细分，如孕妇群体、运动爱好者、学生、白领等；商品订单可以细分为商品的类型、商品的价格、商品的供应商、商品的品牌影响力等。再通过对一系列业务路径的转化漏斗的量化观察，辅以渠道细分等分析手段，可以帮助业务团队快速定位问题，并寻求最优的提升方案。

所谓维度，即观察指标的角度。维度独立存在对于业务来说没有什么意义，所有的维度都得在熟知业务的情况下具体划分，每一个分析维度都必须有其存在的意义，这样运营人员才会觉得数据有用，才会认可数据分析师的工作。常用的数据化运营的维度包括时间（如时、日、周、月、季、年等）、流量来源、渠道、关键词、竞品等。常用的业务指标模块的维度含时间、国家、物流等。

（2）趋势分析

有对比才有分析。这是趋势分析的精华所在。下面我们介绍比较常用的两类趋势分析。

① 基于时间对比的趋势分析

该趋势分析是对同类指标基于不同时间周期进行对比的分析，主要分为同比和环比。同比是为了消除季节变动的影响，用于说明本期发展水平与同期发展水平对比，而达到的相对发展速度。例如本期2月比同期2月。环比指的是与相邻的上一周期做对比，周期可以是分、秒、时、日、周、月、季、年等。例如月环比，指的是本月与上月的对比。

② 基于趋势线的趋势分析

趋势线是以直观的方式显示数据的趋势并可用于预测未来的走势，趋势线的结果一般是通过回归得到的。现在已经可以在 Excel 中呈现的图形中直接添加趋势线，评估数据的趋势。

（3）综合评价法

综合评价法是通过将多个指标整合成一个综合指标来进行评价的方法。例如，评价国家发展水平、支付宝的芝麻信用、某医疗 App 的医生热度等，均可用综合评价法来实现。常用的综合评价法分为主观和客观两类，这里主客观的说法主要是基于权重设定方法而言的。综合评价法的特点表现为：①评价时通过一些特殊的方法，按指标的重要性对多指标加权，对多个指标的评价是同时完成的，而非一个一个逐次完成；②在多指标整合进综合评价指标的过程中，会涉及权重的设定；③利用综合评价法生成的综合指标不再是单纯意义上的单个指标，而是对多个指标的综合反映。

（4）数据挖掘方法

一些深层次的问题需要借助数据挖掘的方法来解决，如聚类、分类、回归分析等。数据挖掘方法的主要作用是挖掘数字背后隐藏的信息、规律，并不一定比普通的数据分析方法高级。在数据化运营的过程中，更重要的是我们要明白哪种数据挖掘方法对运营决策有帮助，然后选取合适的方法来分析。

常用的分类方法包括贝叶斯分类、决策树分类、KNN 分类、逻辑回归等，常用的聚类方法包括 K-Means 聚类、层次聚类等。

1.2.5　数据可视化

数据可视化即将分析结果用简单且视觉效果好的方式展示出来，一般运用文字、表格、图表和信息图等方式进行展示。Word、Excel、PPT 等都可以作为数据可视化的展示工具。现在已经进入速读时代，用简单的方式传递准确的信息，让图表自己说话，这就是数据可视化的作用。

在数据可视化过程中需要注意如下事项。

（1）数据图表的主要作用是传递信息，而不是用来炫技，因此不要过分追求图表的漂亮程度。很多人在做图表时喜欢用各种花里胡哨的表达方式，或者在 PPT 中设置各种动画效果等。这些其实都是不可取的，会对受众产生负面影响。

（2）不要试图在一张图表中表达所有的信息，不要让图表太"沉重"。图表要清晰明了，一目了然，让人一眼就能看明白你想表达的内容。

（3）数据可视化是以业务逻辑为主线的，不要随意地堆砌图表。

1.2.6　数据分析报告

数据分析报告是数据分析师的商品，可以以 Word、Excel、PPT 作为报告的载体。写数据分析报告就如同写议论文。议论文有三要素：论点、论据、论证，数据分析报告也必须要有明确的论点，有严谨的论证过程和令人信服的论据。虽然数据分析报告中不一定将三者都呈现出来，但是论点是一定要有的。此外，在写数据分析报告之前，一定要弄清楚你是在给谁写，对象不同，关注点自然不同。所以在写数据分析报告之前，我们要像考试时一样，一定要注意仔细"审题"。

写数据分析报告时的注意事项如下。

（1）不要试图面面俱到，把所有内容都介绍一遍，一定要有重点，可以聚焦在关键业务以及受众的关注重点上。

（2）报告不能写成记叙文，而要写成议论文，要有论点、论据、论证。记叙文是叙事，而议论文是有论点、有力量的。此外需要注意的是，同一个主题下面的论点不能太多，建议最好不超过三个。论点清晰明了，不能冗余。不要写成流水账。

（3）报告需要有逻辑性。一是报告各部分内容之间的逻辑性，二是某一个内容的逻辑性。前者可以利用业务间的逻辑来串联，后者一般遵照发现问题、解读问题、解决问题的逻辑。

（4）数据分析报告要有很强的可读性，尽量图表化。千言万语不如一张图表。

（5）不要回避"不良结论"，有时候做数据分析也是一个"良心工程"。

（6）报告中务必注明数据来源、数据单位、特殊指标的计算方法等，尽量少用或不用专业性强的术语。

1.2.7　应用

数据分析报告并不是数据化运营的终点，它反而是另一个起点。数据化运营的目的是应用，没有应用的流程是不完整的。应用就是将数据分析过程中发现的问题、机会等分解到各业务单元，并通过数据监控、关键指标预警、对趋势进行合理判断等手段来指导各部门。

1.3　电子商务数据化运营的指标与体系

1.3.1　电子商务数据化运营的指标

电子商务数据化运营的主要指标包括网站运营指标、经营环境指标、营销活动指标、客户价值指标和销售业绩指标。

1. 网站运营指标

网站运营指标主要用来衡量网站的整体运营状况，又可以细分为网站流量指标、商品类目指标和供应链指标。

（1）网站流量指标

其主要从网站优化、网站易用性、网站流量质量及顾客购买行为等方面进行考虑。网站流量指标还可细分为数量指标、质量指标和转换指标。其中，网页浏览量（PV）、独立访客数（UV）、使用不同地址访问网站的用户数量、新访客数和新访客比率等都属于数量指标；跳出率、页面/站点平均在线时长、PV/UV 等属于质量指标；针对具体的目标，涉及的转换次数和转换率则属于转换指标，如用户下单次数、加入购物车次数、成功支付次数以及相对应的转化率等。

（2）商品类目指标

其主要用来衡量网站商品正常运营水平，如商品类目结构占比、各类商品的销售额占比、各类商品的销售最小存货单位（Stock Keeping Unit，SKU）集中度，以及相应的库存周转率等。

（3）供应链指标

其主要指电子商务网站商品库存及商品发送方面的指标，主要考虑从顾客下单到收货的时长、仓储成本、仓储生产时长、配送时长、每单配送成本等。如仓储中的分仓库压单占比、系统报缺率（与前面的商品类目指标有极大的关联）、实物报缺率和限时上架完成率等，在物品发送中常指分时段下单出库率、未送达占比以及相关退货比率、货到付款（Cash On Delivery，COD）比率等。

2. 经营环境指标

经营环境指标又分为外部竞争环境指标和内部购物环境指标。外部竞争环境指标包括网站的市场占有率、市场扩大率和网站排名等，这类指标通常采用第三方调研公司的报告数据。内部购物环境指标包括功能性指标和运营指标（这部分内容与流量指标一致），常用的功能性指标包括商品类目多样性、支付配送方式多样性、网站正常运营情况和链接速度等。

3. 营销活动指标

营销活动指标通常包括活动效果（收益和影响力）、活动成本和活动黏合度（通常以用户关注度、活动用户数以及客单价等来衡量）3 个方面。通常将营销活动指标区分为日常市场运营活动指标、广告投放指标和对外合作指标。其中日常市场运营活动指标和广告投放指标主要涉及新增访客数、订单数量、下单转化率、每次访问成本、每次转换收入以及投资回报率等内容，而对外合作指标则根据具体的合作对象而定。

4. 客户价值指标

客户也可称为消费者，其价值通常由历史价值（过去的消费）、潜在价值（主要从用户行为方面考虑，RFM 模型为主要衡量依据）、附加值（主要从用户忠诚度、口碑推广等方面考虑）3 个方面组成。客户价值指标则分为总体客户指标和新、老客户价值指标两种，该指标主要从客户的贡献和获取成本两方面来衡量，如访客人数、访客获取成本以及客户从访问到下单的转化率等。

5. 销售业绩指标

销售业绩指标直接与企业的财务收入挂钩，因为其他数据指标的细化都可以根据销售业绩指标来进行，所以在所有数据分析指标体系中销售业绩指标起着非常重要的作用。电子商务领域里的销售业绩指标主要分为网站销售业绩指标和订单销售业绩指标两种，其中，网站销售业绩指标的重点在于网站订单的转化率方面，而订单销售业绩指标的重点则在于具体的毛利率、订单有效率、重复购买率和退换货率方面。当然除此之外，还有很多指标，如总销售额、品牌类目销售额、总订单、有效订单等。

1.3.2　电子商务数据化运营的体系

1. 市场体系数据化

在市场部分，本书主要围绕销售波动趋势和类目市场分析两大要素展开，其中包含行业规模分析、行业淡旺季更替规律分析、生命周期分析、行业趋势分析、行业竞争分析以及行业最佳价格波段分析等内容。市场体系数据化旨在通过一系列数据分析方法，帮助运营者对某行业的整体市场概况有详细的了解，找到对应行业的市场规律，从而寻找一些有潜力的蓝海市场。

2. 竞争体系数据化

在竞争对手分析部分，本书主要围绕竞店和竞品分析两大部分展开。其中包含竞店的识别与分层、统计分析竞店的宏观数据、竞店的价格布局分析、竞品的 SKU 分析、竞品消费者国家分布等内容。竞争体系数据化旨在通过相应的原则确定行业中自己的竞争对手，对其经营数据进行分析，真正做到知己知彼、取长补短，为自己的运营决策提供相关的数据支撑与参考建议。

3. 关键词体系数据化

在关键词部分，本书主要围绕关键词热度分析和搜索效果分析两部分展开。其中包含词根分析、关键词分析和关键词有效度分析等内容。关键词体系数据化旨在通过对关键词数据的分析，找到热门关键词，帮助企业优化标题，进而获取更多的流量。

4. 用户体系数据化

在用户部分，本书主要围绕用户画像这一数据化运营手段展开。其中包含消费者消费习惯、消费者舆情分析、消费者生命周期分析等内容。用户体系数据化旨在搭建店铺运营者自己的用户画像体系，帮助运营者明确自己的店铺及商品定位，其数据来源主要是店铺的一些订单数据和其他销售数据。

5. 物流体系数据化

在物流部分，本书主要围绕物流渠道展开分析。其中包含物流供应链分析、物流渠道分析以及商品物流分析等内容。物流体系数据化旨在通过对不同地区、不同商品的物流渠道进行分析，帮助商家更好地制订物流方案。

思考题

1. 简述数据化运营的概念。
2. 简要数据化运营的用作。
3. 简述数据化运营的步骤。
4. 简要电子商务数据化运营指标。

第2章 | 电子商务数据采集与预处理

章节目标

- 了解电子商务数据采集的概念
- 掌握电子商务数据采集的方法
- 了解电子商务数据采集与预处理的流程

学习重点

- 电子商务数据采集的工具
- 电子商务数据采集的流程
- 电子商务数据预处理

学习难点

- 电子商务数据预处理的方式
- 电子商务数据采集的相关知识

本章思维导图

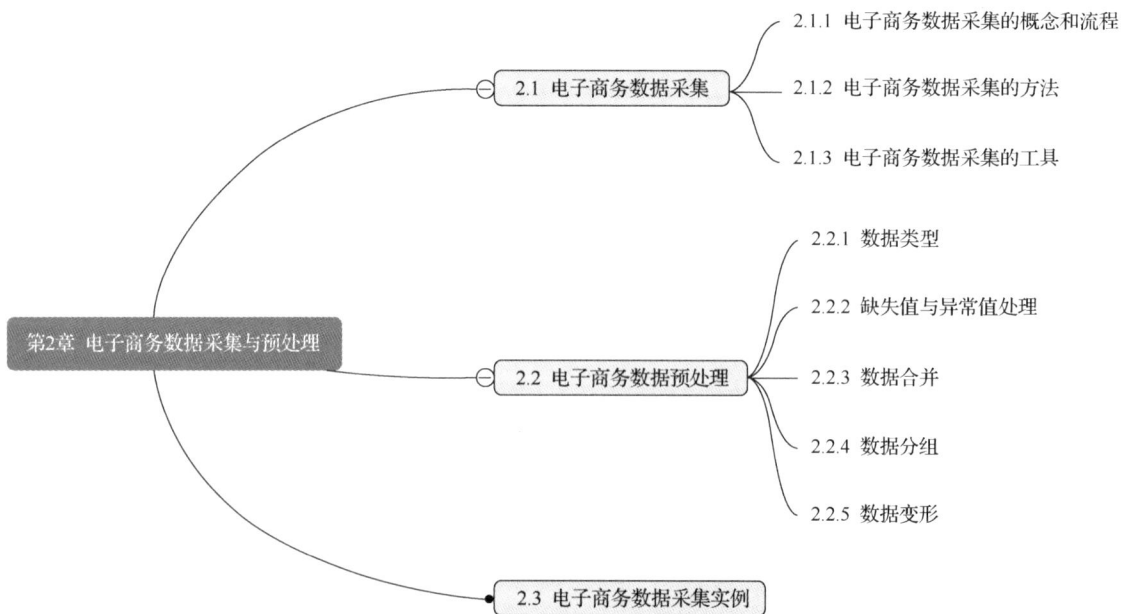

第2章 电子商务数据采集与预处理

- 2.1 电子商务数据采集
  - 2.1.1 电子商务数据采集的概念和流程
  - 2.1.2 电子商务数据采集的方法
  - 2.1.3 电子商务数据采集的工具
- 2.2 电子商务数据预处理
  - 2.2.1 数据类型
  - 2.2.2 缺失值与异常值处理
  - 2.2.3 数据合并
  - 2.2.4 数据分组
  - 2.2.5 数据变形
- 2.3 电子商务数据采集实例

2.1 电子商务数据采集

2.1.1 电子商务数据采集的概念和流程

1. 电子商务数据采集的概念

电子商务数据采集是指由预先设计的采集平台与系统程序自动采集电子商务平台上的数据。电商数据伴随消费者和企业的行为实时产生，广泛分布于电子商务平台、社交媒体、智能终端、企业内部系统和其他第三方服务平台上，其类型多种多样，既包含企业的商品信息与交易信息，也包括消费者基本信息、交易信息、评价信息、行为信息、社交信息和地理位置信息等。在大数据环境下，电商平台中的数据是公开、共享的，但数据间的各种信息传输和分析需要有一个采集整理的过程。

2. 电子商务数据采集的流程

电子商务数据采集的流程如图 2-1 所示。

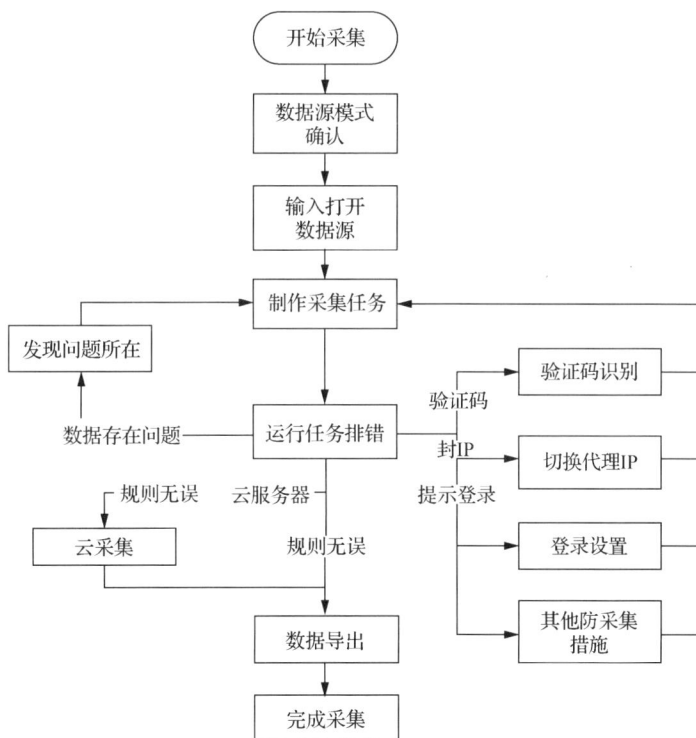

图 2-1 电子商务数据采集的流程

随着数据采集频率越来越高，数据采集数量日益增大，单一计算机的采集已不能很好地满足用户的需求。云计算技术的出现正好解决了这个问题。云计算将计算和数据分布在多台分散的计算机上，云中的计算机不仅可提供强大的计算能力，能够完成传统单台计算机根本无法完成的计算任务，同时云中的计算机还具有庞大的数据存储空间，使采集器可以实现多种采集需求。

2.1.2　电子商务数据采集的方法

下面介绍几种常见的数据采集方法。

1. 系统日志采集方法

很多互联网企业都有自己的海量数据采集工具，多用于系统日志采集，如 Scribe、Chukwa、Flume 等。这些工具均采用分布式架构，能满足每秒数百兆的日志数据采集和传输需求。

（1）Scribe

Scribe 可以从各种日志源上收集日志，存储到一个中央存储系统，以便于进行集中的统计分析处理。Scribe 为日志的分布式收集和统一处理提供了一个可扩展的、高容错的方案。

① 代理（ScribeAgent）

ScribeAgent 实际上是一个 ThriftClient，也是向 Scribe 发送数据的唯一方法。Scribe 内部定义了一个 Thrift 接口，用户使用该接口将数据发送给不同的对象。ScribeAgent 发送的每条数据记录包含一个种类（Category）和一个信息（Message）。

② 收集器（Scribe Collector）

Scribe 接收 ThriftAgent 发送的数据，它从各种数据源上收集数据，放到一个共享队列上，然后推送到后端的中央存储系统上。当中央存储系统出现故障时，Scribe 可以暂时把日志写到本地文件中，待中央存储系统恢复性能后，Scribe 再把本地日志续传到中央存储系统上。Scribe 在处理数据时根据 Category 将不同主题的数据存储到不同目录中，以便于分别进行处理。

③ 中央存储系统（Scribe Store）

中央存储系统实际上就是 Scribe 中的 store，当前 Scribe 支持非常多的 store 类型，包括文件、Buffer 或数据库。中央存储系统可以是网络文件系统（netwrok file system，NFS）、分布式文件系统等。

（2）Chukwa

Chukwa 提供了一种对大数据量日志类数据的采集、存储、分析和展示的全套解决方案和框架。在数据生命周期的各个阶段，Chukwa 能够提供近乎完美的解决方案。Chukwa 可以用于监控大规模（2000 个以上节点，每天产生的数据量在 TB 级别）Hadoop 集群的整体运行情况并对它们的日志进行分析。

① 适配器（Chukwa Adapter）

适配器是直接采集数据的接口和工具。每种类型的数据对应一个 Adapter，同时，用户也可以自己实现一个 Adapter 来满足需求。

② 代理（Chukwa Agent）

Agent 给 Adapter 提供各种服务，包括启动和关闭 Adapter，将 Adapter 收集的数据通过 HTTP 传递给 Collector，并定期记录 Adapter 状态，以便 Adapter 出现故障后能迅速恢复。一个 Agent 可以管理多个 Adapter。

③ 收集器（Chukwa Collector）

它负责对多个数据源发来的数据进行合并，并定时写入 Hadoop 集群。因为 Hadoop 集群擅长处理少量的大文件，而对大量小文件的处理则不是它的强项。针对这一点，Collector 可以将数据先进行部分合并，再写入 Hadoop 集群，以防止大量小文件的写入。

④ 多路分配器（Chukwa Demux）

它利用 MapReduce 对数据进行分类、排序和去重。

⑤ 存储系统

Chukwa 采用了 HDFS 作为存储系统。HDFS 的设计初衷是支持大文件的存储和高并发高速写的应用场景，而日志系统的特点恰好相反，它需要支持高并发低速率的写和大量小文件的存储，因此 Chukwa 框架使用多个部件，使 HDFS 满足日志系统的需求。

⑥ 数据展示

Chukwa 不是一个实时错误监控系统，它分析的数据是分钟级别的，能够展示集群中作业运行的时间、占用的 CPU 及故障节点等整个集群的性能变化，能够帮助集群管理者监控和解决问题。

（3）Flume

Flume 是 Apache 旗下的一款开源、高可靠、高扩展、容易管理、支持客户扩展的数据采集系统，依赖 Java 运行环境。Flume 最初是由 Cloudera 的工程师设计用于合并日志数据的系统，后来逐渐发展用于处理流数据事件。

① Source

Source 负责接收输入数据，并将数据写入管道（Channel）。Flume 的 Source 支持 HTTP、JMS、RPC、NetCat、Exec、Spooling Directory。其中 Spooling Directory 支持监视一个目录或者文件，解析其中新生成的事件。

② Channel

管道（Channel）负责存储，缓存从 Source 到 Sink 的中间数据。可使用不同的配置来做 Channel，如内存、文件、JDBC 等。使用内存，性能高，但不持久，有可能丢数据。使用文件更可靠，但性能不如内存。

③ Sink

Sink 负责从管道（Channel）中读出数据并发给下一个 Agent 或者最终的目的地。Sink 支持的不同目的地种类包括 HDFS、HBase、Solr、ElasticSearch、File、Logger 或者其他的 FlumeAgent。

毋庸置疑，在流数据处理的场景中，Flume 绝对是开源商品中的不二选择。其架构 Source、Channel、Sink 分别负责从上游服务端获取数据、暂存数据以及解析并发送到下游。Flume 尤以灵活的扩展性和强大的容错处理能力著称，非常适合在大数据量的情况下做数据解析、中转以及上下游适配的工作。

另外，Flume 也有一些缺陷，如解析与发送都耦合在 Sink 模块，用户在编写 Sink 插件时不得不编写解析的逻辑，无法复用一些常规的解析方式；依赖 JVM 运行环境，作为服务端程序可以接受，但是部署和运行一个数据收集客户端程序则变得相对笨重；Flume 的配置融合了 Channel 部分，基本配置并不简单，用户想用起来需要的前置知识较多。

2. 网络爬虫

网络数据采集是指通过网络爬虫或网站公开 API 等方式从网站上获取数据信息。该方法可以将非结构化数据从网页中抽取出来，将其存储为统一的本地数据文件，并以结构化的方式存储。它支持图片、音频、视频等文件或附件的采集，附件与正文可以自动关联。在互联网时代，网络爬虫主要是为搜索引擎提供最全面和最新的数据。在大数据时代，网络爬虫更是从互联网上采集数据的有利工具。目前已经知道的各种网络爬虫工具已经有上百个，这些网络爬虫工具基本可以分为 3 类：分布式网络爬虫工具，如 Nutch；Java 网络爬虫工具，如 Crawler4j、WebMagic、WebCollector；非 Java 网络爬虫工具，如 Scrapy（基于 Python 语言开发）。

（1）网络爬虫原理

网络爬虫是一种按照一定的规则，自动地抓取 Web 信息的程序或者脚本。Web 网络爬虫可以自动采集所有其能够访问到的页面内容，为搜索引擎和大数据分析提供数据来源。从功能上来讲，网络爬虫一般有数据采集、处理和存储 3 部分功能。

网页中除了包含供用户阅读的文字信息，还包含一些超链接信息。网络爬虫正是通过网页中的超链接信息不断获得网络上的其他网页的。网络爬虫从一个或若干初始网页的 URL 开始，首先获得初始网页的 URL，在抓取网页的过程中，不断从当前页面上抽取新的 URL 放入队列，直到满足系统的一定条件才停止。网络爬虫以这些种子集合作为初始 URL，开始数据的抓取。网页中含有链接信息，通过已有网页的 URL 得到一些新的 URL。可以把网页之间的指向结构视为一个森林，每个种子 URL 对应的网页是森林中的一棵树的根结点，这样网络爬虫就可以根据广度优先搜索算法或者深度优先搜索算法遍历所有的网页。由于深度优先搜索算法可能会使爬虫系统陷入一个网站内部，不利于搜索比较靠近网站首页的网页信息，因此一般采用广度优先搜索算法采集网页。

（2）网络爬虫工作流程

网络爬虫的基本工作流程如下：①选取一部分种子 URL；②将这些 URL 放入待抓取 URL 队列；③从待抓取 URL 队列中取出待抓取 URL，解析 DNS，得到主机的 IP 地址，并将 URL 对应的网页下载下来，存储到已下载网页库中。此外，将这些 URL 放进已抓取 URL 队列；④分析已抓取 URL 队列中的 URL，分析其中的其他 URL，并且将这些 URL 放入待抓取 URL 队列，从而进入下一个循环。

（3）网络爬虫爬行策略

① 深度优先策略

深度优先策略是指网络爬虫会从起始页开始，一个链接一个链接地跟踪下去，直到不能再深入为止。网络爬虫在完成一个爬行分支后返回到上一链接结点进一步搜索其他链接。当所有链接遍历完后，爬行任务结束。这种策略比较适合垂直搜索或站内搜索，但爬行页面内容层次较深的站点时会造成资源的巨大浪费。

以图 2-2 为例，遍历路径为 1→2→5→6→3→7→4→8。

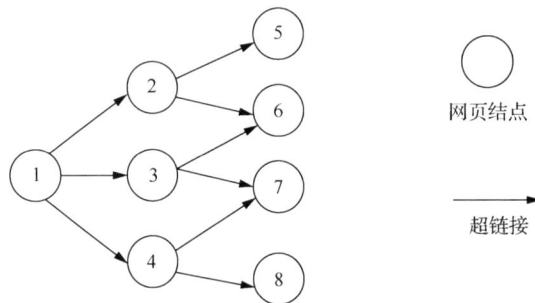

图 2-2　遍历路径

在深度优先策略中，当搜索到某一个结点的时候，这个结点的子结点及该子结点的后继结点全部优先于该结点的兄弟结点，深度优先策略在搜索空间的时候会尽量地往深处去，只有找不到某结点的后继结点时才考虑它的兄弟结点。这样的策略就决定了深度优先策略不一定能找到最优解，并且由于深度的限制甚至找不到解。如果不加限制，就会沿着一条路径无限制地扩展下去，这样就会"陷入"到巨大的数据量中。一般情况下，使用深度优先策略都会选择一个合适的深度，然后反复地搜索，直到找到解，这样搜索的效率就降低了。所以深度优先策略一般在搜索数据量比较小的时候才使用。

② 广度优先策略

广度优先策略按照网页内容目录层次深浅来爬行页面，处于较浅目录层次的页面首先被爬行。当同一层次中的页面爬行完毕后，爬虫再深入下一层继续爬行。

仍然以图 2-2 为例，遍历的路径为 1→2→3→4→5→6→7→8。

③ 基于内容评价的爬行策略

基于内容评价的爬行策略是在通用网络爬虫的基础上计算新抓取网页与主题的相关度，判断网页是否与主题相关，以达到抓取主题网页的目的。该策略的优点是理论基础好、便于计算，缺点是忽略了链接信息的作用，预测链接价值的能力较差。

④ 基于链接结构评价的爬行策略

基于链接结构评价的爬行策略是通过分析网页之间的链接关系计算网页的重要性，并按网页的重要程度对链接进行排序，优先下载重要的网页。该策略可以抓取到重要的网页，但是忽略了网页与主题的相关性，容易造成"主题偏移"，准确率较低。另外，基于网络结构评价的爬行策略计算网页链接结构的成本偏高，效率较低。

⑤ 基于增强学习的爬行策略

Rennie 和 McCallum 将增强学习引入聚焦网络爬虫，利用贝叶斯分类器，根据整个网页文本和链接文本对超链接进行分类，为每个链接计算出重要性，从而决定链接的访问顺序。

⑥ 基于语境图的爬行策略

Diligenti 等人提出了一种通过建立语境图学习网页之间的相关度的爬行策略，该策略可训练一个机器学习系统，通过该系统可计算当前页面到相关 Web 页面的距离，距离近的页面中的链接优先访问。

温馨提示：策略①②主要针对通用网络爬虫，策略③④⑤⑥主要针对聚焦网络爬虫。

🎓 **知识链接**

关于几种网络爬虫的介绍

1. 通用网络爬虫

通用网络爬虫又称为全网爬虫，爬行对象从一些种子URL扩展到整个Web，主要为门户站点搜索引擎和大型Web服务提供商采集数据。为提高工作效率，通用网络爬虫会采取一定的爬行策略，常用的爬行策略有深度优先策略和广度优先策略。

网络爬虫介绍

2. 聚焦网络爬虫

聚焦网络爬虫又称为主题网络爬虫，是指选择性地爬行那些与预先定义好的主题相关页面的网络爬虫。

3. 增量式网络爬虫

增量式网络爬虫是指对已下载网页采取增量式更新并且只爬行新产生的或者已经发生变化网页的爬虫，它能够在一定程度上保证所爬行的页面是尽可能新的页面。

增量式网络爬虫有两个目标：保持本地页面集中页面为最新页面和提高本地页面集中页面的质量。为实现第一个目标，增量式网络爬虫需要通过重新访问网页来更新本地页面集中页面的内容，常用的方法有统一更新法、个体更新法和基于分类的更新法。在统一更新法中，网络爬虫以相同的频率访问所有网页，而不考虑网页的改变频率。在个体更新法中，网络爬虫根据个体网页的改变频率来重新访问各页面。在基于分类的更新法中，网络爬虫根据网页

改变频率将其分为更新较快网页子集和更新较慢网页子集两类，然后以不同的频率访问这两类网页。为实现第二个目标，增量式网络爬虫需要对网页的重要性排序，常用的排序策略有广度优先策略、PageRank优先策略等。

4. 深层网络爬虫

网页按存在方式可以分为表层网页和深层网页。表层网页是指传统搜索引擎可以索引的页面，以超链接可以到达的静态网页为主。深层网页是那些大部分内容不能通过静态链接获取的，隐藏在搜索表单后的，只有用户提交一些关键词才能获得的网页。深层网络爬虫体系结构包含6个基本功能模块（爬行控制器、解析器、表单分析器、表单处理器、响应分析器和Lvs控制器）和两个爬虫内部数据结构（URL列表和Lvs表）。其中，Lvs（label value set）表示标签和数值集合，用来表示填充表单的数据源。在爬取过程中，最重要的部分就是表单填写，包含基于领域知识的表单填写和基于网页结构分析的表单填写两种。

3. API

利用网站自身提供的应用程序编程接口（application programming interface，API）实现网络数据采集即调用网站 API，可以很好地解决数据针对性的问题。

越来越多的社会化媒体网站推出了开放平台，提供了丰富的 API，如新浪微博、人人网、博客等。这些平台中包含了许多关于"电子商务""跨境电子商务"的话题、评论和图片等，允许用户申请平台数据的采集权限，并提供了相应的 API 接口，供用户采集数据。

API 调取主要有开放认证协议和开源 API 调用两类。

（1）开放认证协议

开放认证（OAuth）协议不需要提供用户名和密码来获取用户数据，它给第三方应用提供一个"令牌"，每一个"令牌"授权对应特定的网站（如社交网站），并且应用只能在"令牌"规定的时间范围内访问特定的资源。为了降低 OAuth 协议的复杂性，OAuth 2.0 协议很快就被提出。OAuth 2.0更加关注客户端开发者的简易性，它为手机应用、桌面应用和 Web 应用提供专门的认证流程。目前，各大社交网站诸如新浪微博等都提供了 OAuth 2.0 认证支持。

在已获授权的情况下，第三方应用可通过这些 API 直接调取网络数据。通过 API 获取的网络数据通常以 JSON 或 XML 的格式呈现，具有清晰的数据结构，非常便于通过程序直接进行数据抽取。

（2）开源 API 调用

开源 API 是网站自身提供的接口，可以自由地通过改接口调用该网站指定数据。开源 API 的调用介绍如下。

如果需要发送 get 请求，创建 HttpGet 对象；同样，如果发送 post 请求，创建 HttpPost 对象。

发送参数，可调用 HttpGet 对象、HttpPost 对象共同的 setParams()方法来添加请求参数；HttpPost对象也可调用 setEntity()方法来设置请求参数。

调用 HttpClient 对象的 excute()方法发送请求，执行该方法会返回一个 HttpResponse。调用HttpResponse 对象的 getAllHeaders()、getHearders(String name)等方法可获取服务器的响应。调用getEntity()方法可获取 HttpEntity 对象，该对象包含了服务器的响应内容。

4. Power BI 采集

Power BI 是微软旗下的一款商业智能软件（BI），它包含桌面版（Power BI Desktop）、网页版和移动版。Power BI 的主要功能由桌面版承载，开发人员可在桌面版将数据和报表发布到网页或者手机端上，再利用网页版对报表进行在线编辑，因此，当用户外出时只要记住账号和密码，找到网络就可以编辑报表，轻松应对各种突发情况。用户要使用移动版需要安装 Power BI 的 App（支持安卓系统和苹果系统），可以在 App 上查看设计好的报表，而在桌面版上可以针对移动版重新设计报表样式。

利用 Power BI 数据分析工具采集的方式其实也属于数据源码采集的方式，利用上文介绍的方法需要手动去收集数据，这就需要耗费大量的时间和精力，因此使用软件构建采集脚本可极大节约时间成本。

5. 编程语言

除了上文所讲的几种数据采集方式，很多编程语言也可以用来采集数据，如 Python、R 语言等，使用编程语言采集数据需要用户具有一定的语言基础。本节将以 Python 为例，简单介绍用 Python 采集数据的流程。

Python 是一种跨平台的计算机程序设计语言，是一个高层次的结合了解释性、编译性、互动性和面向对象的脚本语言，同时也是入门简单、通俗易懂的编程语言。Python 在网络爬虫、数据分析、软件游戏开发、人工智能等领域都有突出的表现。

（1）网络爬虫

爬虫就是从各种网页中采集所需要的信息，爬虫的目标对象也很丰富，不论是文字、图片还是视频，任何结构化、非结构化的数据，爬虫都可以抓取。

可以用 Python 写一段代码，让它像小蜘蛛一样，自动在互联网这张大蜘蛛网上爬行，去抓取自己的猎物（数据）。Python 在爬虫领域的表现特别突出，生态极其丰富，Request、Scrapy 等第三方库非常强大，这些第三方库都是爬虫的好帮手。

（2）数据清洗

抓取来的数据中经常会出现格式不同、异常值、缺失值等问题，这时候需要对数据进行处理，这一步被称为"数据清洗"，是整个数据分析工作中占比最大的一部分，基本上会花费 80%的工作时间。

Python 可以高效处理多维数据，且兼容性强，在数据清洗方面也有很突出的能力，能一举搞定多、乱、杂的数据，大大降低了时间成本。

（3）储存

在抓取完数据并且进行过清洗之后，需要将数据储存，开发人员可以选择以文本文件的形式保存（如.csv），也可以选择存入数据库（如 MySQL）。

2.1.3　电子商务数据采集的工具

1. 数据分析常用工具

掌握两个及以上的分析工具才能更好地进行数据分析，而分析工具五花八门，常用的有以下 5 类。

（1）数据思路类工具

常用工具：思维导图（MindManager）、XMind、FreeMind、Visio。

作用：实现数据分析思路的拓展和管理，便于记忆并组织思路。

应用：项目分析思路、工作规划、头脑风暴、创意。

（2）数据存储与提取工具

常用数据存储工具：Access、MySQL、SQLServer、Oracle、DB2、Sybase。

常用数据提取工具：数据库工具；Navicat（SQL 客户端）；Excel、数据分析和挖掘工具的数据接口。

应用：数据项目的起始阶段，用于原始数据或 ETL 数据的存储与提取，并进行初步计算和筛选，如计数、汇总、求和、排序、过滤等。

常用的数据库工具如下。

① Access

Access 是 Office 套件之一，是微软发布的关系型数据库。

适用群体：个人及小规模数据量。

优点：与 Office 商品结合好，界面化操作。

缺点：数据文件不能突破 2G，结构化查询语言（JETSQL）能力有限，不适合大型数据库处理应用。

② MySQL

MySQL 是世界级开源数据库，是 Oracle 公司发布的关系型数据库。

适用群体：中、小型企业及部分大企业。

优点：体积小、速度快、成本低，开放源码、应用广泛。

缺点：相比大型付费工具，其稳定性和商业支持不足，缺乏存储程序功能等。

③ SQLServer

SQLServer 是由微软开发的关系型数据库。

适用群体：大、中型企业。

优点：与微软商品线结合紧密，支持大多数功能，界面友好，易于操作，具有丰富的接口，伸缩性好。

缺点：只支持 Windows，多用户时性能受限，图形界面执行效率低。

④ Oracle

Oracle 是世界级数据库解决方案，也是目前流行的关系型数据库之一。

适用群体：大型企业。

优点：兼容性好，多平台支持，高效率，高稳定性，可连接性广泛。

缺点：功能复杂，多用户时性能受限，图形界面执行效率低。

（3）数据分析与挖掘工具

入门基本工具：Excel（函数、数据分析模块）。

专业应用工具：SPSS、Clementine、SAS。

"骨灰级"工具：R、Python。

作用：通过模型挖掘数据关系和深层数据价值。

应用：数据项目的核心阶段，用于数据挖掘处理。

① Excel

Excel 是 Office 基本套件，自带函数功能和数据分析模块。

适用人群：入门数据分析师、经验丰富的 VBA 工程师。

优点：基本工具、使用广泛、模块简单。

缺点：功能简单、适用场景较少。

② SPSS

SPSS，现名为 PASWStatistics，数据统计和分析的主要工具之一。

适用人群：数据统计和基本挖掘的数据分析师。

优点：基本数据统计和处理功能强大，可用模型较多，可与 Clementine 结合。

缺点：对数据挖掘的流程控制较弱。

③ Clementine

Clementine 是专业的数据挖掘工具。

适用人群：数据挖掘工程师、高级分析师。

优点：丰富的数据挖掘模型和场景控制、自定义功能，可与 SPSS 结合。

缺点：功能略显复杂，需要丰富的实践经验。

④ SAS

SAS 是专业的数据挖掘工具。

适用人群：数据挖掘工程师、高级分析师。

优点：丰富的数据挖掘模型和场景控制，平台化、EM 模块整合。

缺点：学习难度大。

⑤ R

R 是免费、开源的专业数据统计、分析、挖掘和展现工具。

适用人群：程序员、数据挖掘工程师。

优点：免费、开源、功能丰富、应用广泛。

缺点：学习难度大，需要编程能力。

⑥ Python

Python 是免费、开源的编程语言，可应用于数据计算方向。Python 的设计目标之一是让代码具备高度的可阅读性。

适用人群：程序员、开发工程师、数据挖掘工程师。

优点：免费、开源、容易上手，适合大数据应用。

缺点：独特的语法、运行速度比 C 和 C++慢。

（4）数据可视化工具

入门展示工具：Excel、PPT（PowerPoint）。

专业可视化工具：Tableau、Power BI。

其他工具：GoogleChart。

作用：展现数据结果。

应用：应用于数据项目的结尾，通过数据展现增强沟通效果。

① Tableau

Tableau 是付费的商业可视化工具。

适用人群：从事数据可视化工作的人、分析师、BI 人员。

优点：接口较为丰富、美观，操作相对简单。

缺点：侧重于可视化，缺少深入挖掘的功能。

② Power BI

Power BI 是微软推出的一种交互式报表工具，能够把静态数据报表转换为效果酷炫的可视化的报表，还能够根据 filter 条件动态筛选数据，对数据进行不同层面和维度的分析。通俗来说，Power BI 本质上是一款数据分析工具，能够完成数据分析的所有流程，包括对数据的采集、清洗、建模和可视化，以此用数据驱动业务，帮助企业做出正确的决策。

适用人群：从事数据可视化工作的人群、分析师、BI 人员。

优点：操作简单、可视化图形丰富、有免费版本。

缺点：安装步骤烦琐、只支持 Windows 平台。

（5）商业智能（business intelligence，BI）类工具

内涵：数据仓库、OLAP、数据挖掘。

内容：数据仓库、数据抽取、OLAP、数据可视化、数据集成。

常用工具：微软、IBM、Oracle、SAP、Informatica、Microstrategy、SAS。

作用：数据综合处理和应用。

应用：数据工作的整个流程，尤其是智能应用。

① 微软商业智能（SQLServer 系列）

SQLServer BI 商品组成如下。

SSIS：集成服务，ETL 及整体 BI 的调度。

SSAS：分析服务，包括 Cube、OLAP 和数据挖掘。

SSRS：报表服务，包括订阅和发布等功能。

另外，通过 Excel、SharePoint 可做数据门户和集成展示；通过 PerformanceServer 做绩效管理应用。

② IBMCognos

IBMCognos 是世界级商用 BI 解决方案之一，具有广泛的易用性、稳定性、完整性。Cognos 商品组成如下。

PowerplayTransformationServer：数据连接、调度、ETL。

PowerplayEnterpriseServer：第三方集成、OLAP、数据门户。

ReportNetServer：数据展现和详细定义。

AccessManager：安全管理模块。

PowerplayClient：ES 的客户端，OLAP 报表制作工具。

③ OracleBIEE（business intelligence enterprise edition）

其是 BIEE 的数据模型，也是世界级商用 BI 解决方案之一。

物理层（Physical）：用于定义和连接各类异构数据源。

逻辑层（business modeland mapping）：定义逻辑模型与物理模型间的映射关系。

展现层（Presentation）：用于前端展现和应用。

④ SAP Business Intelligence

BI：端到端的数据应用平台，包括：Business Objects Enterprise（BI 平台）、Crystalreport（企业及报表）、Webintelligence（查询分析）、CrystalXcelsius（水晶易表）等。

2．网站分析常用工具

（1）AdobeAnalytics

AdobeAnalytics 是一种行业领先的解决方案，用于收集、整理、分析和报告关于客户所做的一切。

Analytics 可整合所有营销数据，帮助用户提供个性化程度更高的体验，更明智地使用广告费用并利用内容实现盈利；获取专为移动营销人员设计的仪表板和报告，并将应用程序数据与更广泛的营销指标整合起来；随着 Web 分析需求的增长，可将 Analytics 与全方位客户视图、强大的预测模型和跨渠道属性相结合。

（2）Webtrekk

与美系的商业级分析工具一样，Webtrekk 也可以提供从实时分析、社交媒体分析、App 应用追踪到线下电视广告效果追踪的全套分析工具和服务。此工具的主要特点如下。

① 实时：提供插件处理功能并展示实时数据。

② 原始数据：所有分析过程基于原始数据进行。

③ 快速：提供预设置和缓存功能，提高使用工具的效率。

（3）GoogleAnalytics

GoogleAnalytics 是 Google 的一款免费的网站分析工具，其功能非常强大，只要在网站的页面上加入一段代码，就可以提供丰富详尽的图表式报告，提高网站的投资回报率、转换率，使其在网上获取更多收益。

GoogleAnalytics 可对整个网站的访客进行跟踪，并能持续跟踪到营销广告系列效果，不论是电子邮件广告系列，还是任何其他广告计划。利用此信息，可了解哪些关键词真正起作用、哪些广告词最有效、访客在转换过程中从何处退出。

（4）IBMCoremetrics

IBMCoremetrics 网站分析和营销优化工具能帮助营销人员全面掌握网站访客的情况及访客的行为，并可以提供一套综合全面的网站会话指标，衡量其在线营销方案的效果，了解社交媒体战略对业务的影响并自动实现交叉销售和追加销售。此外，网络行为分析洞察服务能够捕获访客在各个营销触点及渠道中的数字化轨迹。营销人员只需点击数次便可获得相关信息并制订个性化的营销方案。

Coremetrics 数字营销优化方案能够将从客户档案和网站分析报告中获取的数据和洞察力无缝整合到应用中，然后通过网络、社交和移动渠道轻松地展示广告，执行搜索活动，发送电子邮件，提供个性化建议等。

知识链接

企业的需求阶段不同，需要掌握的工具也不同，具体如下。

第一阶段（基础）：这个阶段的企业现状是数据用Excel或WPS文件存储，数据文件多而杂乱，难以管理。经营多年的电商企业甚至会有超过10万张历史数据的表格，无法对如此庞大历史数据进行管理与分析。因此在这个阶段企业可选用Excel和MySQL，Excel解决分析层和应用层的问题，MySQL可解决大数据量的存储和计算问题，而且Excel和MySQL在国内企业的占有率和普及率相对较高。

第二阶段（基础）：这个阶段的企业现状是已经实现了统一管理和分析数据，但随着企业数据量和数据应用能力的提升，原有的Excel已经满足不了大数据量下进行多表建模联合分析的需求，可能刷新一张分析模型文件所需的时间很久。此时需要使用BI商品满足复杂的业务建模需求，可选用微软的Power BI。部分企业在这个阶段会有专业统计方法和数据挖掘的需求，可选择SPSS，掌握难度不大。SPSS有两个工具，一个是Statistics，用于统计分析，另一个是Modeler，用于商业数据分析与挖掘，但是SPSS在国内企业的占有率较低。

第三阶段（进阶）：在这个阶段，企业已经属于数据驱动型的企业。数据应用需要在生产、流通、销售和管理等各个环节渗透。随着数据种类的复杂化，原有的数据采集、清洗及算法应用的效率已经满足不了需求，企业要运用IT技术和算法解决商业问题，真正将数据转变成生产力，因此可以在R和Python之间二者择其一，这两者都是应用非常广泛的编程语言。

第四阶段（进阶）：在这个阶段，企业已经是深度的数据驱动型企业，进入这个阶段的企业只有少数的龙头企业，它们通过技术手段极大地提高工作效率和商业收益，转型智慧商业领域，运用大数据和人工智能升级改造所有的环节。企业在这个阶段需要应用大数据框架（如hadoop）来解决并发问题，以及应用人工智能框架（如TensorFlow）来解决应用问题。

2.2 | 电子商务数据预处理

2.2.1 数据类型

数据类型是数据一致性检查的基本项，在严谨的数据清洗过程中，每个列（字段）都需要指定数据类型，否则在后续的分析过程中有可能因为数据类型不符合算法要求而导致出错。

在 Excel 的许多场景应用中无须指定数据的类型，但在 Power Query 中必须指定数据类型。操作时在 Power Query 编辑器"转换"选项卡中可修改数据类型，也可以全选数据，单击"检测数据类型"选项，如图 2-3 所示。

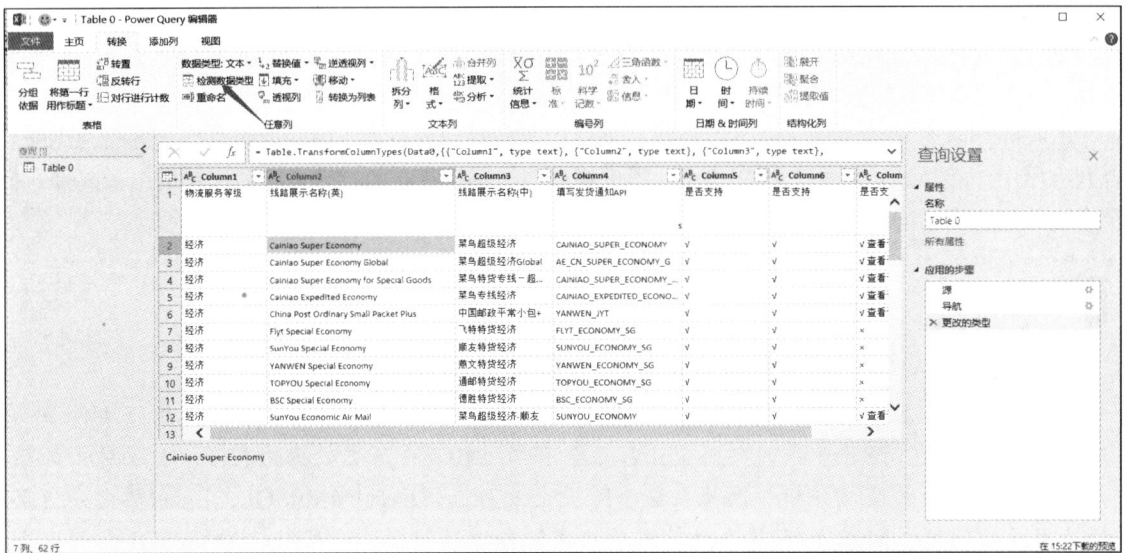

图 2-3　检测数据类型

常见的数据类型如表 2-1 所示。

表 2-1　　　　　　　　　　　　　　　常见的数据类型

数据类型	示例
整数	0，1，−1
小数	0.2，1.2，−1.2
时间	#time（09，15，00）
文本	"hello"
逻辑	True，False
二进制	#binary（"AQID"）

2.2.2 缺失值与异常值处理

缺失值与异常值的处理有两种方法，第一种是删除法，删除缺失或异常数据的记录，使用此方法的前提条件是删除记录不会对数据分析的结果产生影响。第二种是插补法，当删除整条记录对分析结果有严重影响时，根据实际情况可用 0 插补，也可以用均值插补。

在 Power Query 编辑器"转换"选项卡中使用"替换值"功能可替换缺失值或异常值，如图 2-4 所示。

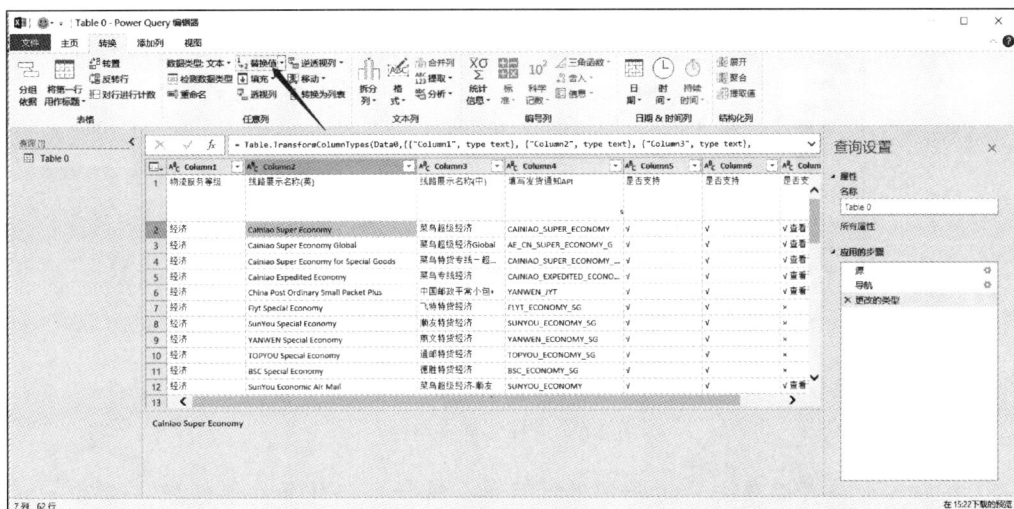

图 2-4　替换值

2.2.3　数据合并

1. 纵向合并

纵向合并在数据库中也称为追加查询，常用于将多张相同结构字段的表格合并成一张表格的场景。

例2-1　现有100家门店的销售数据，分别在100个文件中，将100家门店的销售数据合并成一张表。

（1）将数据导入Power Query编辑器，在Excel"数据"选项卡中选择"获取数据"，在"自文件"中选择"从文件夹"选项，如图2-5所示。

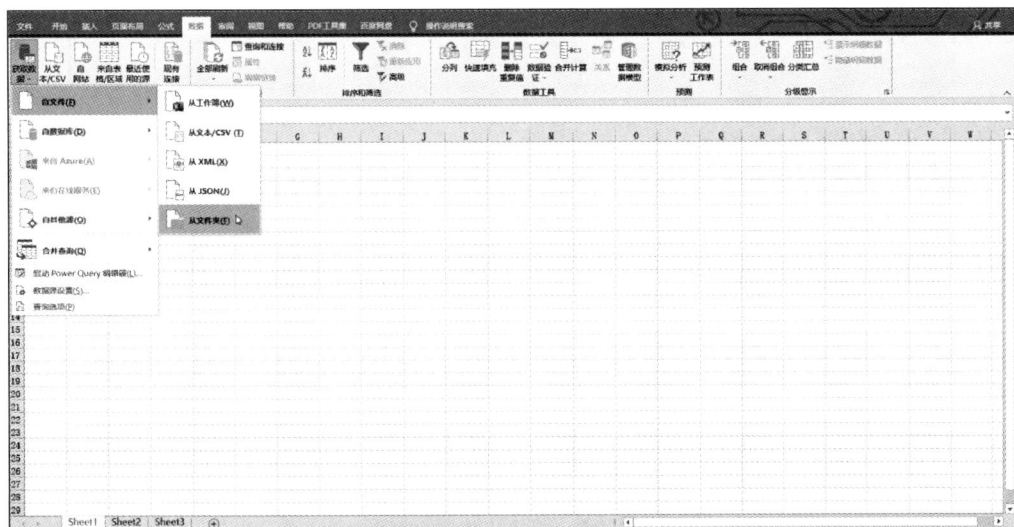

图 2-5　从文件夹获取数据

（2）在弹出的对话框中，选择文件夹路径，单击"打开"按钮，如图2-6所示。

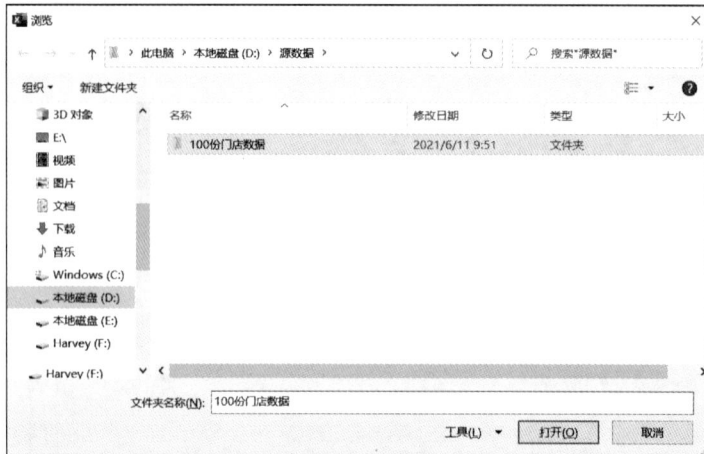

图 2-6　选择文件夹路径

（3）在导入数据页面单击"组合"下拉菜单，选择"合并并转换数据"选项，如图2-7和图2-8所示。

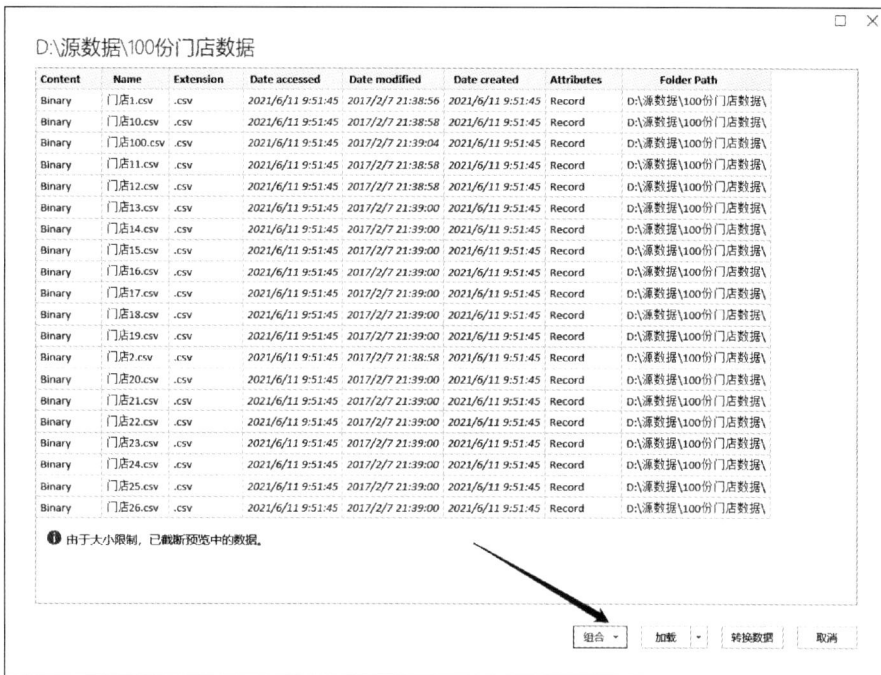

图 2-7　单击"组合"按钮

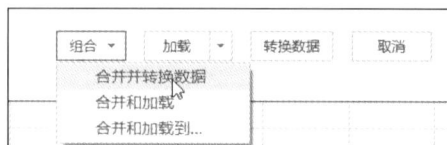

图 2-8　合并并转换数据

（4）针对部分版本没有组合功能的操作，需要进入编辑器中编辑，每一个Binary都是一个二进制文件，数据以二进制文件形式被Power Query编辑器读取，如图2-9所示。

	Content	A^B_C Name	A^B_C Extension	Date accessed
1	Binary	门店1.csv	.csv	2019/4/11 12:53:04
2	Binary	门店10.csv	.csv	2019/4/11 12:53:31
3	Binary	门店100.csv	.csv	2019/4/11 12:53:31
4	Binary	门店11.csv	.csv	2019/4/11 12:53:31
5	Binary	门店12.csv	.csv	2019/4/11 12:53:31

图 2-9　Power Query 编辑器读取数据

（5）在"添加列"选项卡中，单击"自定义列"选项，如图2-10所示。

在"自定义公式"中输入"Csv.Document([Content]，[Encoding=936])"将二进制文件转换成表格，输入完成后单击"确定"按钮。Csv.Document用于将二进制文件转换成Csv格式的表格。[Encoding=936]用于指定中文编码为GBK，如图2-11所示。

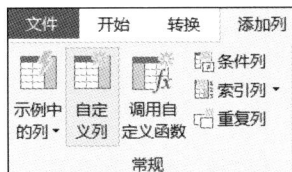

图 2-10　添加自定义列

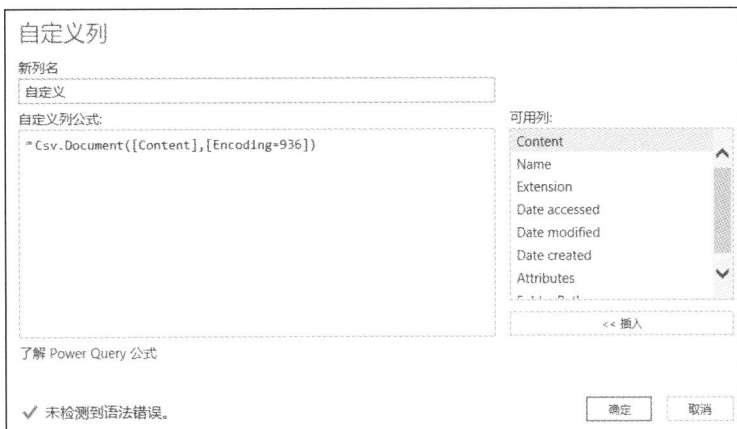

图 2-11　输入公式

（6）自定义列添加完成后，单击"自定义"列的列名右侧图标，展开Table，取消勾选"使用原始列名作为前缀"，如图2-12所示。

图 2-12　展开

此时可发现展开后字段名称在记录中，如图2-13所示。在"开始"选项卡中单击"将第一行用作标题"选项，将第一行的记录转为字段名（标题），如图2-14所示。

图 2-13　展开后字段名称

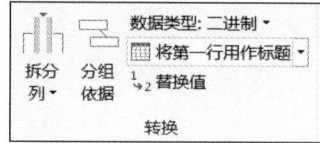

图 2-14　将第一行用作标题

由于每一个文件都有字段名称，因此需要将多余的名称过滤掉，对"日期"进行筛选，将"日期"过滤掉。如图2-15所示。

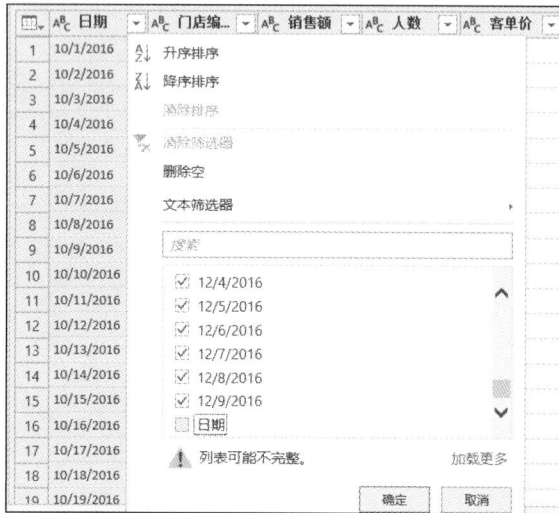

图 2-15　筛选

完成之后，在"主页"选项卡中单击"关闭并上载"选项，如图2-16所示。将数据导入Excel，可以观察合并后的数据结果，如图2-17所示。

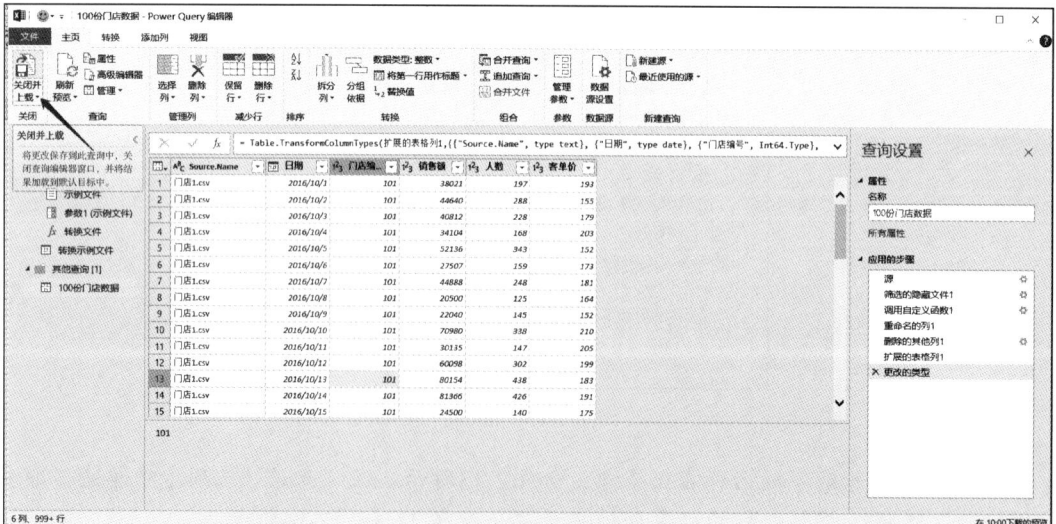

图 2-16　关闭并上载

图 2-17　合并结果

2. 横向合并

横向合并在数据库中也称为合并查询，合并查询分为左外部、右外部、完全外部、内部、左反和右反 6 种联接方式。

图 2-18 和图 2-19 所示为左外部联接示意图和右外部联接示意图。

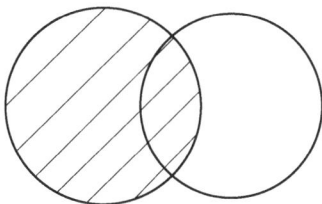

图 2-18　左外部联接示意图

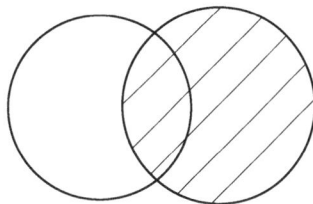

图 2-19　右外部联接示意图

图 2-20～图 2-23 所示分别为完全外部联接返回左表和右表的所有数据、内部联接仅返回左表和右表匹配的所有数据、左反联接返回仅左表有的数据和右反联接返回仅右表有的数据。

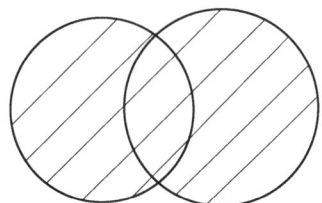

图 2-20　完全外部联接示意图

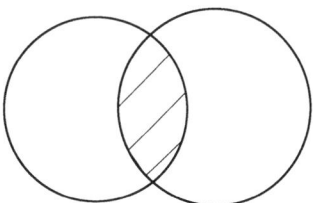

图 2-21　内部联接示意图

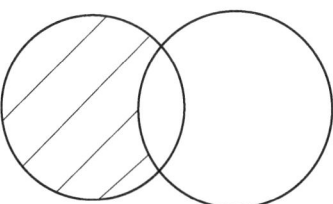

图 2-22　左反联接示意图

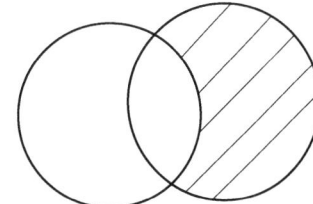

图 2-23　右反联接示意图

例2-2 现有两张表，学生基本信息表和学生成绩表，分别如表2-2和表2-3所示。若分析班级不同性别的学生成绩的差异，需要将两张表进行合并。

表2-2　　　　　　　　　　　　　　　学生基本信息表

姓名	性别	年龄
张三	男	15
李四	女	15
王五	男	16
赵六	女	15

表2-3　　　　　　　　　　　　　　　学生成绩表

姓名	学科	成绩
张三	语文	88
张三	数学	93
张三	英语	78
李四	语文	85
李四	数学	82
李四	英语	79
王五	语文	90
王五	数学	88
王五	英语	86
赵六	语文	82
赵六	数学	94
赵六	英语	85

（1）选中表格，在"数据"选项卡中单击"来自表格/区域"（某些版本是"从表格"的字样）选项，分别将两张表格导入Power Query编辑器，如图2-24所示。

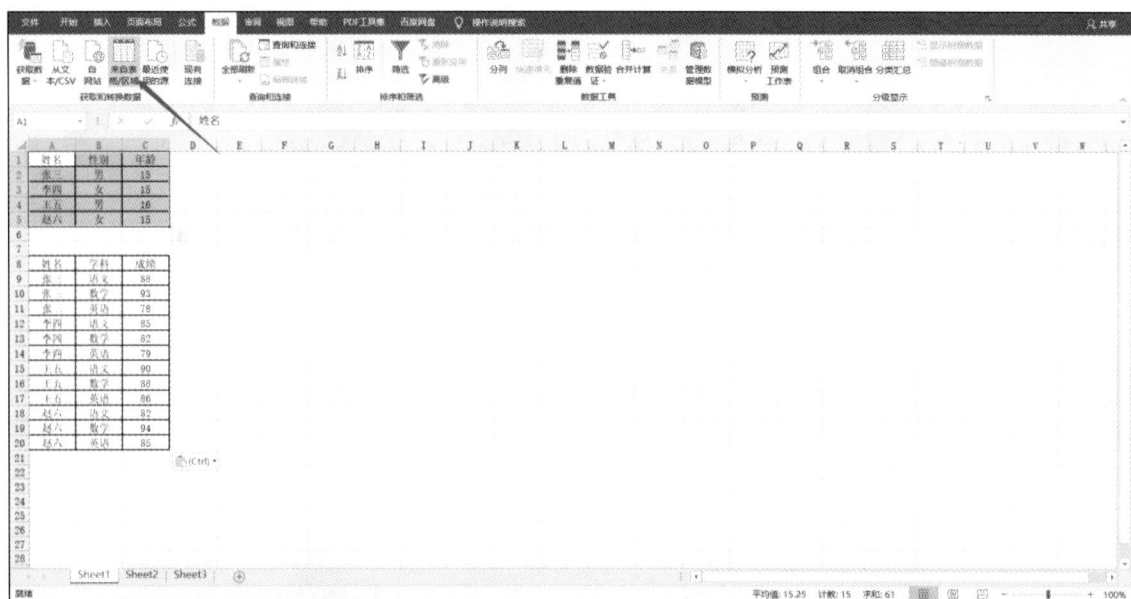

图2-24　单击"来自表格/区域"

（2）在Power Query编辑器的"主页"选项卡中，单击"合并查询"选项，如图2-25所示。在打开的"合并"对话框中，在表1和表2中分别选中"姓名"字段，联接种类选择"左外部"，如图2-26所示。

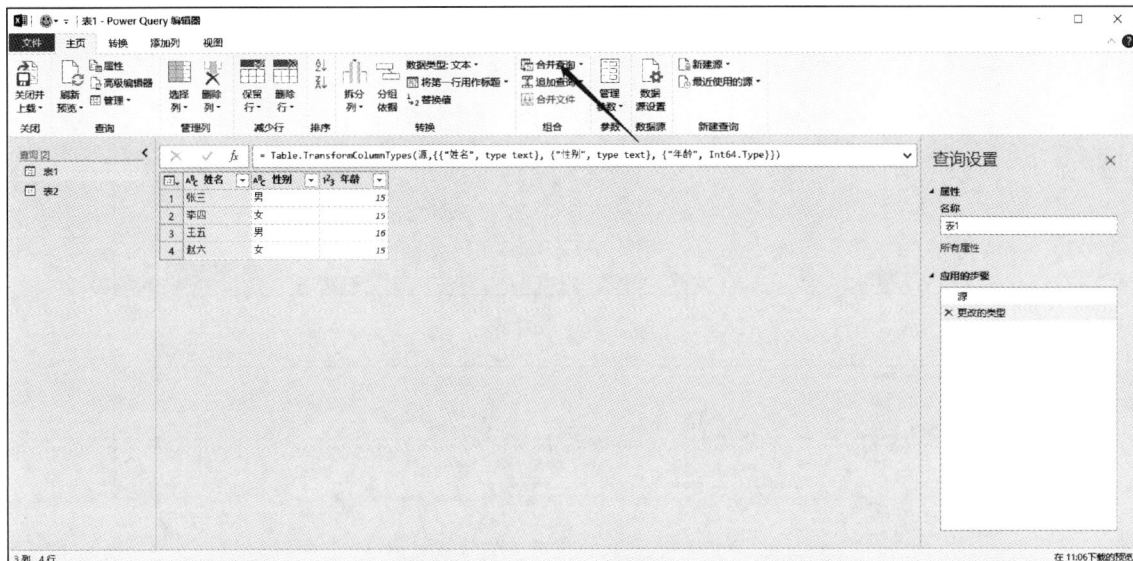

图 2-25　合并查询

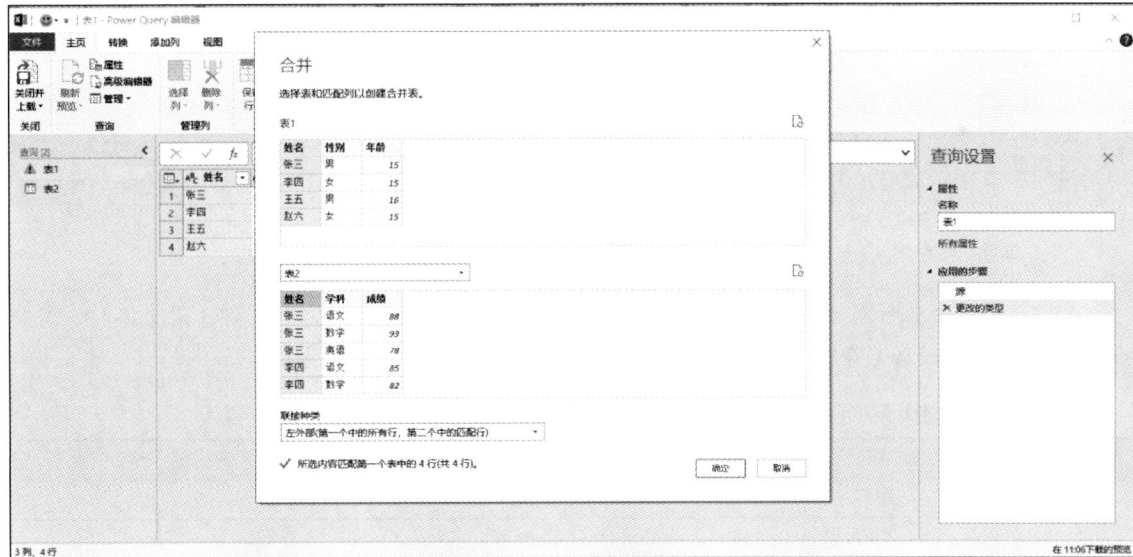

图 2-26　进行合并设置

（3）合并后展开表，由于学生基本信息表中已经有姓名字段，因此取消勾选"姓名"，并且取消勾选"使用原始列名作为前缀"，单击"确定"按钮，如图2-27所示。

（4）完成以上步骤，合并后的表如图2-28所示。

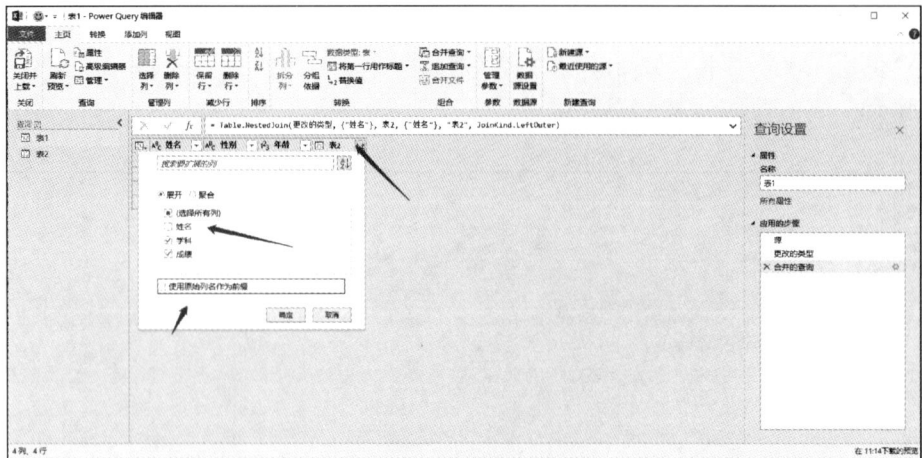

图 2-27 展开表

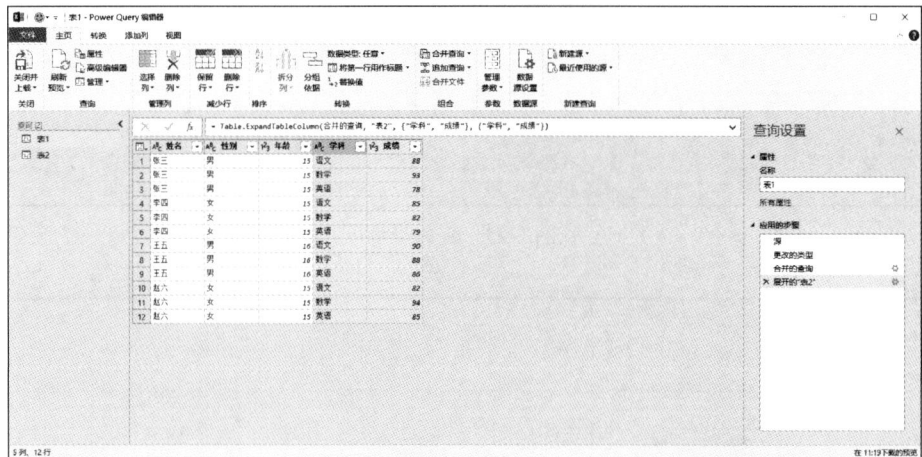

图 2-28 合并后的表

（5）单击"关闭并上载"选项，即可将表格导入Excel进行后续的操作。

例2-3 某企业针对老顾客开展了赠品活动，现有已领取礼品的顾客名单（见表2-4），需要排查未领礼品的顾客名单，表2-5所示是所有顾客名单。

表 2-4 已领取礼品的顾客名单

姓名
张三
李四
王五
赵六

表 2-5 所有顾客名单

姓名
张三
李四
王五
赵六
钱七
孙八

前面的步骤与上个案例相同，不同的是在"合并"对话框，联接种类选择"左反"。合并后，就可以得到未领礼品的顾客名单，表中的空表可以直接删除。最后在"主页"选项卡中单击"关闭并上载"选项，将数据导入 Excel，即可得到顾客名单。如图 2-29 所示。

图 2-29 "合并"对话框

2.2.4 数据分组

数据分组是根据某个维度将数据以某种算术方法（求和、计数等）进行统计汇总。

例2-4 现有某班级各个学科的学生成绩表，如表2-6所示，老师想统计班级各个学科的平均分。

表 2-6 学生成绩表

姓名	学科	成绩
张三	语文	88
张三	数学	93
张三	英语	78
李四	语文	85
李四	数学	82
李四	英语	79
王五	语文	90
王五	数学	88
王五	英语	86
赵六	语文	82
赵六	数学	94
赵六	英语	85

（1）先选中学生成绩表，在"数据"选项卡中单击"来自表格/区域"（某些版本是"从表格"的字样）选项，将表格导入Power Query编辑器，如图2-30所示。

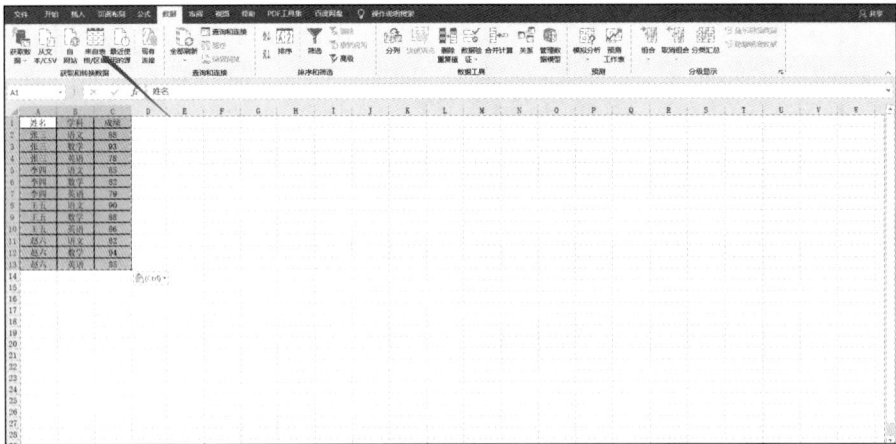

图 2-30　"来自表格/区域"

（2）选中"学科"列，在"主页"选项卡中单击"分组依据"选项，如图2-31所示。对数据进行分组统计。在"分组依据"对话框中进行设置，在"操作"处选择"平均值"，在"柱"处选择"成绩"，如图2-32所示。

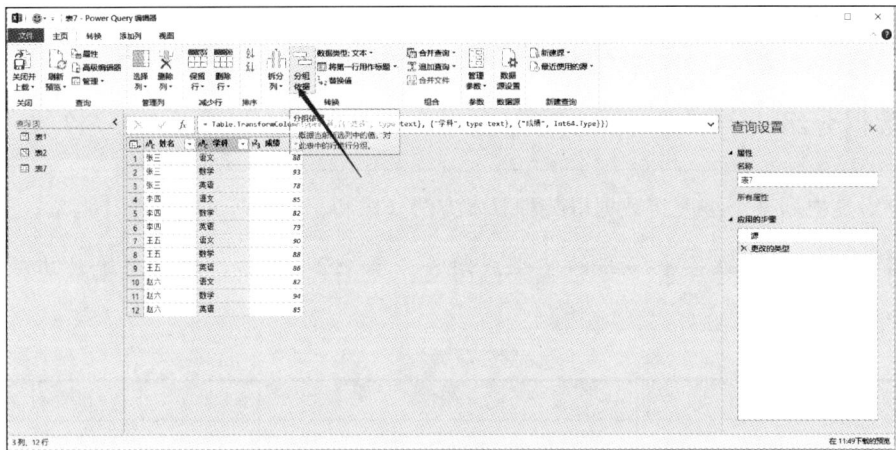

图 2-31　"分组依据"选项

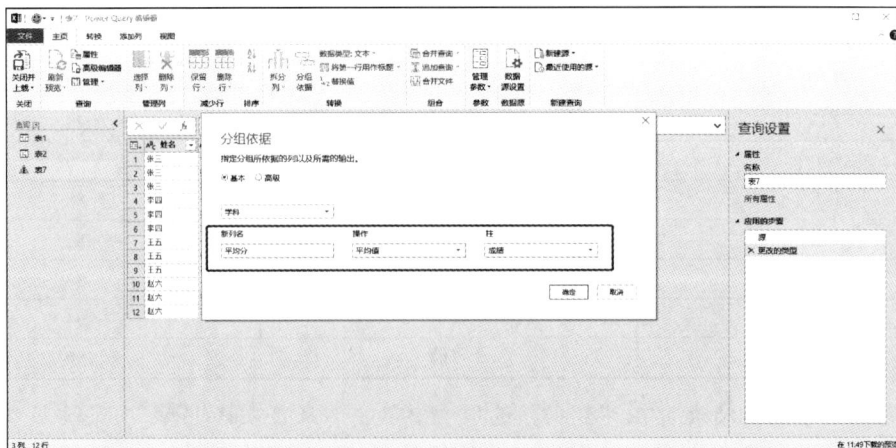

图 2-32　"分组依据"对话框

（3）分组结果如图2-33所示。

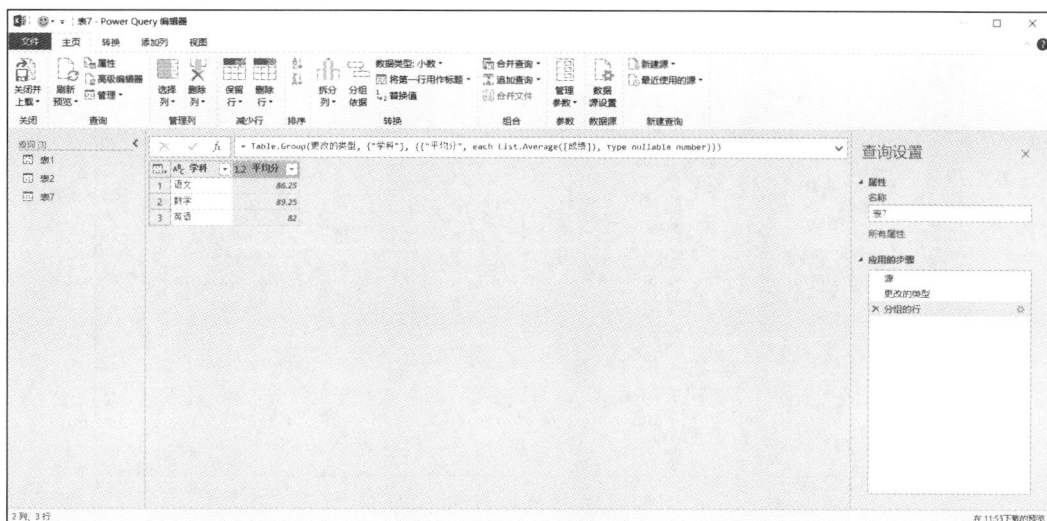

图 2-33　分组结果

2.2.5　数据变形

1. 数据透视

数据变形是指将数据的结构进行变换，特别是将一维表转为二维表，或者将二维表转为一维表，变换数据结构，有利于后续的数据分析工作的开展。

数据透视是指将某维度的行转变成列，可实现数据的快速汇总和分类。

例2-5　将表2-6所示的学生成绩表转为由姓名和学科组成的二维表。

（1）选中表格，在"数据"选项卡中单击"来自表格/区域"选项，将表格导入Power Query编辑器，如图2-34所示。

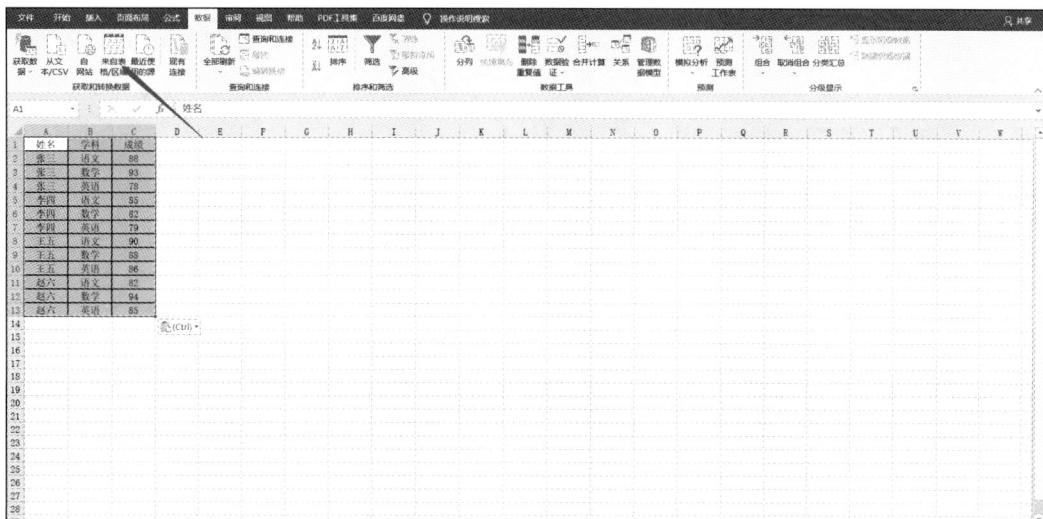

图 2-34　"来自表格/区域"选项

（2）在Power Query编辑器中，选中"学科"列，在"转换"选项卡中单击"透视列"选项，如图2-35所示。

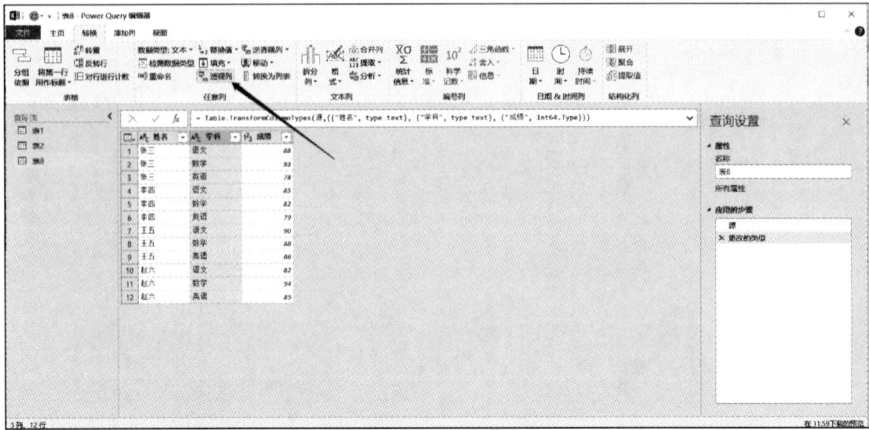

图2-35　"透视列"选项

（3）在"透视列"对话框中，设置"值列"为"成绩"，如图2-36所示。单击"确定"按钮，得到透视后的结果，如图2-37所示。

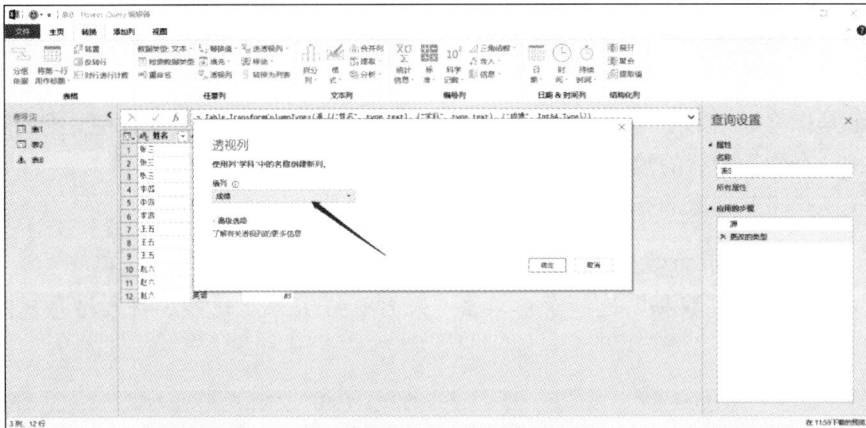

图2-36　设置"值列"

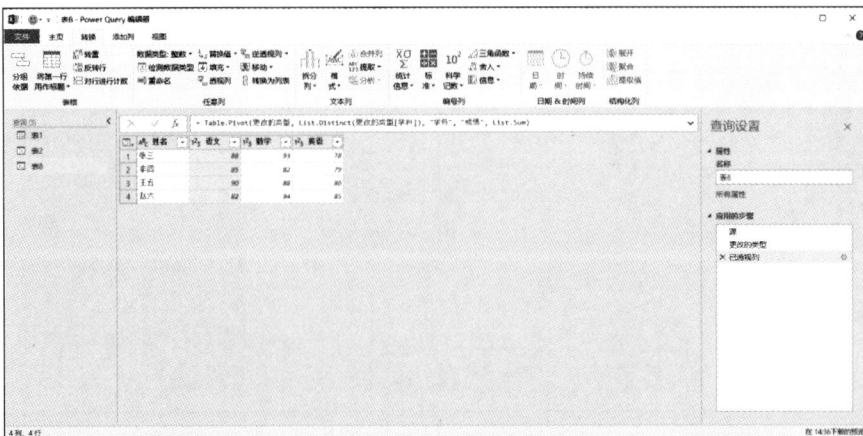

图2-37　透视后结果

2. 数据逆透视

数据逆透视即将二维表转为一维表。

例2-6 将上次透视后的结果进行一次逆透视转为一维表。

（1）按住"Ctrl"键选中"语文""数字"和"英语"3列。在"转换"选项卡中单击"逆透视列"选项，如图2-38所示。

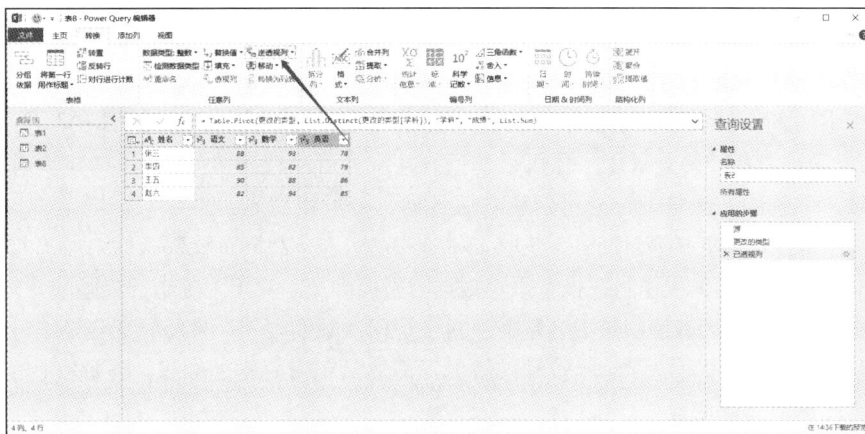

图 2-38 "逆透视列"选项

（2）得到逆透视的结果如图2-39所示。

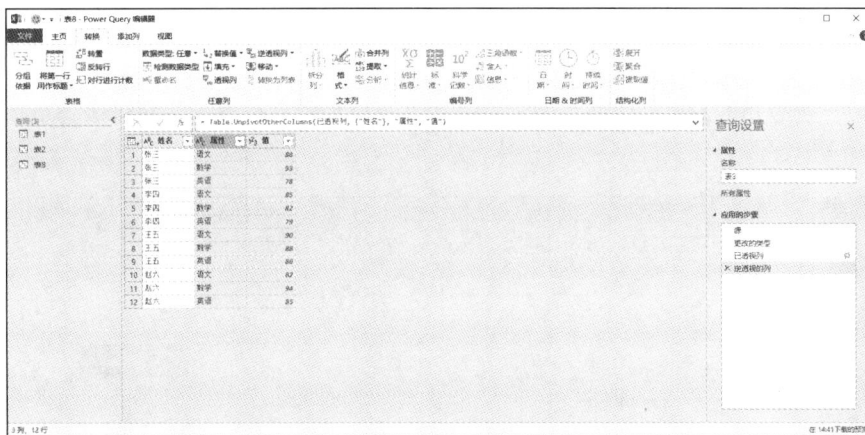

图 2-39 逆透视结果

2.3 电子商务数据采集实例

1. 实验目的

（1）了解数据采集相关知识

（2）实操通过八爪鱼工具进行数据采集

2. 实验知识准备

（1）数据获取的基本流程

完整的数据获取流程主要包括采集、存储和清洗三个环节。

电子商务数据采集
实例

① 采集：将整个 HTML 或者 JS 文件下载到本地，此时数据在文件中，文件可转换成文本这种可读的类型。

② 存储：一般将下载的文件或者文本整个存入数据库。

③ 清洗：从文件或者文本中提取目标资料，并组织成表格形式，形成可供分析的原始资料。

（2）反爬虫

平台为了避免被第三方采集工具大量采集数据，造成数据泄露等严重后果，或给服务器带来巨大压力，导致影响用户的正常使用体验，均为自己平台的数据设置了反爬虫机制。反爬虫机制一般包含 IP 限制、账号权限限制、密钥匹配这 3 种方式。

① IP 限制：最基础的反爬虫方式，也比较好破解，通过变换网络 IP 即可破解。

② 账号权限限制：必须登录账号才可以访问，且账号可能存在访问权限限制，如限制页面或者限制访问次数，破解的方法是上传身份信息给服务器，一般使用 cookie 字段。

惯常的操作是：登录电商平台账号、获取 cookie 参数、在下载网页代码函数中加入 Headers、添加延时、提取 Json 数据，具体操作将在批量采集数据时有所涉及。对于限制访问权限的，需要使用具备对应权限的账号，如果暴力破解则是黑客范畴。对于访问次数的限制，只要频繁变换账号即可破解。

③ 密钥匹配：密钥匹配是目前比较难破解的，需要具备密码学的知识，破解密钥的算法，然后自行生成密钥和服务器匹配。

3. 实验内容

业务背景：分析数据之前需要先有数据，数据一般可以通过数据商品和页面采集，采集数据时如果使用手动方式将耗费大量的时间和精力，因此使用软件构建采集脚本可极大节约时间成本。

接下来我们将借助一款常见的第三方采集工具——八爪鱼数据采集工具，实操如何利用八爪鱼软件爬取亚马逊上的一些商品评论信息。用户首先需要搜索官网，下载八爪鱼客户端并注册、登录。普通用户使用免费版功能即可完成基本的数据采集，也可根据需要自行选择付费会员功能。八爪鱼主页如图 2-40 所示。

图 2-40　八爪鱼主页

接下来我们以亚马逊平台上某商品为例进行商品评论采集。读者在实操过程中也可根据自身需求，灵活更换其他平台数据进行数据采集。采集字段包括：商品标题、图片链接、商品链接、商品价格、商品评分、评论数等（可根据需要对相关字段进行添加或删除）。

在首页单击左上角的"新建"按钮，选择"自定义任务"，如图 2-41 所示。

图 2-41　新建自定义采集任务

在新建任务界面，选择"手动输入"，输入示例网址并单击"保存设置"按钮（后续可能因平台更新原因导致链接失效，使用时根据需要在亚马逊平台重新进行搜索获得新链接即可），如图 2-42 所示。

图 2-42　新建任务

系统会自动识别网页内容并提取相关字段，如图 2-43 所示，成功识别了列表中的数据、翻页和滚动加载设置，单击"生成采集设置"按钮。

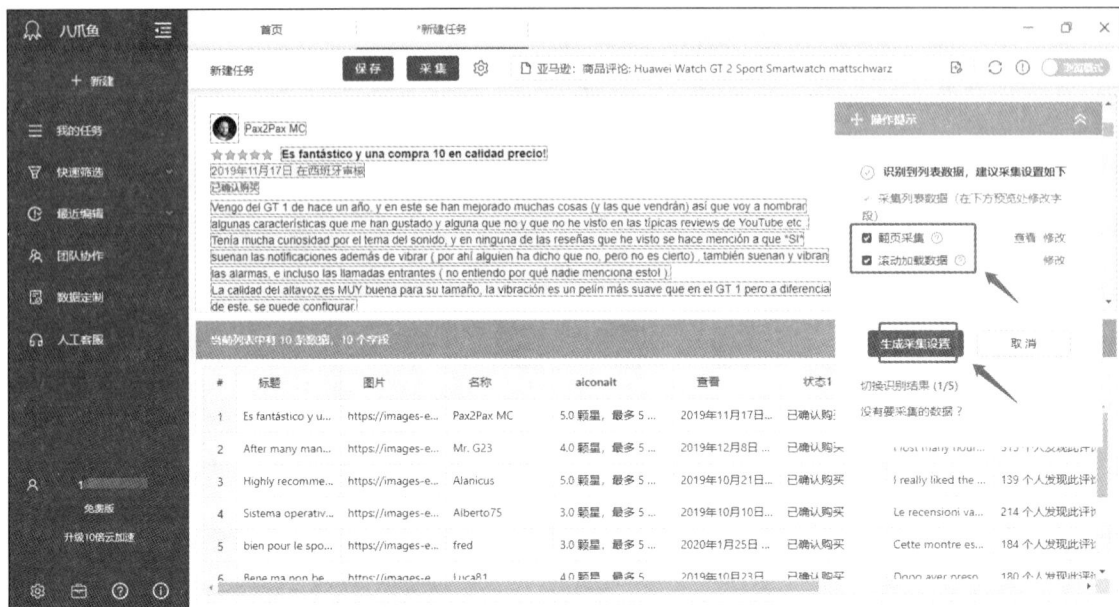

图 2-43　新建任务

将自动识别出的列表数据和翻页，生成采集流程，方便我们使用和修改，如图 2-44 所示。

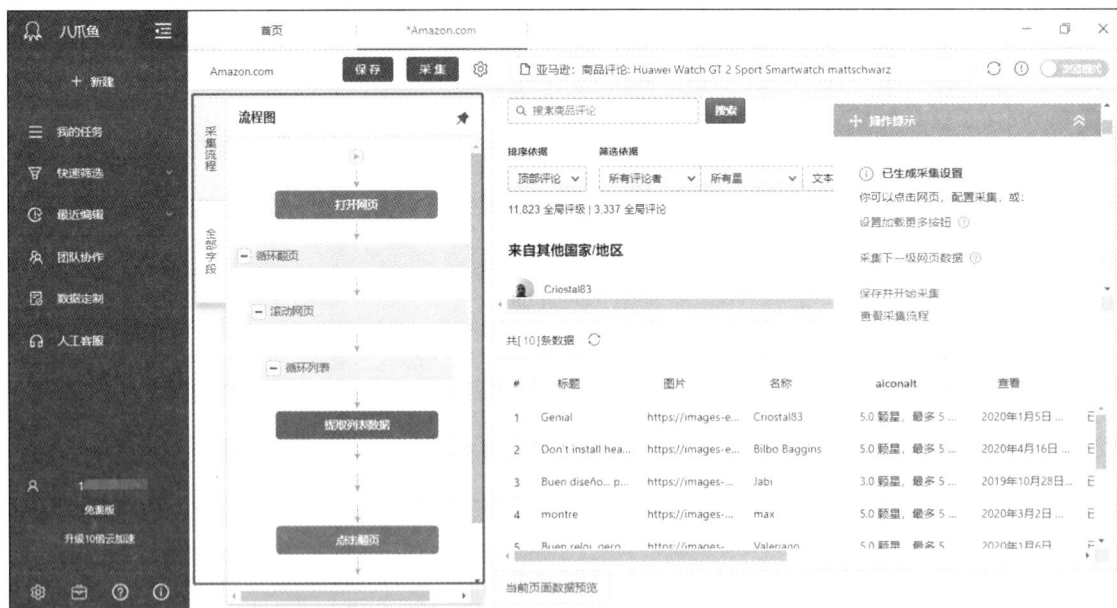

图 2-44　生成采集流程

在"当前页面数据预览"中可对采集规则进行调整与优化，如根据需要删除不需要的字段、编辑字段名称等，如图 2-45 所示。

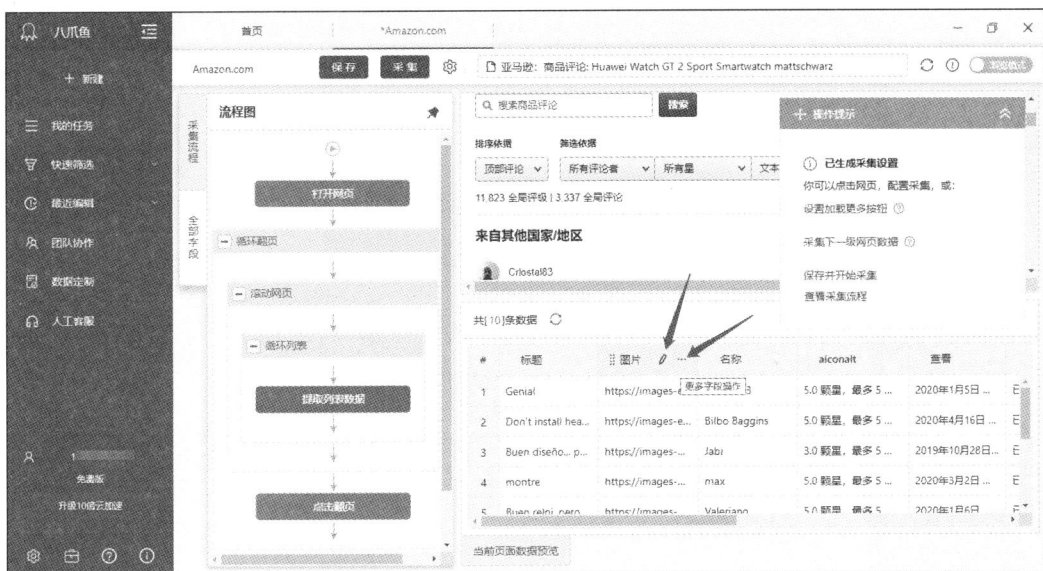

图 2-45　删除字段或编辑字段名称

有一些字段，系统无法自动提取到，需要用户手动添加。双击流程图中的"提取列表数据"，进入其设置页面，单击"加号"图标，单击"页面网址""添加当前时间"和"添加当前网页信息"，完成手动添加字段，如图 2-46 所示。

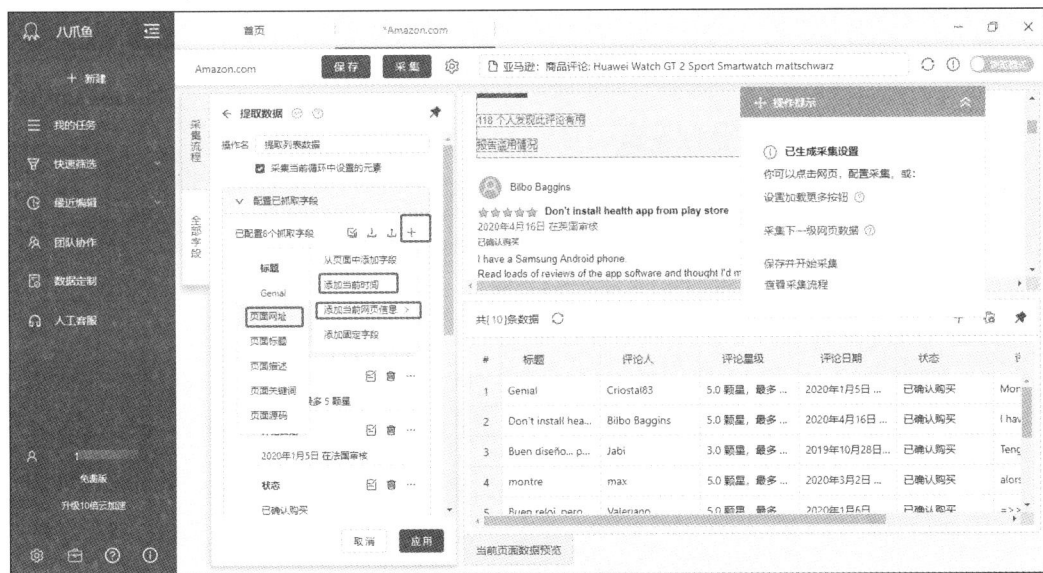

图 2-46　手动添加字段

通过以上步骤可以完成基本的数据采集。但亚马逊平台有防采集机制，如需稳定采集大量数据，需对采集规则进行优化。常见的优化方法如下。

（1）设置页面滚动与 Ajax 超时

在亚马逊平台中打开商品评论网页和翻页后，需向下一屏一屏滚动，才能加载出全部评论列表，在八爪鱼中也需进行这样的设置。

同时翻页使用了 Ajax 技术，需设置 Ajax 超时。在左侧流程图中双击"打开网页"，进入设置页面。单击"页面打开后"选项，勾选"页面加载后向下滚动"复选框，并设置"滚动方式"为"向下滚动一屏"，"滚动次数"为 5 次，"每次间隔"为 1 秒，设置完成后保存，如图 2-47 所示。

图 2-47　打开网页设置

在左侧流程图中双击"点击翻页"，进入设置页面。设置"Ajax 超时"为 30s。设置"页面加载后向下滚动"，滚动方式为"向下滚动一屏"，"滚动次数"为 5 次，"每次间隔"为 1 秒，设置后保存，如图 2-48 所示。

图 2-48　点击翻页设置

（2）设置重试条件

如果是初次采集，可以跳过此步骤，直接启动采集获取数据。如果已经采集一定数据后，发现触发了亚马逊平台的防采集机制，出现验证码，则可以通过设置重试条件解决。

验证码一般在打开新页面后出现。在这个规则中，"打开网页"后会打开新页面。因此需对此复选框步骤设置重试，重试时以新的 IP 和浏览器版本打开网页，以跳过验证码。进入"打开网页"

后设置步骤：勾选"当如下条件满足时重试"复选框，重试条件为：当前页面的"元素 XPath"不包含//div[@class="a-section review aok-relative"]；重试次数可选范围为 5～10 次，每次间隔可选范围为 0～3 秒；勾选"重试时同时切换代理 IP"复选框，选择"随机伪造 IP"；勾选"重试时同时切换浏览器版本"复选框，单击"浏览器列表"，将除手机端外的浏览器列表都勾选上，单击"应用"按钮，然后单击"保存"按钮，如图 2-49 所示。

图 2-49　设置重试条件

接下来即可进行数据采集：单击"采集"按钮并单击"启动本地采集"按钮，启动后八爪鱼开始自动采集数据，如图 2-50 所示。

图 2-50　启动采集

采集完成后，选择合适的导出方式来导出数据，如导出为 Excel、CSV、HTML、数据库等。这里导出为 Excel，单击"确定"按钮，选择保存路径将数据导出到本地即可，如图 2-51 所示。

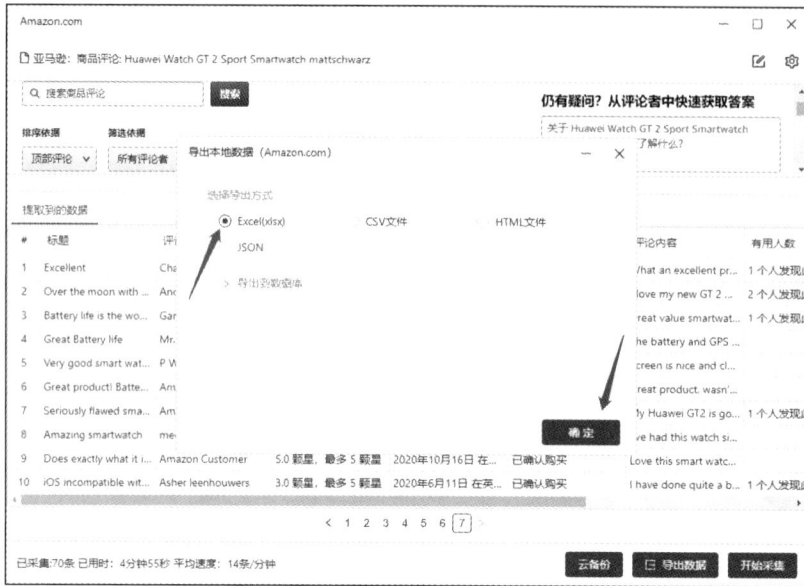

图 2-51　导出数据

导出数据示例如图 2-52 所示。

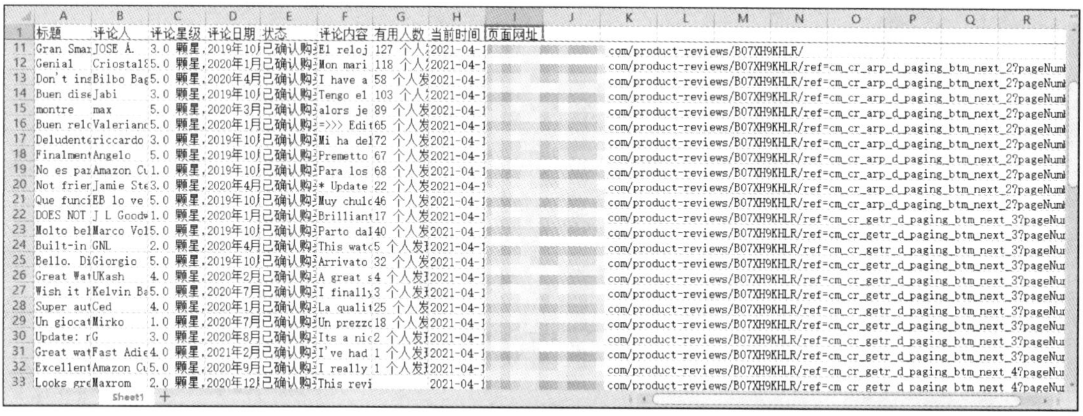

图 2-52　导出数据示例

4. 实验总结

借助八爪鱼数据采集工具进行亚马逊平台的商品评论数据的采集实例，读者可掌握采集方法与基本流程，后续可以根据需要灵活选择采集工具、所采平台与数据类型。

思考题

1. 简述电商采集的基本概念。
2. 简要概述大数据处理过程。
3. 电商采集的主要方法有哪些？
4. 简述电商数据采集的工具。
5. 简述电商数据预处理的几种方式。

电子商务市场数据分析 | 第3章

章节目标

- 掌握电子商务市场数据分析的内容
- 了解电子商务市场数据分析报告的撰写流程

学习重点

- 电子商务市场分析的工作及模型
- 电子商务市场行情分析与行业数据挖掘
- 分析电子商务市场规模和市场趋势

学习难点

- 电子商务市场分析技能
- 分析电子商务市场竞争和竞争趋势
- 分析电子商务行业最佳价格波段
- 综合分析电子商务市场，撰写分析报告

本章思维导图

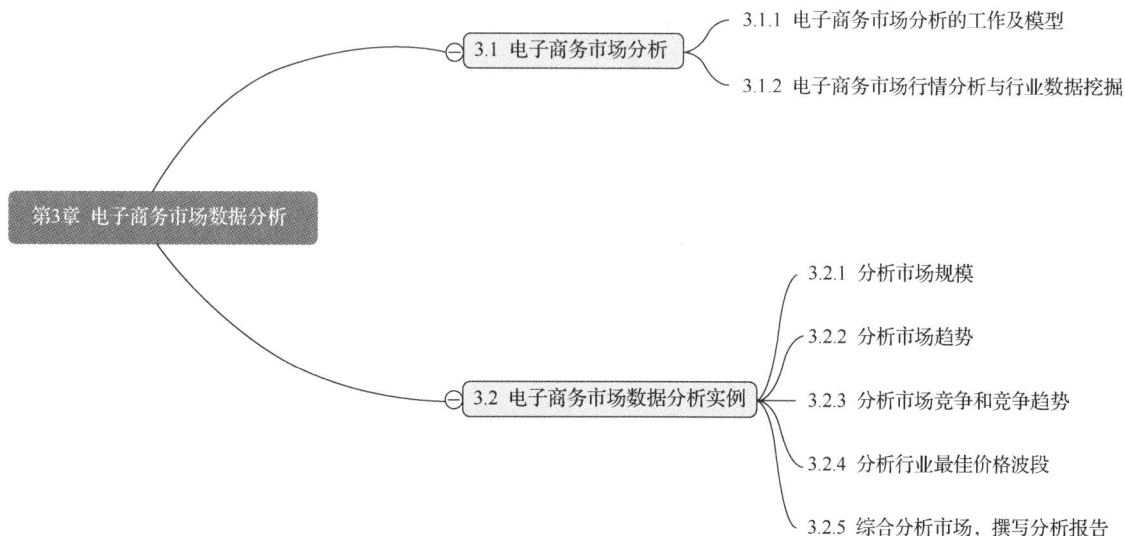

```
第3章 电子商务市场数据分析
├─ 3.1 电子商务市场分析
│   ├─ 3.1.1 电子商务市场分析的工作及模型
│   └─ 3.1.2 电子商务市场行情分析与行业数据挖掘
└─ 3.2 电子商务市场数据分析实例
    ├─ 3.2.1 分析市场规模
    ├─ 3.2.2 分析市场趋势
    ├─ 3.2.3 分析市场竞争和竞争趋势
    ├─ 3.2.4 分析行业最佳价格波段
    └─ 3.2.5 综合分析市场，撰写分析报告
```

3.1 电子商务市场分析

3.1.1 电子商务市场分析的工作及模型

1. 电子商务市场分析的主要工作

（1）各行业电子商务的市场分析

① 日消品（日用消费品）电子商务的市场分析。在整个网上零售市场发展已较为成熟的背景下，中国网上零售市场交易规模增长率依然维持高位。网上零售的零售额在社会消费品零售总额中的占比已超过 10%，成为中国经济社会中一股不可忽视的力量。中国网上零售市场已进入相对成熟的阶段，不同品类商品的线上销售占比存在较大差异。日消品在整个零售市场中占据非常重要的地位，但线上零售处于低位。日消品本身的商品特性，使其在销售过程中表现出高时效性、高场景化和冲动型消费的需求，而目前线上零售渠道并未表现出优势，相对于商品单价，物流成本较高。日消品线下零售渠道发展较为成熟，基本满足了消费者的需求。但是消费者的成长、用户需求的转变、企业的推动这三点的变化成为支撑日消品线上零售发展的基础。以"80后""90后"为主的消费者逐渐成长为日消品的线上主力消费人群，线上消费需求已从低价需求逐渐转为便利性需求；巨大的潜在市场空间吸引了大量电子商务企业和零售企业积极进入该市场。

② 3C 类商品电子商务的市场分析。3C（Computer，Communication，Consumer electronics）类商品是较早在网络渠道销售的商品，也是电子商务市场销售额最高的商品之一。3C 类商品电子商务市场复杂多变，一方面是因为网购渠道多样，另一方面是因为网络销售的 3C 类商品鱼龙混杂。我国 3C 类商品电子商务市场规模近年来不断发展，其因素有：我国网络购物环境的不断成熟与完善；网购用户规模扩大；3C 类商品相对标准化程度较高，很适合网购；近年来传统家电企业纷纷向电子商务转型，为这个行业注入活力。

我国 3C 类商品电子商务市场的特点包括：相较于其他商品的电子商务市场，消费者的学历、收入、年龄都相对较高，且男性消费者占绝对主导地位；3C 类商品的电子商务市场主要集中在大城市，但每个城市均有差异；3C 类商品电子商务市场价格战日趋激烈，同类平台间的竞争增大，传统家电企业（如国美、苏宁）纷纷加入 3C 类商品电子商务市场。

消费者在网上购买 3C 类商品看重的因素为价格便宜、方便快捷和样式丰富。3C 类商品电子商务市场发展成熟度领先于服装等大部分品类。整体 3C 类商品电子商务市场的大规模发展与消费者购物需求大、消费实力强有紧密联系。3C 类商品电子商务市场包括京东、淘宝等电商平台，苏宁易购、新蛋网等家电 3C 类垂直平台，以及富士康旗下富连网、小米旗下小米商城这些硬件大厂旗下的平台。3C 类商品线上用户以 19～30 岁的男性用户为主。3C 类商品相对于服装、美妆等类目而言，标准化程度更高，从发布之时定价就非常透明。电商的作用是去渠道化，3C 电商将这一点更是体现得淋漓尽致。

③ 农商品电子商务的市场分析。近几年国家一号文件和五年规划大力推进农业现代化，同时从政策上给予大力支持，农商品电子商务发展迎来有利契机。与此同时，农商品电子商务是提高农商品流通环节经营效率的重要手段之一。

你知道目前农商品电商平台主要有哪几类吗？

目前农商品电商平台主要有3类：B2B农资电商平台、B2B农商品电商平台、B2B食材配送平台。

农商品电商市场环境的特点有：农户的入网率比较低，对辅助上网有较强烈的需求，同村人之间多相互熟识，抱团现象严重；销售种子、农药类商品有一定的风险，如代售假种子，赔款概率基本为100%；基础设施建设尚不完善，农村"最后一公里"物流缺失，多靠农户自行解决货运问题；乡镇级经销商往往会为农户提供赊销服务，依靠熟人关系来维持还款，农资电商平台初期难以提供赊销服务，经销商仍具有竞争优势；国家对农业贷款大力支持，且农户融资需求非常强烈，但是农村家庭正常信贷获批率远低于全国平均水平，农户贷款违约风险较高，即使农户用土地、房屋抵押，也难以催收。

④ 服装服饰类商品电子商务的市场分析。服装服饰类商品是网购的第一大品类，有巨大的发展空间和潜力，引导着整个电子商务市场的发展。当前服装电商品牌企业可分为两大类，分别是以传统服装品牌涉足网络的企业和最先从网络上塑造成功的纯网络服装品牌企业。第一种企业以李宁品牌为代表，先进入淘宝商城建立官方网络店铺，然后推出网络分销、代销模式。第二种企业以 VANCL 为代表，最开始是 vancl.com 上线，两年后 VANCL 淘宝官方旗舰店也正式上线，而随着 VANCL 品牌的塑造，很多网络分销商相应产生。

⑤ 大宗商品电子商务的市场分析。我国大宗商品电子商务市场自 1997 年成立以来，发展速度十分迅猛，交易品种日益丰富。但大宗商品电子商务一直比一般消费品电商发展滞后，主要原因是大宗商品的电子交易主要以金融属性的中远期交易为主，以交割为目的的现货交易较少；大宗商品单位资金量大，商品销售层级少、产业集中度高等特征使得电商优势在大宗商品领域难以发挥。

⑥ 旅游电子商务的市场分析。我国旅游电子商务经过十多年的摸索和积累，已有相当一批具有资讯服务实力的旅游网站，主要包括地区性网站、专业网站和门户网站的旅游频道 3 类。这些网站可以为消费者提供比较全面的服务，主要涉及旅游时的食、住、行、游、购、娱等方面的网上资讯服务，已成为旅游服务的重要媒介。我国逐步向国外开放旅游市场，国际旅游企业也将携带观念、管理、网络、资金、人才等多方面的优势，以各种方式进入中国旅游市场。随着旅游市场竞争的日益激烈，旅游者的需求越来越多，我国必须把传统旅游市场转向以互联网技术为核心服务的旅游电子商务，才能满足不同旅游者的需求。

你知道我国目前比较成功的专业网站有哪些吗？

目前比较成功的专业网站主要有携程旅游网。

（2）企业内部电子商务市场分析的核心数据指标

① 获取用户的渠道和成本分析。如果你经营着一家电子商务企业，但是却不知道每天有多少用户登录你的网站、登录用户和完成购买用户之间的比例是多少，以及吸引用户的成本是多少，那么

你经营的电子商务企业在这个行业不会存活太长时间。搜索引擎优化是获取用户的一个好方法，但是仅仅做好搜索引擎优化还不够。有的时候为了吸引更多的用户，你必须在金钱上有所付出，而且你必须知道哪种方法最能吸引用户。即使在你不得不拒绝用户的时候，你也要知道拒绝用户的成本。在电子商务领域有这样一句话："如果你不能分析数据，你就不能控制流量。"

② 订单成交率分析。通过努力地工作，你将用户吸引到了你的网站上，你开始更辛苦地工作，为用户提供他们想要购买的商品；用户们单击了"现在购买"按钮，被重新定向到付款页面，然后用户突然放弃了购买，这是为什么？通过分析未完成付款的订单，你能够了解到用户为何最终放弃购买。例如，一商家发现一个用户在很短的一段时间内，放弃购买了 5 件商品，对此十分奇怪。通过调查发现，原来页面不接受来自加拿大的订单。因此，作为一个电子商务企业，未完成付款或用户放弃购买的订单，是你应该进行追踪和分析的数据。

③ 网站用户流量分析。很显然，你希望那些正在寻找你的网站的用户能够来到你的网站购物，为你的网站增加流量，但那些并不是在寻找你的网站的用户，同样不可忽视。他们也许正在网上寻找某一种商品，而你恰好正在销售这种商品，那么这时你要做的就是将这部分用户吸引过来。流量是最能为你带来收入的因素。

知识拓展

提高网站流量的方法

a. 站内免费引流：友情链接/交换流量，排名/橱窗推荐，社区/精华帖。
b. 站外免费引流：论坛推广/微博推广，QQ空间/QQ群/邮件，搜索引擎优化。
c. 站内付费引流：站内投放广告，官方活动/工具。
d. 站外付费引流：线下推广，站外广告投放。

---

④ 网络广告的投资回报率分析。很多在线企业开始在网上投放广告，但是却并不关注投放广告的投资回报率。通过分析网络广告的投资回报率，企业可以知道哪些渠道的广告效果好，哪些渠道的广告效果不尽如人意，应该不再使用。另外，还可以对多支广告的效果进行分析，以便在好的渠道上投放效果好的广告。

目前网络广告所普遍采用的 CPM、CPC、CPA 等统计模式，应用于结算、成本控制、创意效果监测等方面是可行的，但用于分析广告投资回报率则有些过于简单。和电视广告收视率一样，多少人看到、点击广告只能说明你在媒体选择或广告设计上比较成功，并不等于广告所传达的内容、品牌形象已经深入人心。广告投资回报率应该是一种延时效果，在这方面网络广告和传统广告在本质上没有区别，只是网络广告具有互动性，所以人们容易把即时的互动效果（特别是点击）混淆为网络广告投资回报率。

2. 常用的市场研究分析模型

（1）消费者行为研究模型

目前，消费者使用习惯和态度研究是一种相对比较成熟和常用的市场研究模型，广泛应用于家电、食品饮料、化妆品/洗涤品、日用品等快速消费品和耐用消费品的消费者研究中。

在消费者行为研究中，使用习惯和态度研究（Usage and Attitude Research，U&A）是其核心。

① U&A 的应用。U&A 是一种相当成熟和完整的消费者行为研究模型，它广泛地被国内外的专业研究机构所采用。通过 U&A 模型，企业可以准确地测量出被测商品的市场状况、目标消费者状

况、竞争对手状况，还可以有效地了解消费者特征和消费者行为，从而为企业下一步的市场策略或市场推广提供指导性依据。

U&A 的主要研究内容包括消费者对商品广告的认知、消费者使用和购买习惯、消费者满意度评价、消费者媒体习惯、消费者对市场推广活动的态度等一系列指标。同时，消费者的商品态度研究还可以用于市场细分和确定目标市场。进行市场细分的依据是消费者对商品的喜好程度。在同等条件下，企业应将目标市场定位于消费者喜好程度较高的市场，因为消费者对喜爱的商品总是赋予更多的关注。即使采取其他市场细分法，如以地理位置为标准，也需努力检测各个细分市场对商品的相对喜好程度。细分市场对商品的喜好程度越高，成功的可能性也就越大。

② U&A 研究方法。在实际研究过程中，我们通常采用的研究方法包括费歇宾模式和理想点模式。

知识卡片

费歇宾模式与理想点模式

a. 费歇宾模式（The Fishbein model）：费歇宾模式是最广为人知的测试模式。根据费歇宾模式，消费者对于一个给定的商品的态度定量评价为：该商品具有各显著特性的程度与特性的评价值乘积的和。

b. 理想点模式（The Ideal-Point model）：理想点模式的独特之处在于提供了消费者认为是理想品牌的信息和消费者对现在品牌的看法。在理想点模式下，消费者被问及某种品牌商品在某一特性中所处的位置，以及他认为"理想"的品牌应处于什么位置。根据该模式，品牌具有的特性值越接近理想值，则该品牌越受到消费者偏爱。

费歇宾模式与理想点模式

---

③ U&A 的优点。

a. 全面性：从不同角度了解消费者行为的内因的形成过程。

b. 有效性：准确了解消费者决策的影响因素，从而确定可行的市场策略。

c. 准确性：准确界定目标消费群。

（2）市场定位模型

对某一类新上市商品（项目）来讲，企业在进行了市场细分研究的基础上，进一步需要做的工作就是市场定位。市场定位十分重要，正确的市场定位会使该商品顺利进入市场，并建立自己的品牌；相反地，定位偏差会使市场营销计划受到严重阻碍，甚至导致商品入市失败。在实施市场定位时，我们通常所使用的定位模型是基于利益定位的两个主要工具——认知图和价值图。

市场定位工作大致分为 3 部分，具体如下。

① 选择定位概念，建立认知图或价值图。在对商品或项目进行定位时，营销人员首先需要了解目标市场"在意"的因素是什么，然后才能定位研究。定位研究的结果可以用认知图表示，认知图可以用来反映相对于竞争对手而言本商品在消费者喜好程度、商品和企业形象方面的表现。

② 选择有效的定位传达方式及卖点。商品定位的传达方式包括品牌名称、标语、商品外观或其他商品特点、销售地点员工形象等。另外，企业还要设计正确的商品定位的概念，包括广告语的选择。

③ 整合传播组合定位。在完成了上述工作的基础上，定位工作还包括营销策划传播组合定位。传播可以分成两大要素：一是内容（意义和形式），二是媒介。好的内容是传播的前提，而不管媒介

是新媒体还是传统媒体。面对陌生的顾客，为了更高效沟通和开创市场，我们必须要带着定位去展开，也就是说必须要找到一个和竞争对手有差异且容易被潜在顾客接受的定位，从而给潜在顾客一个选择我而不选择竞争对手的独特购买理由。

（3）市场细分模型

市场调查中的细分市场研究可以帮助企业更清楚地了解不同层次消费者的需求特点与消费或使用特性，能帮助企业更好地锁定目标群体，更有效地针对不同层次的消费者进行推广宣传。具体体现在：自动合并差异不显著或规模过小的市场，依据差异的显著程度来判断各因素在划分细分市场时的层级，在变量差异不显著或细分市场规模过小时停止细分。市场细分模型的研究步骤如下。

第一步 了解项目背景，确定基本变量。

这是市场细分研究过程中非常重要的一步，对基本变量的选择、建立变量间联系的方法成为市场细分研究成败的关键。这些基本变量如表 3-1 所示。

表 3-1   市场细分研究基本变量表

影响因素	基本变量
地理因素	地区
	省市
	城市规模
	属性
	气候
	经济发达程度
人口因素	年龄
	性格
	家庭生命周期
	家庭收入
	职业
	受教育程度
	媒体接触
心理因素	价值倾向
	社会经济地位
	生活方式
	个性
行为因素	使用率
	购买目的
	追求的利益
	使用者状况
	品牌忠诚度
	品牌知晓度
	对商品的态度

第二步 数据采集。

出于对准确市场研究的需要，市场细分研究对样本数量和典型性有较高要求，进行多个城市研究一般样本量会在 1000 个以上；同时，市场细分研究需要调查结论能推断消费者总体，因此，多采用随机性较好的用户面访。如果目标市场为特定商品的购买者，也可采用定点拦截访问。由于细分市场调查问卷一般较长，访问时间多在 30～50 分钟，且涉及较多受访者个人信息，因此，进行电话访问的难度较大。

第三步　数据分析。

数据分析即运用多元统计分析中的聚类分析和对应分析，将对基本问题回答相同或者相似的调查对象编成不同的组别，并对这些组别认真研究和分析，最终将总体市场划分为细分市场。事后细分法利用人口统计指标和行为变量描述各个细分市场，使得这种细分市场更容易界定。

第四步　分析其他数据，构建细分市场。

本步骤论证由第三步得出的细分市场是否正确，若发现与前面结果相反，则再回到第三步进行分析。

第五步　为目标人群命名。

名字应该有意义、准确、难忘，能与细分市场中的人群很好地匹配。

第六步　明确每个细分市场，同时对准备进入的细分市场进行评估。

准备进入细分市场需要考虑如下原则：①足够大。细分市场必须足够大，以保证其有利可图；②可识别。细分市场必须是可以运用人口统计因素进行识别的；③可达到。细分市场必须是媒体可以接触到的；④差异性。不同的细分市场应该对营销组合有不同的反应；⑤稳定性。就其大小而言，各细分市场应该是相对稳定的；⑥增长性。好的细分市场应该具有增长的潜力；⑦空白点。细分市场如果被竞争对手牢固占领，则其吸引力会大大降低。

（4）竞争研究模型

竞争情报工作（Competitive Intelligence，CI）就是建立一个情报系统，帮助管理者分析竞争对手，以提高自身的决策效率和效益。

情报是经过分析的信息，当这种信息对企业来说意义重大时，它就成为决策情报。竞争情报工作有助于管理者预测商业关系的变化，把握市场机会，对抗威胁，预测竞争对手的策略，发现新的或潜在的竞争对手，学习他人成功的经验、汲取失败的教训，洞悉对企业产生影响的技术动向，并了解政府政策对竞争产生的影响，从而提高决策效率和企业效益，为企业带来更高的利润回报。通常，对竞争对手的研究包括辨别竞争对手、评估竞争对手和选定竞争对手 3 个部分，如表 3-2 所示。

表 3-2　　　　　　　　　　　　　　圈定竞争对手研究表

圈定竞争对手程序		
辨别竞争对手	评估竞争对手	选定竞争对手
1. 确定竞争的范围与条件	1. 竞争对手调研	1. 选定竞争对手
2. 辨别竞争对手策略	2. 评估竞争对手状态	2. 执行竞争策略
3. 辨别竞争对手目标	3. 评估竞争对手能力	3. 预测竞争对手反应
	4. 评估竞争对手反应能力	

（5）价格测试模型

财务状况分析指标包括注册资本、营业额、利润率、负债率及其他相关的财务指标等。

大多数的企业在不同的经营时期都有可能遇到这样的问题：在研制成功一种新商品之后，以何种价格上市能够最大限度地为消费者所接受？已上市的商品在调整定价策略后将引起何种市场反应？对于竞争对手在商品定价上的新举措，消费者又会有何反应？

① 价格敏感度测试法（Price Sensitivity Measurement，PSM）。

a．测试能够得到的信息：得到潜在消费者的百分比，判断拟议中的价格是否"正常"或"可被接受"（换而言之，价格既不太高，也不太低）。

b．测试核心问题，如定价在什么范围内比较划算？

c．得到测试结果。

② 需求弹性测量系统。

a．系统能够得到的信息。当被测商品的价格有所变化时，对购买意愿在不同品牌之间的"转移情况"进行分析，得到消费者对于各品牌的价格敏感度，并可预测：当一个品牌提价时，其他竞争品牌中哪些将是主要的受益者及其受益的程度。采取降价策略时，会引起哪些竞争对手还击，价格下调幅度在什么范围之内，其他品牌仍会保持目前的定价水平。

b．系统测试方法如下。

● 选定参评品牌及各参评品牌的不同参评价位。

● 将这些参评品牌及其相应价位使用正交组合形成一系列卡片。

● 向受访者出示这些卡片，请受访者从每张卡片上选出最有可能购买的品牌。

（6）用户价值分析模型

用户价值的高低取决于以下两个维度：占用企业资源而发生不同费用的用户对企业的贡献率和单位资源可能给企业创造的平均利润比较差值。

通过上述两个维度的分布结果，可以得出以下4类群体：经济价值较低，市场价值较低；经济价值较低，市场价值较高；经济价值较高，市场价值较低；经济价值较高，市场价值较高。

（7）渠道研究模型

① 渠道的定义。渠道，是指商品从制造商到批发商，再到零售商，最后到用户手中的整个过程。按照商品流通的次序，渠道研究可以分为流通市场调查和零售市场调查两部分。

流通市场调查一般是围绕最高一级经销商的选择而进行的。零售市场调查是围绕选择重点终端和终端组成结构进行的。决定渠道时要从以下两个方面来考虑：某类商品的全体渠道，某制造商商品的个别品牌。

② 渠道研究要解决的核心问题：如何规划渠道，如何选择经销商，如何控制渠道成本。

③ 渠道研究的主要分析指标：a．渠道结构及作用力：找到关键渠道；b．各渠道的竞争态势：选择最佳渠道；c．渠道的市场渗透率：衡量渠道的能力；d．商品在各渠道的流通速度及利润率：考察渠道的效率；e．用户的购买习惯及满意度：从用户角度衡量渠道现状及未来的潜力。

（8）商圈研究模型

商圈是一个地理概念。从行业角度来讲，不同业种和业态的零售业者在一个相对集中的区域从事经营活动，这个区域就叫作商圈。从零售业者的角度来讲，商圈是指店铺能够有效吸引消费者来店的地理区域。在许多大型项目（特别是房地产项目）的可行性论证中，商圈研究是必不可少的一个重要环节，特别是对商圈内的竞争状况业态类型、消费者特征及经济地理状况等的深入了解，是进一步确定立项和制定经营策略的重要依据。

一般来讲，商圈可划分为3个层次，即核心商圈、次级商圈和边缘商圈。

① 核心商圈：在该商圈的消费者占消费者总数的比率最高，每个消费者的平均购货额也最高，消费者的集中度也较高。

② 次级商圈：在该商圈的消费者占消费者总数的比率较低，消费者也较为分散。

③ 边缘商圈：在该商圈的消费者占消费者总数的比率相当低，且非常分散。

（9）广告效果评估模型

广告效果评估，是指广告策划活动实施以后，通过对广告活动过程的分析评价及效果反馈，来检验广告活动是否取得了预期效果的行为。因此，它不仅是对广告后期效果的评估，还包括对广告调查、广告策划、广告实施发布的评估。广告效果评估的主要内容如下。

① 广告计划在取得预定的广告目标上是否有效。

② 广告计划在实施过程中是否有超出计划的作用。

③ 广告活动的实施是否最大效益地使用了资源（人力、物力、财力和时间）。

④ 接触广告信息的目标消费者的数量（即广告的接触率），以及注意和理解了广告信息的受众数量。

⑤ 接受了广告内容并改变态度、意见、观念的目标消费者的数量。

⑥ 按照广告导向采取了行动的消费者的数量和重复采取类似行动的消费者的数量。

⑦ 是否达到了预定目标。

（10）品牌研究模型

品牌作为企业或商品的标志，远远不只是一个名字、一个符号，它包含着消费者对品牌的全面感受和评价，包括品牌认知、品牌个性、品牌定位、品牌利益及品牌与消费者之间的情感沟通等。越来越多的企业开始注重品牌建设，因此品牌研究是品牌建设中非常重要的环节。

3.1.2　电子商务市场行情分析与行业数据挖掘

1．市场行情分析

（1）市场行情分析的内容与方法

市场行情分析即根据已获得的市场调查资料，运用统计原理，分析市场及其销售变化。从市场营销的角度看，它是市场调查的组成部分和必然结果，又是市场预测的前提和准备过程。

① 市场行情分析的内容。

市场行情分析主要包括以下几个方面。

a．营销环境分析。营销环境是指与企业营销活动有潜在关系的内部因素和外部因素的集合。营销环境分析主要分析内部环境和外部环境。

b．消费者分析。消费者分析包括购买量与购买频率，购买时间与地点，购买动机，品牌转换情况与品牌忠诚度 4 个方面的内容。

c．商品分析。商品分析主要包括分析商品特色、商品价格定位、商品生命周期和竞争对手商品。

d．企业与竞争对手分析。进行竞争对手分析主要通过了解竞争对手的信息，获知竞争对手的发展策略以及行动，以做出最适当的应对行为。除了对竞争对手进行分析之外，企业还需要分析自己在竞争中的地位、市场构成特性等因素。

② 市场行情分析的方法。

对于市场行情分析，一般可按统计分析法进行趋势和相关分析。从估计市场销售潜力的角度讲，企业也可以根据已有的市场调查资料，采取相关分析方法来进行市场行情分析。

a．系统分析法。运用系统分析法进行市场行情分析，可以使研究者从企业整体上考虑经营发展战略，用联系的、全面的和发展的观点来研究市场的各种现象，既看到"供"的方面，又看到"求"的方面，并预见它们的发展趋势，从而做出正确的营销决策。

b．比较分析法。比较分析法是把两个或两类事物的市场调查资料相比较，从而确定它们之间相同点和不同点的逻辑方法。对一个事物是不能孤立地认识的，只有把它与其他事物联系起来加以考察，通过比较分析，才能在众多的属性中找出本质属性和非本质个性。

c．结构分析法。在市场行情分析中，通过市场调查资料，分析某现象的结构及其各组成部分的功能，进而认识这一现象本质的方法，称为结构分析法。

d．演绎分析法。演绎分析法就是把市场整体分解为各个部分、方面、因素，形成分类资料，并通过对这些分类资料的研究，分别把握特征和本质，然后将这些通过分类研究得到的认识联系起来，形成对市场整体认识的逻辑方法。

e．案例分析法。所谓案例分析，就是以典型企业的营销成果作为例证，从中找出规律。市场行情分析的理论是从企业的营销实践中总结出来的一般规律，它来源于实践，又高于实践，用它指导企业的营销活动，能够取得更好的经济效果。

f．定性与定量分析结合法。任何市场营销活动，都是质与量的统一。进行市场行情分析，必须进行定性分析，以确定问题的性质；也必须进行定量分析，以确定市场活动中各方面的数量关系。只有使定性分析和定量分析有机结合起来，才能做到不仅看准问题的性质，又能使市场活动数量化，从而更加具体和精确。

g．宏观与微观分析结合法。市场情况是国民经济的综合反映，要了解市场活动的全貌及其发展方向，不但要从微观的企业角度去考察，还需从宏观上了解整个国民经济的发展状况。这就要求必须把宏观分析和微观分析结合起来以保证市场分析的客观性、正确性。

h．物与人的分析结合法。市场行情分析的研究对象是以满足消费者需求为中心的企业市场营销活动及其规律。企业营销的对象是人。因此，要想把这些物送到所需要的人手中，就需要既分析物的运动规律，又分析人的不同需求，以便实现两者的有机结合，保证商品销售的畅通。

i．直接资料法。直接资料法是指直接运用已有的本企业销售统计资料与同行业销售统计资料进行比较，或者直接运用行业地区市场的销售统计资料同整个社会地区市场销售统计资料进行比较。通过分析市场占有率的变化，寻找目标市场。

（2）理解市场

理解市场是指运用科学的方法，有目的地、系统地搜集、记录、整理有关市场信息和资料，分析市场情况，了解市场的现状及其发展趋势，为细分市场和营销决策提供客观的、正确的资料。该过程与市场调查有异曲同工之处，企业在进行市场调查的同时也可进一步理解市场。

以下是常用的原始数据的收集方法。

① 观察法。观察法分为直接观察法和实际痕迹测量两种。

所谓直接观察法，是指调查者在调查现场有目的、有计划、系统地对调查对象的行为、言辞、表情进行观察记录，以取得第一手资料，它最大的特点是总在自然条件下进行，所得材料真实生动，但也会因为所观察的对象的特殊性而使观察结果流于片面。

实际痕迹测量是通过某一事件留下的实际痕迹来观察调查，一般用于对用户的流量、广告的效果等的调查。例如，企业在几种报纸、杂志上做广告时，在广告下面附有一张表格或条子，请读者阅后剪下，分别寄回企业有关部门，企业从回收的表格中可以了解在哪种报纸、杂志上刊登广告最为有效，为今后选择广告媒介和测定广告效果提供可靠资料。

② 询问法。询问法即将所要调查的事项以当面、书面或电话的方式，向被调查者提出询问，以获得所需要的资料，它是理解市场时最常见的一种方法，可分为面谈、邮寄、电话、留置询问表 4 种，它们有各自的优缺点，面谈能直接听取对方的意见，富有灵活性，但成本较高，结果容易受调查人员技术水平的影响。邮寄速度快、成本低，但回收率低。电话速度快、成本最低，但只限于在有电话的用户中调查，整体性不高。留置询问表可以弥补以上缺点，说明方法由其自行填写，再由调查人员定期收回。

③ 实验法。实验法通常用来调查某种因素对市场销售量的影响。企业利用这种方法在一定条件下进行小规模实验，然后对实际结果做出分析，研究是否值得推广。它的应用范围很广，企业对某

一商品改变品种、品质、包装、设计、价格、广告、陈列方法等因素时，都可以应用这种方法，调查用户的反应。

企业在进行市场调查的时候还要明确市场调查的目标，企业的需要不同，市场调查的目标也有所不同：当企业实施经营战略时，必须调查宏观市场环境的发展变化趋势，尤其要调查所处行业未来的发展状况；当企业制定市场营销策略时，要调查市场需求状况、市场竞争状况、消费者购买行为和营销要素情况；当企业在经营中遇到问题时，应针对存在的问题和产生的原因进行市场调查。

（3）市场细分

市场细分（Market Segmentation）的概念是美国市场学家温德尔·史密斯（Wendell R. Smith）于 20 世纪 50 年代中期提出来的。

市场细分是指营销者通过市场调研，依据消费者的需求和动机、购买行为和购买习惯等方面的差异，把某一商品的市场整体划分为若干消费者群的市场分类过程。每一个消费者群就是一个细分市场，每一个细分市场都是由具有类似需求倾向的消费者构成的群体。

① 市场细分的作用。市场细分不是根据商品品种、商品系列来进行的，而是站在消费者（指最终消费者和工业生产者）的角度，根据市场细分的理论基础，即消费者的需求、动机、购买行为的多元性和差异性来划分的。市场细分对企业的生产、营销起着极其重要的作用。

a. 有利于选择目标市场和制定市场营销策略。由于市场细分后的子市场比较具体，企业比较容易了解消费者的需求，可以根据自己的经营思想、方针及生产技术和营销力量，确定自己的服务对象，即目标市场。针对较小的目标市场，便于制定特殊的营销策略；同时，容易了解和反馈信息，一旦消费者的需求发生变化，企业便可迅速改变营销策略，制定相应的对策，以适应市场需求的变化，提高企业的应变能力和竞争力。

b. 有利于发掘市场机会，开拓新市场。通过市场细分，企业可以对每一个细分市场的购买潜力、满足程度、竞争情况等进行分析对比，探索有利于本企业的市场机会，使企业及时做出投产、移地销售决策或根据本企业的生产技术条件制定新商品开拓计划，进行必要的商品技术储备，掌握商品更新换代的主动权，开拓新市场，以更好地适应市场需要。

c. 有利于集中人力、物力投入目标市场。任何一个企业的资源、人力、物力、资金都是有限的。通过细分市场，选择了适合自己的目标市场，企业可以集中人力、财力、物力及资源，去争取局部市场上的优势，然后再占领自己的目标市场。

d. 有利于提高企业的经济效益。通过市场细分，企业可以面对自己的目标市场，生产出适销对路的商品，既能满足市场需要，又可增加企业的收入。商品适销对路可以加速商品流转，增加生产批量，降低企业的生产销售成本，提高生产工人的劳动熟练程度，进而提高商品质量，全面提高企业的经济效益。

市场细分的基础是消费者需求的差异性，所以凡是使消费者需求产生差异的因素都可以作为市场细分的标准。由于各类市场的特点不同，因此市场细分的条件也有所不同。此外，市场细分的时候，企业还需要考虑地理因素、人口统计因素、心理因素和行为因素等。

② 市场细分的基础。

a. 在市场上，消费者总是希望根据自己的独特需求去购买商品，我们根据消费者需求的差异性可以把需求分为同质性需求和异质性需求两大类。

同质性需求是指由于消费者需求的差异性很小，甚至可以忽略不计，因此没有必要进行市场细分。而异质性需求是指由于消费者所处的地理位置、社会环境不同，自身的心理和购买动机不同，造成他们对商品的价格、质量、款式上的需求存在差异性。这种需求的差异性就是我们进行市场细分的基础。

b．消费者需求的相似性。在同一地理条件、社会环境和文化背景下的人们，一般会有相似的人生观、价值观的亚文化群，他们的需求特点和消费习惯会大致相同。正是因为消费者需求在某些方面的相对同质，市场上有绝对差异的消费者才能按一定标准聚合成不同的群体。所以消费者需求的绝对差异性使市场细分有了必要性，消费者需求的相对同质性则使市场细分有了实现的可能性。

c．企业资源的有限性。现代企业由于受到自身实力的限制，无法向市场提供能够满足一切需求的商品和服务。为了有效进行竞争，企业必须进行市场细分，选择最有利可图的目标细分市场，集中企业的优势资源，制定有效的竞争策略，以取得和增加竞争优势。

③ 市场细分的原则。企业进行市场细分的目的是通过对消费者需求差异予以定位，来取得较大的经济效益。众所周知，商品的差异化必然导致生产成本和营销费用的相应增长，所以，企业必须在市场细分所得收益与市场细分所增成本之间进行权衡。由此，我们得出有效的细分市场必须具备以下特征。

a．可衡量性，即市场特性的可衡量性：指各个细分市场的购买力和规模能被衡量的程度。如果细分变数很难衡量，就无法界定市场。

b．可盈利性或市场开发的效益性：指企业新选定的细分市场容量足以使企业获利。

c．可进入性或进入市场的可行性：指所选定的细分市场必须与企业自身状况相匹配，企业有优势占领这一市场。可进入性具体表现为信息进入、商品进入和竞争进入。考虑市场的可进入性，实际上是研究其营销活动的可行性。

d．差异性或细分标志的动态性：指细分市场在观念上有区别，并对不同的营销组合因素和方案有不同的反应。

④ 市场细分的种类。

a．地理细分：按地理特征细分市场，如按地形、气候、交通、城乡、行政区等细分。

b．人口细分：按人口特征细分市场，如按年龄、性别、家庭人口、收入、受教育程度、社会阶层、宗教信仰或种族等细分。

c．心理细分：按个性或生活方式等变量进行细分。

d．行为细分：按对消费者行为评估的结果进行细分。

e．社会文化细分：按社会文化特征（如以民族和宗教为主）进行细分。

f．使用者行为细分：按个人特征（如按职业、文化程度、家庭、个性等）进行细分。

（4）了解企业在市场中的地位

在进行了市场的深入调查和理解，并对市场进行细分以后，决策者需要知道企业在市场中的位置，客观地衡量企业的实力、所处的环境、发展情况等因素，结合市场趋势和市场细分的结果做出有利于企业发展的决策。如果没有清楚地认识企业在市场中所处的位置，就无法及时应对外界环境的变化，很可能会给企业带来危机。例如，许多中小企业经营管理不善、创新能力不强，对企业所处的市场地位认识不清等，企业就很容易陷入危机当中。但危机当中孕育着发展机遇，这些企业能否渡过难关，取决于它们能否根据自身特点，在危机中把握发展机遇，加快结构调整升级，转变企业发展方式。

2．行业数据挖掘

（1）了解行业数据

行业之间在以下几个方面有着重大的区别：经济特点、竞争环境、未来的利润前景。行业经济特性的变化取决于下列各个因素：行业总需求量和市场成长率、技术变革的速度、该市场的地理边界（区域性的或全国范围的）、买方和卖方的数量及规模、卖方的商品或服务是统一的还是具有高度差别化的、规模经济对成本的影响程度、到达购买者的分销渠道类型；行业之间的差别还体现在对下列各因素的竞争重视程度上：价格、商品质量、性能特色、服务、广告和促销、新商品的革新，在某些行业中，价格竞争占统治地位；而在其他行业中，竞争的核心却可能集中在商品质量上或商品性能上，或集中在品牌形象与声誉上。

因为行业之间在特征和结构方面有很大的差别，所以企业进行行业及竞争分析时必须首先从整体上把握行业中最主要的经济特性。

① 市场规模：小市场一般吸引不了大的或新的竞争对手；大市场常能引起企业的兴趣，因为企业希望在有吸引力的市场中占据稳固的竞争地位。

② 竞争角逐的范围：市场是当地性的、区域性的还是全国范围的？

③ 市场增长速度：增长快速的市场会鼓励其他企业进入；增长缓慢的市场会使市场竞争加剧，并使弱小的竞争对手出局。

④ 行业在成长周期中所处的阶段：是处于初始发展阶段、快速成长阶段、成熟阶段、停滞阶段还是衰退阶段？

⑤ 竞争对手的数量及相对规模：行业是被众多小企业所细分还是被几家大企业所垄断？

⑥ 消费者的数量及相对规模。

⑦ 在整个供应链中，向前整合或向后整合的程度：因为在完全整合、部分整合和非整合企业之间往往会产生竞争差异及成本差异。

⑧ 到达消费者的分销渠道种类。

⑨ 商品生产工艺革新和新商品技术变革的速度。

⑩ 竞争对手的商品服务：是强差别化的、弱差别化的、统一的还是无差别化的？

⑪ 行业中的企业能否实现采购、制造、运输、营销或广告等方面的规模经济？

⑫ 行业中的某些活动是不是有学习和经验效应方面的特色，从而导致单位成本会随累计产量的增长而降低？

⑬ 生产能力利用率的高低是否在很大程度上决定企业能否获得成本生产效率？因为生产过剩时往往降低价格和利润率，而生产紧缺时则会提高价格和利润率。

⑭ 必要的资源以及进入和退出市场的难度：壁垒高往往可以保护现有企业，壁垒低则使得该行业易于被新进入者入侵。

⑮ 行业的盈利水平处于平均水平之上还是平均水平之下？高利润行业能吸引新进入者，而行业环境萧条往往会加速竞争对手退出。

（2）了解竞争对手商品

了解竞争对手商品主要是帮助企业更好地熟悉各种商品，有针对性地向消费者介绍商品，从而获取竞争优势。

要想获取竞争优势，就要找出竞争对手商品的优劣势。深入使用竞争对手商品是企业了解竞争态势的起点，企业应该从基本情况开始，如竞争对手的财务状况如何、员工人数多少、生产何种商品、商品有哪些市场？购买竞争对手的商品并解剖它，弄清竞争对手的制造成本。必须进行深入分析，必须将这些与获得的能够了解竞争对手的战略信息结合起来。这些信息可以通过竞争对手获得，如年报、季报、广告、公告中，商业杂志和商业报刊也是不错的信息来源。企业管理者们喜欢向记者炫耀他们的策略是多么好以及他们将如何实施，我们可以根据这些信息来了解他们的计划。还可以以商品的厂家培训、竞争对手的介绍、商品资料、参加竞争对手会议、与同行交流、与客户交流等方式获取和了解商品或利用网络信息深入剖析竞争对手商品。而且，要仔细观察竞争对手以往的行为，寻找一些信号，如过去它对攻击是如何反应的？它是怎样发动和实施攻击的？在采取行动之前，管理层发出过什么信号？事先是否有通告？他们进行了什么投资？是否招进了新的人才？

（3）定时更新竞业数据

竞业可以解释为相互竞争的行业。定时更新竞业数据，有利于企业了解自身商品与竞争对手商品之间的差距和优势所在，帮助企业明确自身所处的位置和所需采取的措施。不同领域的行业数据模式不同，更新的方式也不一样，但也有共性和个性之分。例如，进入搜索行业后，企业需要不断地更新行业数据，可以通过互联网搜集不同搜索引擎公司的搜索流量数据，以及流量分布，然后将自身的数据与竞争对手的数据进行对比，获取自身的优劣势，以便做好企业的调整和改进工作。

3.2 电子商务市场数据分析实例

3.2.1 分析市场规模

1. 案例目的

（1）掌握分析市场规模的方法。

（2）实操分析市场规模。

2. 案例背景

对于大多数电子商务商家而言，决定做什么行业是一个需要首先解决的难

分析市场规模

题，因为一旦决定了做什么行业就决定了商家未来的生存空间和发展方向。某商家在进入木料行业后后悔不已，原因是他在进入市场后才发现在该行业一个月最多做到一百万元的市场规模，而一百万元的总规模对于他来讲太少了，因此在决定进入行业之前先了解市场规模是十分必要的。

3. 案例内容与步骤

例3-1 分析女装连衣裙的市场规模。

选择对应的目标行业（这里我们选择的是女装/女士精品），查看女装"行业词云（墙）"，这里的结果以排序分析法的方式呈现。图3-1所示是"按交易金额排列"的结果，其中方格越大，代表交易金额越大，便于企业快速掌握排名信息；从图3-1可以发现，连衣裙的交易金额在女装市场下排名第一，说明女装市场下连衣裙的需求较为旺盛，属于较大的市场。

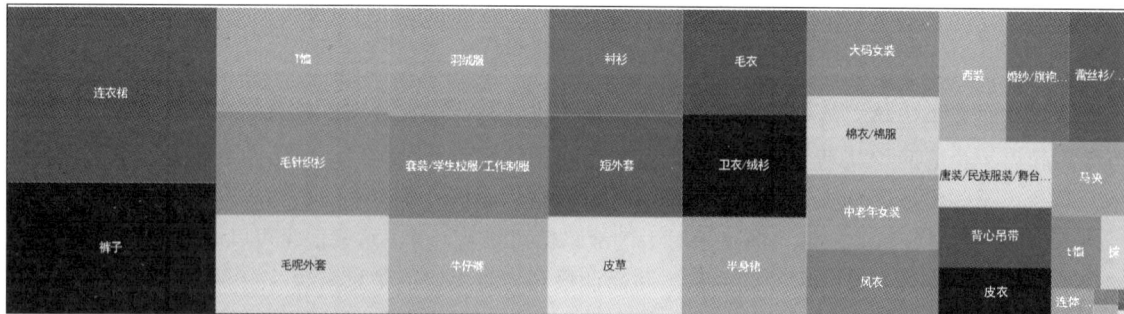

图3-1　行业词云（墙）按交易金额排序

选择"按高质量宝贝排列"的结果（高质量宝贝主要是指高于平均销量的宝贝）如图3-2所示。由图3-2可以发现，连衣裙的高质量宝贝数在女装市场下排名第一，说明女装市场下连衣裙的供应也是较为充足的。

图 3-2　行业词云（墙）按高质量宝贝排序

4. 案例总结

从市场规模分析案例可得出结论，连衣裙是女装下的热门市场，交易金额与高质量宝贝数均排名第一。热门市场的特征是需求和供应都十分旺盛，供需关系还需进一步分析。

5. 实训题

选择某一感兴趣的类目，分析其在该行业中的规模。

3.2.2　分析市场趋势

1. 案例目的

（1）掌握分析市场趋势的方法。

（2）实操分析市场趋势。

2. 案例背景

就算规模再大的市场，如果没有了增量，任何商家进入都会感觉有一股阻力，原因是没有了增量，原有的商家都会想尽一切办法去蚕食竞争对手的份额，这种情形很容易导致价格战的爆发。某商家在进入洗衣机市场后后悔不已，原因是他在经营过程中发现随着限购令的实施，市场缺少增量，原有的商家都已经打得"头破血流"，对于新入场的商家而言，自然而然就变成了"炮灰"。因此企业在决定是否进入某行业之前，需要先了解该行业的市场趋势，判断市场是否还有增量，再决定是否要进入该市场。

3. 案例内容与步骤

例3-2　分析女装连衣裙的市场趋势。

选择对应的目标行业（这里我们选择的是女装/女士精品），查看女装"行业词云（墙）"，结果如图3-3所示。选择"按交易金额排列"，可以观察到连衣裙交易金额在女装类目下排名第一，属于规模较大的品类；规模大意味着市场需求旺盛、成功的机会大，与此同时竞争也较激烈。

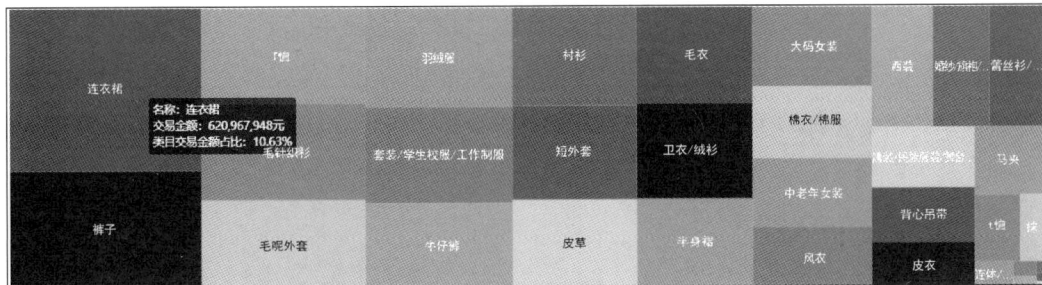

图 3-3　行业词云（墙）

查看连衣裙的成交量趋势图，时间粒度选择"按年份"，结果如图3-4所示。这时可看到近几年的成交量趋势，根据所展示的市场增幅情况（连续两年增幅未超过10%），可判断连衣裙属于存量市场。

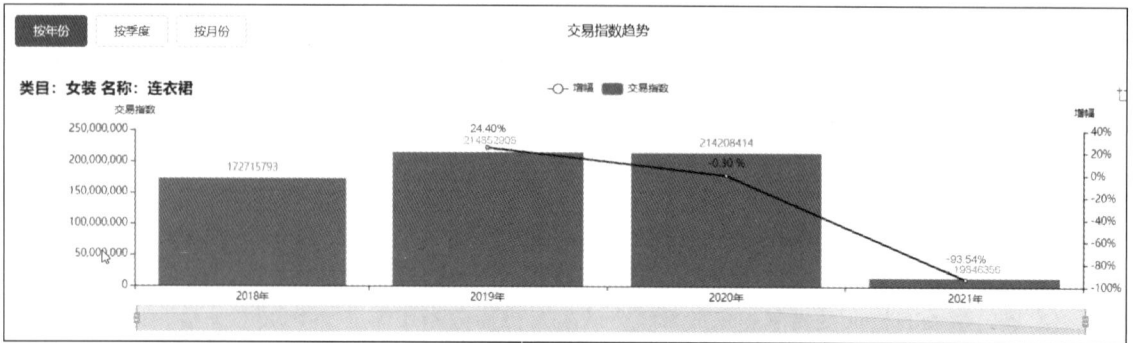

图3-4　按年份查看的连衣裙成交量趋势

知识拓展

通常情况下，根据时序图的趋势对市场的增幅情况进行判断，如果连续两年增幅超过10%，则可判定为增量市场，反之则为存量市场。

进行市场趋势分析除了判断增量与存量，还需要识别行业的淡旺季。将时间粒度修改为"按月份"（一般设置为近两年即可），结果如图3-5所示。观察按月份查看的连衣裙成交量趋势图可发现，连衣裙市场每年有两个旺季，其中夏季是大旺季，冬季是小旺季。以夏季为例，对应到市场趋势的4个不同阶段，可分析市场趋势为：2月份是导入期，3~4月份是上升期，5月份是爆发期，7月份开始是衰退期。

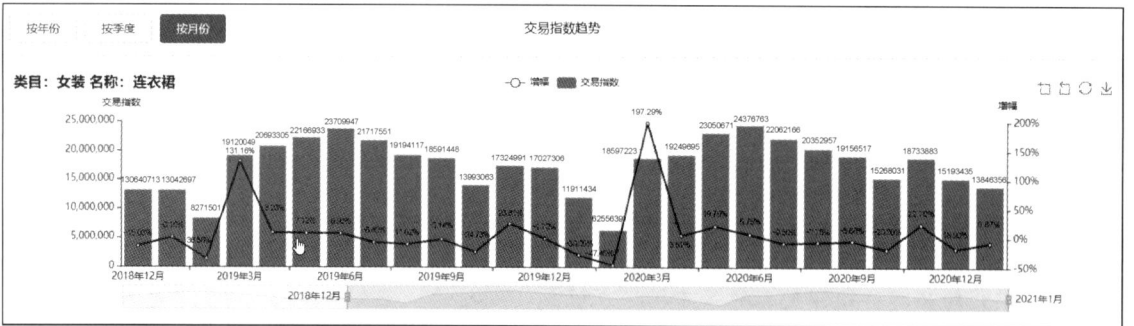

图3-5　按月份查看的连衣裙成交量趋势图

4. 案例总结

从近两年的增幅来看，连衣裙市场已经接近于存量市场了。夏季是连衣裙市场一年中的旺季，因此企业在春季就要提前布局夏季；同时在淡季月份要布局其他品类的商品，通过品类的补充，尽量保证避免全年出现太多的淡季月份。

5. 实训题

选择某一感兴趣的类目，分析其所在行业是增量市场还是存量市场。

3.2.3 分析市场竞争和竞争趋势

1. 案例目的

（1）掌握分析市场竞争的方法。

（2）掌握分析市场竞争趋势的方法。

（3）掌握计算市场集中度的方法。

（4）实操进行市场竞争分析。

（5）实操计算市场集中度。

2. 案例背景

竞争是每个行业都存在的，可以说只要存在市场便离不开竞争。国家也颁布了相关法律法规来防止行业垄断。商家对竞争环境的分析从未停止过，某商家带着自己的品牌进入市场，却发现线上的消费者并不认可自己的品牌，原因是线上的消费者已经被其他品牌占据。因此在决定是否进入某行业之前企业要先了解市场的竞争情况，谋定而后动。

3. 案例内容与步骤

例3-3 分析女装连衣裙的市场集中度。

本案例使用的是连衣裙销量TOP10店铺的原始数据，如图3-6所示。从图3-6可以看出，博柏利官方旗舰店近30天的销量为空，原因在于博柏利官方旗舰店要求天猫平台保护店铺的销售数据，因此销量被天猫平台隐藏，这样表中只有除博柏利官方旗舰店之外的TOP9店铺的原始数据。

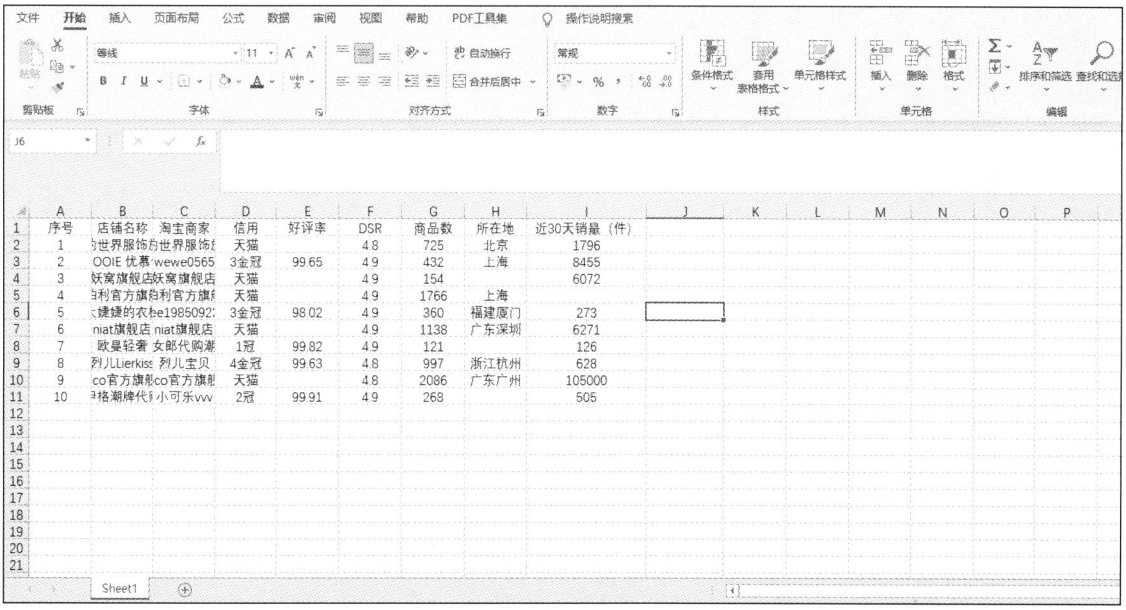

序号	店铺名称	淘宝商家	信用	好评率	DSR	商品数	所在地	近30天销量（件）
1	为世界服饰	为世界服饰	天猫		4.8	725	北京	1796
2	OOIE 优慕	wewe0565	3金冠	99.65	4.9	432	上海	8455
3	妖窝旗舰店	妖窝旗舰店	天猫		4.9	154		6072
4	白利官方旗	白利官方旗	天猫		4.9	1766	上海	
5	婕婕的衣柜	e1985092	3金冠	98.02	4.9	360	福建厦门	273
6	niat旗舰店	niat旗舰店	天猫		4.9	1138	广东深圳	6271
7	欧曼轻奢	女郎代购潮	1冠	99.82	4.9	121		126
8	烈儿Lierkiss	烈儿宝贝	4金冠	99.63	4.8	997	浙江杭州	628
9	co官方旗舰	co官方旗舰	天猫		4.8	2086	广东广州	105000
10	格潮牌代	小可乐vvv	2冠	99.91	4.9	268		505

图 3-6 原始数据

在Excel中用SUM求和函数对近30天销量计算总和，如图3-7所示。

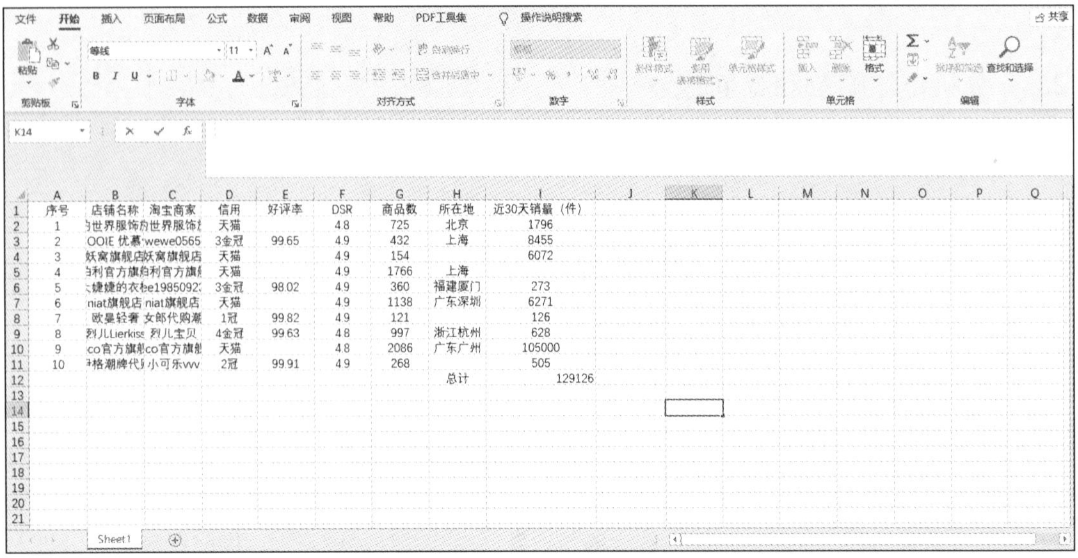

图 3-7 在 Excel 中对近 30 天销量计算总和

基于上一步计算出的总和，用各店铺的近30天销量总和数据与近30天销量数据计算出各店铺的销量占比，如图3-8所示。

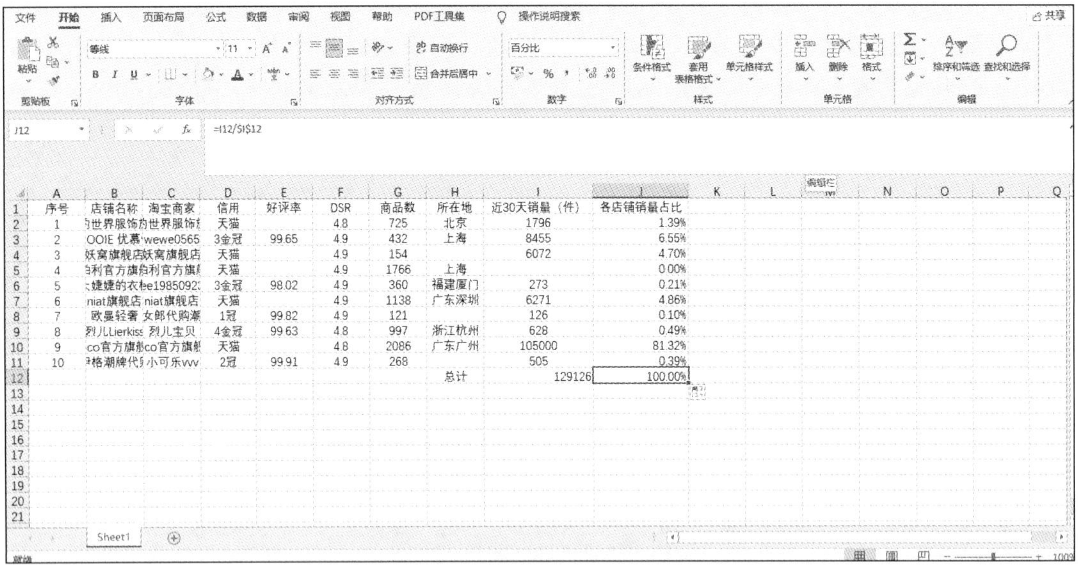

图 3-8 在 Excel 中计算各店铺的销量占比

用SUMSQ函数对占比求平方和，即赫芬达尔指数。计算得到平方和为0.67，即赫芬达尔指数为0.67，结果如图3-9所示。

知识拓展

赫芬达尔指数是指基于该行业中企业的总数和规模分布，即将相关市场上的所有企业的市场份额平方后再相加的总和。它是一种测量产业集中度的综合指数，常用来反映行业集中度。赫芬达尔指数值越大，表示市场集中度越高，垄断程度也越高，反之则越低。

赫芬达尔指数的计算方法如下。

（1）取得竞争对手的市场占有率，可忽略市场占有率过小的竞争对手。

（2）得出竞争对手市场占有率平方值。

（3）将这些平方值相加求和。

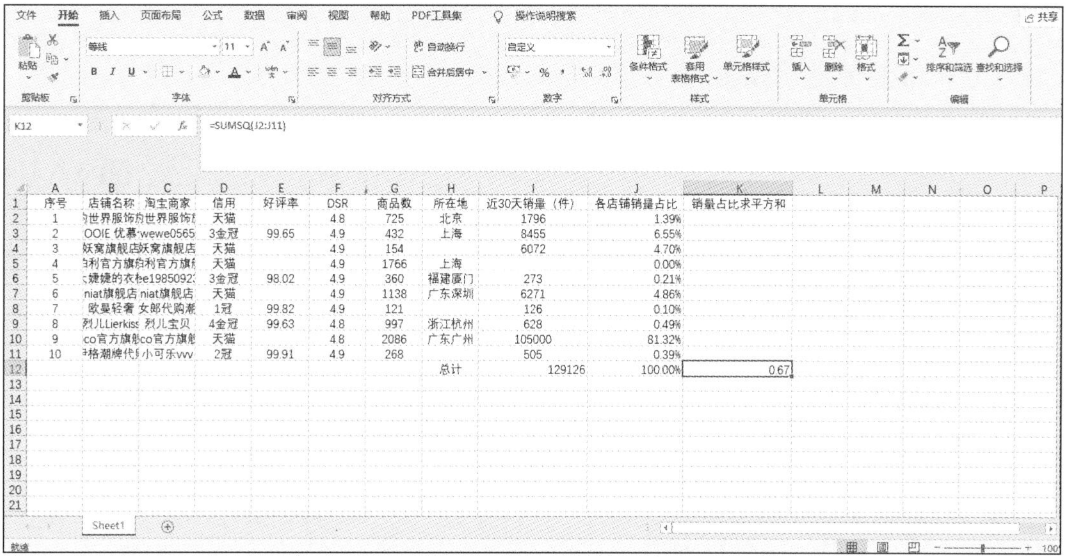

K12　=SUMSQ(J2:J11)

	A	B	C	D	E	F	G	H	I	J	K
1	序号	店铺名称	淘宝商家	信用	好评率	DSR	商品数	所在地	近30天销量（件）	各店铺销量占比	销量占比求平方和
2	1	的世界服饰	的世界服饰	天猫		4.8	725	北京	1796	1.39%	
3	2	OOIE 优慕	wewe0565	3金冠	99.65	4.9	432	上海	8455	6.55%	
4	3	妖窝旗舰店	妖窝旗舰店	天猫		4.9	154		6072	4.70%	
5	4	自利官方旗	自利官方旗	天猫		4.9	1766	上海		0.00%	
6	5	婕婕的衣	e1985092	3金冠	98.02	4.9	360	福建厦门	273	0.21%	
7	6	niat旗舰店	niat旗舰店	天猫		4.9	1138	广东深圳	6271	4.86%	
8	7	欧曼轻奢	女郎代购潮	1冠	99.82	4.9	121		126	0.10%	
9	8	烈儿Lierkiss	烈儿宝贝	4金冠	99.63	4.8	997	浙江杭州	628	0.49%	
10	9	co官方旗舰	co官方旗舰	天猫		4.8	2086	广东广州	105000	81.32%	
11	10	格潮牌代	小可乐vvv	2冠	99.91	4.9	268		505	0.39%	
12								总计	129126	100.00%	0.67

图 3-9　在 Excel 中对各店铺销量占比求平方和

再对赫芬达尔指数（0.67）求倒数，倒数为1/0.67≈1.491818，说明TOP9店铺的市场集中度为1，最大销量主要集中于1家店铺，结果如图3-10所示。

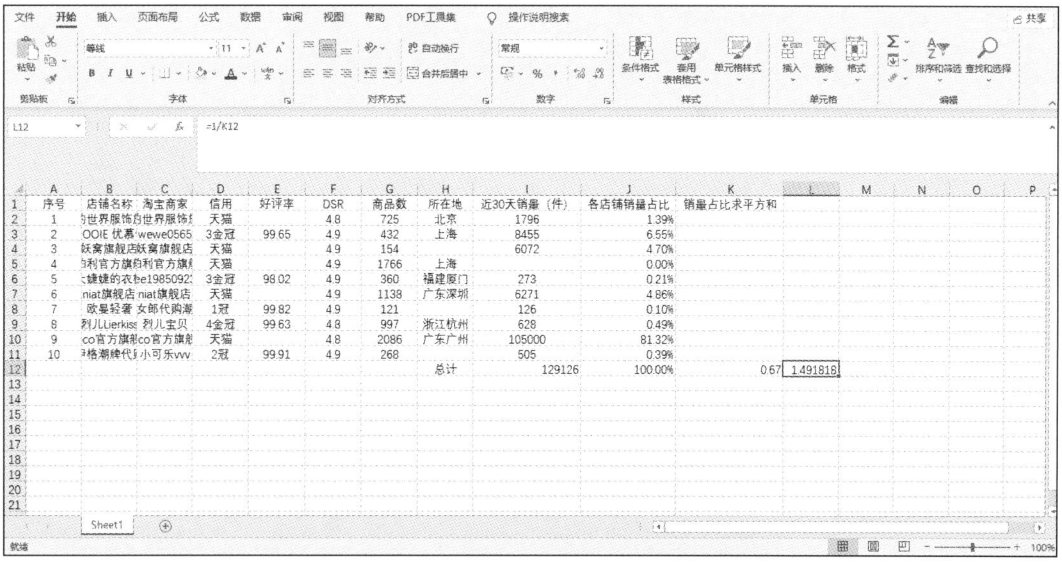

L12　=1/K12

	A	B	C	D	E	F	G	H	I	J	K	L
1	序号	店铺名称	淘宝商家	信用	好评率	DSR	商品数	所在地	近30天销量（件）	各店铺销量占比	销量占比求平方和	
2	1	的世界服饰	的世界服饰	天猫		4.8	725	北京	1796	1.39%		
3	2	OOIE 优慕	wewe0565	3金冠	99.65	4.9	432	上海	8455	6.55%		
4	3	妖窝旗舰店	妖窝旗舰店	天猫		4.9	154		6072	4.70%		
5	4	自利官方旗	自利官方旗	天猫		4.9	1766	上海		0.00%		
6	5	婕婕的衣	e1985092	3金冠	98.02	4.9	360	福建厦门	273	0.21%		
7	6	niat旗舰店	niat旗舰店	天猫		4.9	1138	广东深圳	6271	4.86%		
8	7	欧曼轻奢	女郎代购潮	1冠	99.82	4.9	121		126	0.10%		
9	8	烈儿Lierkiss	烈儿宝贝	4金冠	99.63	4.8	997	浙江杭州	628	0.49%		
10	9	co官方旗舰	co官方旗舰	天猫		4.8	2086	广东广州	105000	81.32%		
11	10	格潮牌代	小可乐vvv	2冠	99.91	4.9	268		505	0.39%		
12								总计	129126	100.00%	0.67	1.491818

图 3-10　在 Excel 中求 TOP9 店铺的市场集中度

例如，现有 A、B、C 三个品牌，市场占有率分别为 60%、30%、10%，则赫芬达尔指数=0.36+0.09+0.01=0.46，将得到的赫芬达尔指数求倒数，1/0.46≈2，说明市场份额主要集中在前 2 个品牌中。

4．案例总结

（1）连衣裙的高质量宝贝数在女装下排名第一，说明供应情况是十分充分的。

（2）TOP9 店铺的市场集中度为 1.491818（赫芬达尔指数 0.67），说明市场集中度高，垄断程度高。

5．实训题

自选某一商品，判断其所处行业的竞争趋势。

3.2.4 分析行业最佳价格波段

1．案例目的

（1）掌握分析行业价格波段的方法。

（2）实操非标品的价格波段分析。

（3）实操标品的价格波段分析。

2．案例背景

分析行业最佳价格
波段

某商家花费了大力气准备好了某种商品，在上线后却没有达到预期，虽然市场容量没有问题，但市场份额无法提高。后来发现竞品的价格都在自己价格的 1/2 左右，这导致与竞争对手比起来自己毫无价格优势。这说明定价十分重要，商家选定正确的市场后也需要做出正确的定价决策，如此才有机会将店铺做大。

3．案例内容与步骤

例3-4 分析连衣裙的热卖价格波段。

本案例使用的原始数据是连衣裙搜索数据，如图3-11所示。

图 3-11　原始数据

在Excel中打开连衣裙的原始数据文档，由上至下滑至最低端，检查是否有不完整或无效数据，将不完整的数据行删除。一般最后几行是一些自动生成的统计类信息，如图3-12所示，但通常不完整或重复，因此可将其删除。

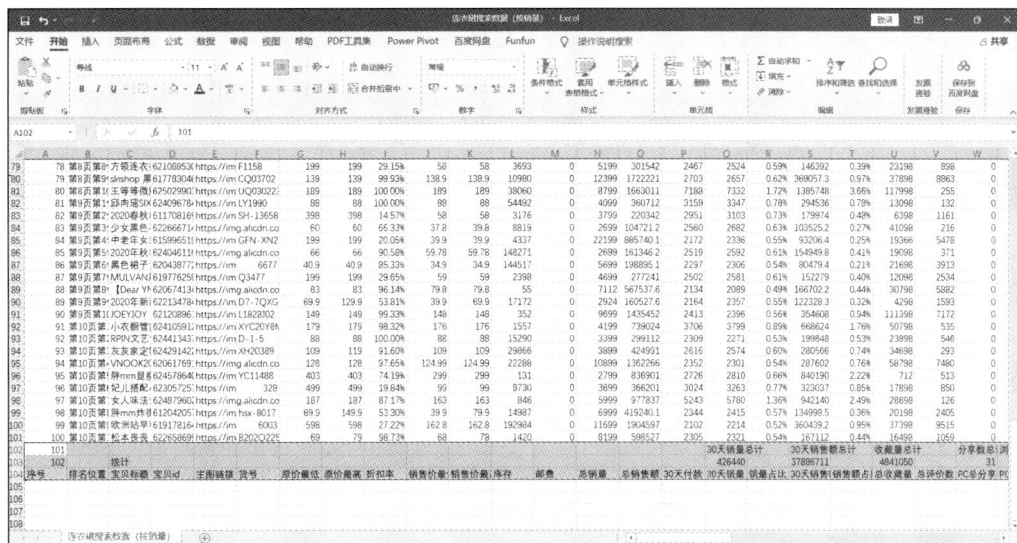

图 3-12　删除无效数据

在菜单栏中依次单击"插入""数据透视表"选项，在弹出的"创建数据透视表"对话框中单击"确定"按钮，如图3-13所示。

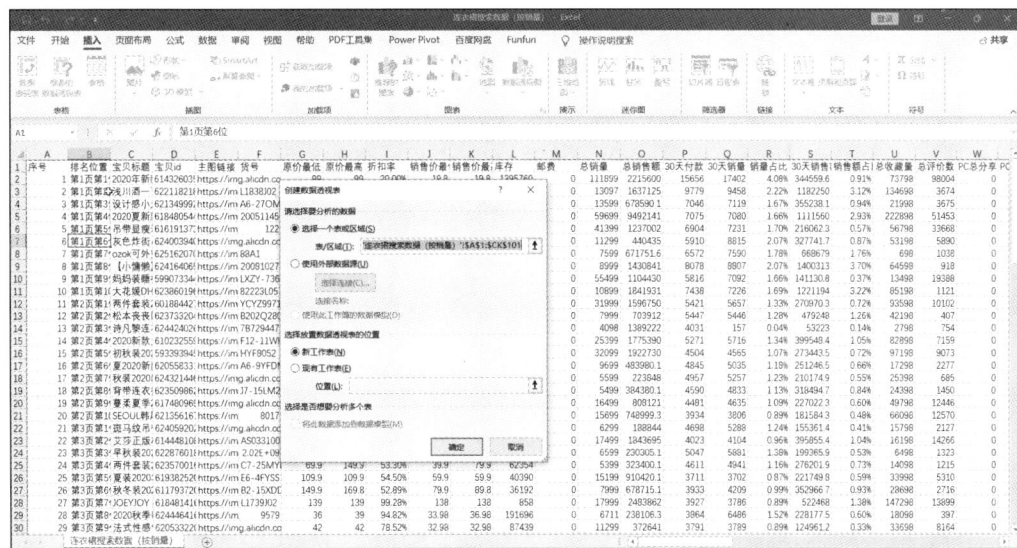

图 3-13　插入数据透视表

数据透视表插入完成后，所跳转的页面右侧为插入好的数据透视表设置字段，大家可通过拖曳的方式，将"原价最低"设置为行标签，将"30天销量"和"30天销售额"设置为值标签，如图3-14所示。

将"30天销售额"再一次拖曳为"值"，并单击新拖曳的"30天销售额"标签右侧的"倒三角"，进行值字段设置；自定义名称可设为"宝贝数量"，计算类型为"计数"，单击"确定"按钮，如图3-15所示。

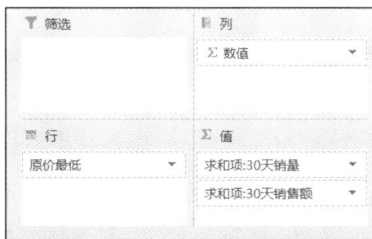

图 3-14　数据透视表字段设置

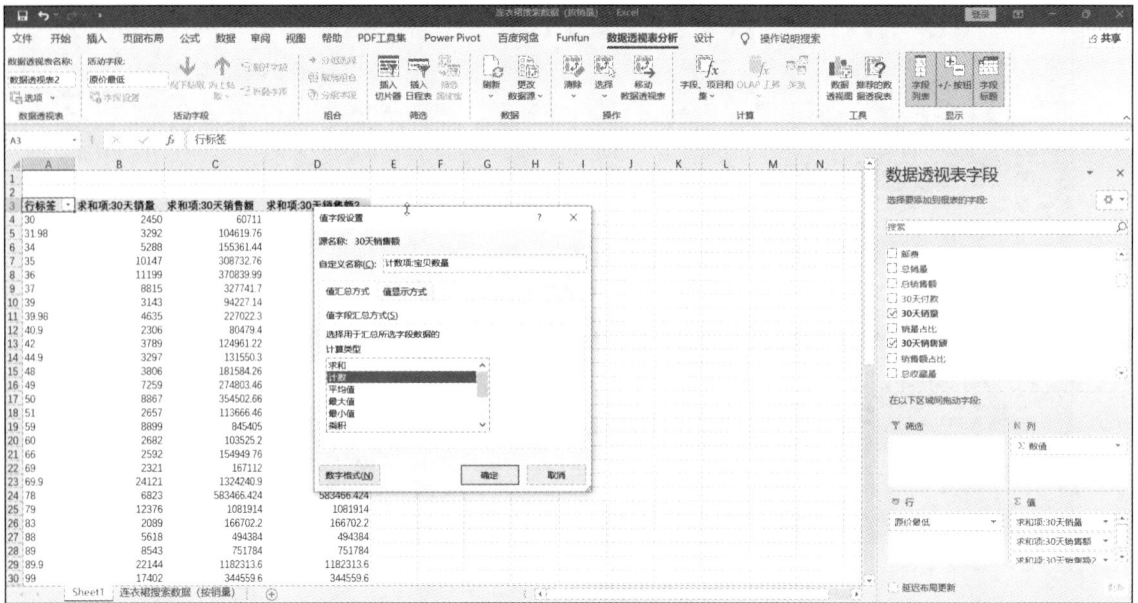

图 3-15　值字段设置

设置好字段之后，在所呈现的数据透视表列表的"行标签"列下任一区域单击鼠标右键，单击"组合"选项，如图3-16所示，进行步长设置，这里使用50作为步长，单击"确定"按钮，如图3-17所示。

图 3-16　组合

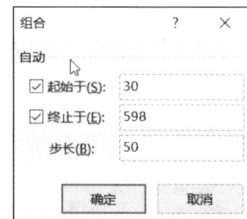

图 3-17　步长设置

在设置好的数据透视表列表最后面插入空白列，计算"平均销售额"（平均销售额=近30天销售额÷商品数量），即可得到最终的数据统计表，如表3-3所示，这是将下载的数据通过Excel的数据透视表统计出来的结果，从销售额的角度分析最佳价格波段是130～180元，从销量的角度分析最佳价格波段是30～80元。

表 3-3 用 Excel 制作的价格波段数据统计表

价格波段（元）	30 天销量（件）	30 天销售额（元）	宝贝数量（件）	平均销售额（元）
30～80	140764	7171417.134	34	210924.0334
80～130	121382	8840221.59	29	304835.2272
130～180	76409	10805734.94	15	720382.3293
180～230	50725	6970435.4	11	633675.9455
230～280	6141	1590519	2	795259.5
330～380	157	53223	1	53223
380～430	19504	1572317.8	5	314463.56
480～530	3263	323037	1	323037
580～630	8095	559805.1	2	279902.55

4. 案例总结

分析连衣裙的价格波段：若以走量为目的，可将商品定在 30～80 元的波段，此波段内近 30 天销量最高；若以获取较高的销售额为目的，可将商品定在 130～180 元的波段，此波段内近 30 天销售额最高；若以竞争度小为目的，可将商品定在最高价为 230 元以上的波段，这些波段内商品数量最少。

5. 实训题

分析男士 T 恤的最佳定价。

3.2.5 综合分析市场，撰写分析报告

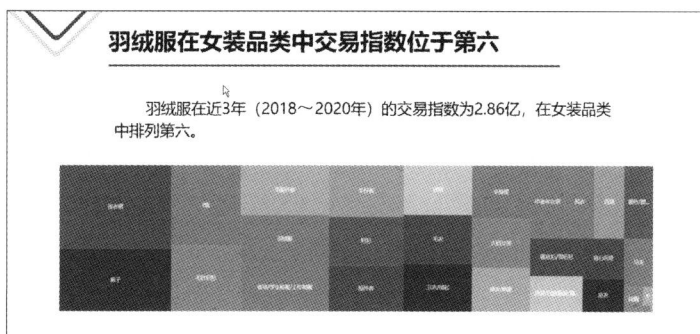

1. 案例目的

（1）回顾市场分析的相关知识点。

（2）选择女装羽绒服作为分析对象，使用系统数据撰写分析报告。

2. 案例背景

某商家在进入市场前想先了解行业情况再做决策，以减少试错成本，因此委托你做一份分析报告。

综合分析市场，撰写分析报告

3. 案例内容与步骤

（1）分析市场规模

① 标题：羽绒服在女装品类中交易指数位于第六。

② 阐述文本内容：羽绒服在近 3 年（2018～2020 年）的交易指数为 2.86 亿，在女装品类中排列第六。报告排版示例如图 3-18 所示。

图 3-18 市场规模分析的报告页

（2）分析市场趋势

① 标题：羽绒服市场属于增量市场。

② 阐述文本内容：羽绒服市场连续两年增量超过 10%，属于增量市场。报告排版示例如图 3-19 所示。

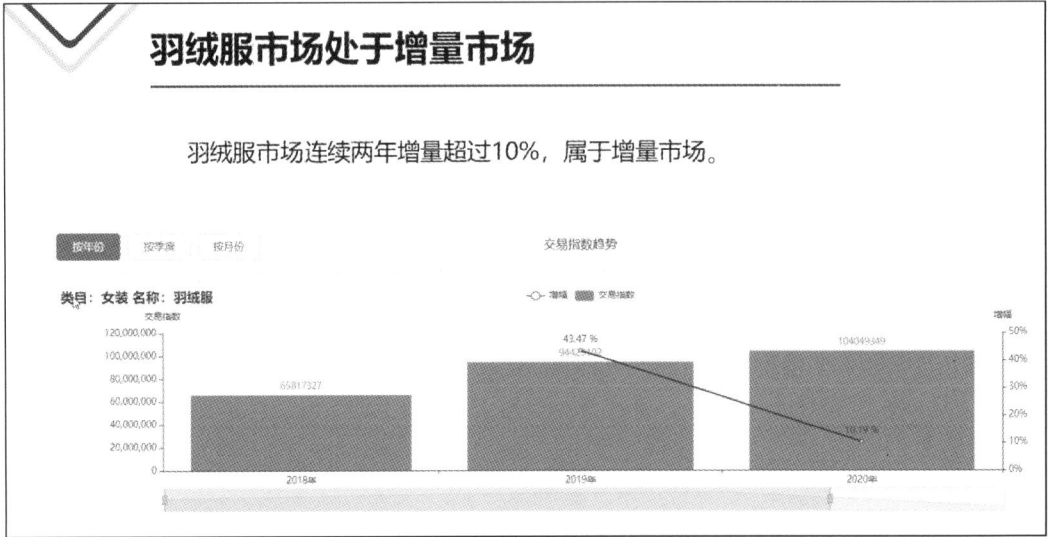

图 3-19　市场趋势分析的报告页

（3）分析生命周期

① 标题：羽绒服的生命周期仅有一个季度。

② 阐述文本内容：羽绒服仅在冬季热卖，在入冬前需要准备好，11 月、12 月是黄金售卖时间，一旦错过就要再等一年。报告排版示例如图 3-20 所示。

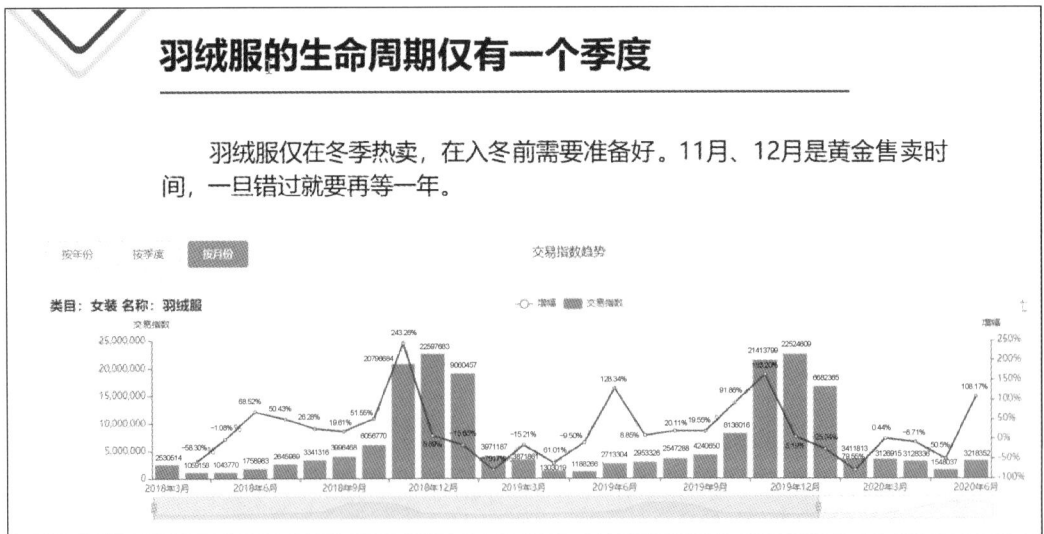

图 3-20　行业趋势分析的报告页

（4）分析市场竞争趋势

① 标题：羽绒服的销量相对集中。

② 阐述文本内容：羽绒服的成交量排名第六，但高质量宝贝数排名第九，羽绒服的销量相对集中。报告排版示例如图 3-21 所示。

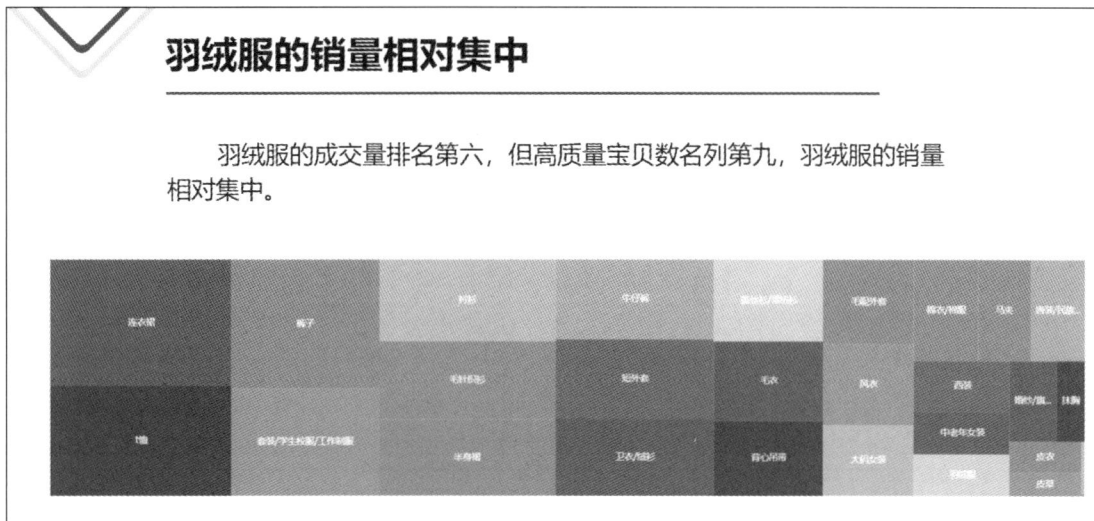

图 3-21　市场竞争分析的报告页

（5）分析市场集中度

① 标题：TOP4 店铺成交量占 TOP10 店铺成交量的将近 80%。

② 阐述文本内容：通过计算，市场集中度约为 4，说明 TOP10 店铺的市场份额主要集中在 TOP4 店铺中，TOP4 店铺的市场份额总和为 77%。报告排版示例如图 3-22 所示。

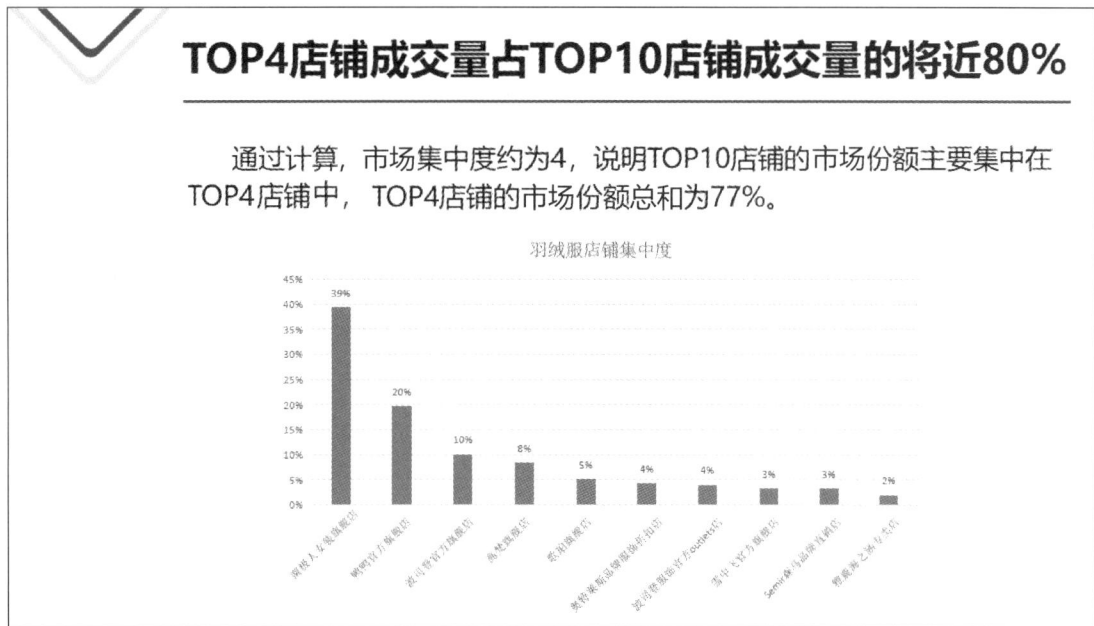

图 3-22　行业竞争分析的报告页

（6）分析行业最佳价格波段

① 标题：处于低端价位商品的市场份额及竞争程度都最大。

② 阐述文本内容：价格波段在 148~248 元的商品市场份额（成交量）和竞争（商品数）都是最大的，但处于低端价位，处于高端价位的商品市场份额和竞争都相对较小。报告排版示例如图 3-23 所示：

图 3-23　最佳价格波段分析报告页

4．案例总结

将以上的分析总结提炼如下（总结报告页如图 3-24 所示）。

（1）羽绒服销量大，由于其是单季商品，竞争对手相对较少。

（2）羽绒服属于增量市场。

（3）羽绒服的销量高度集中，对实力商家利好。

（4）羽绒服的低端市场份额和竞争都相对较大，高端市场份额和竞争都相对较小。

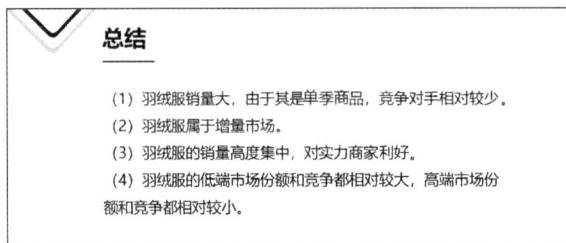

图 3-24　总结报告页

5．实训题

对男款 T 恤做市场分析并撰写分析报告。

思考题

1．简述市场分析的基本概念。
2．简要概括常用的市场研究分析模型。
3．电子商务市场行情分析的基本内容。
4．电子商务市场行情分析的主要方法。
5．什么是市场细分？

电子商务竞争店铺数据分析 | 第4章

章节目标

- 了解竞争店铺的概念
- 掌握竞争店铺数据分析的内容
- 了解竞争店铺数据分析报告的撰写流程

学习重点

- 竞争对手概述
- 竞争对手的识别与分层
- 统计分析竞争店铺的宏观数据

学习难点

- 竞争店铺数据概述
- 撰写营销分析报告
- 分析确定竞争店铺品类布局规划
- 分析确定竞争店铺价格布局

本章思维导图

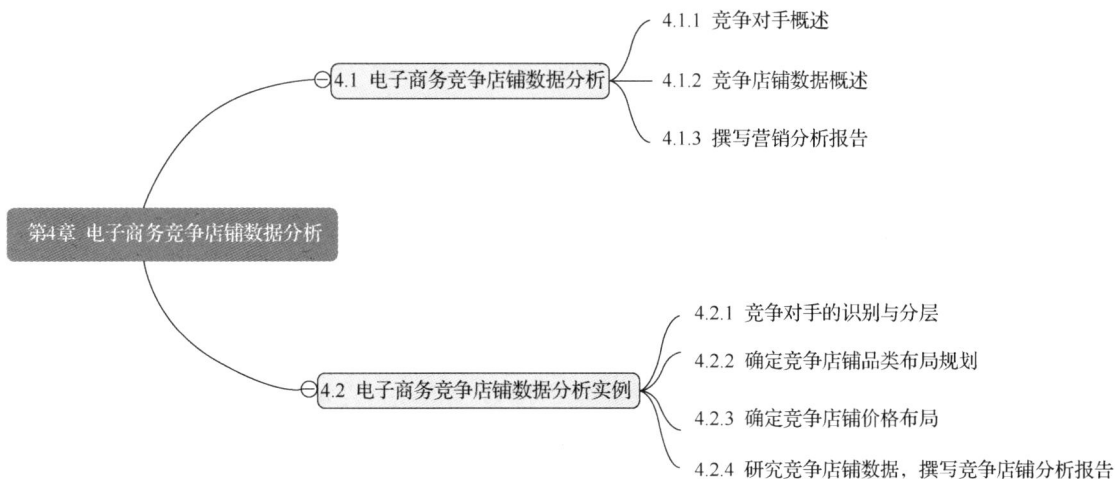

```
                                              ┌─ 4.1.1 竞争对手概述
                        ┌─ 4.1 电子商务竞争店铺数据分析 ─┼─ 4.1.2 竞争店铺数据概述
                        │                     └─ 4.1.3 撰写营销分析报告
 第4章 电子商务竞争店铺数据分析 ─┤
                        │                     ┌─ 4.2.1 竞争对手的识别与分层
                        └─ 4.2 电子商务竞争店铺数据分析实例 ─┼─ 4.2.2 确定竞争店铺品类布局规划
                                              ├─ 4.2.3 确定竞争店铺价格布局
                                              └─ 4.2.4 研究竞争店铺数据，撰写竞争店铺分析报告
```

4.1 | 电子商务竞争店铺数据分析

4.1.1 竞争对手概述

谁是我们的竞争对手？他们的策略是什么？和他们相比我们的优势和劣势是什么？这些是我们经常面对的问题。

1. 竞争对手的概念

竞争对手就是和你抢夺各种资源的人或组织。其中对资源掠夺性最强的人或组织就是你的核心竞争对手。

资源的涵盖范围非常广，包括生产资源、人力资源、顾客资源、资金资源，人脉资源等。抢夺的资源角度不同，竞争对手就不同。

我们可以从"人""货""场"以及"财"4个方面来界定竞争对手。

（1）从"人"的方面发现竞争对手

总在挖你墙脚的那些企业，或者你的员工离职后去得最多的企业，一定是你的竞争对手。你们之间抢夺的资源有相似性，都在抢夺同一个类型的人力资源。

还可以从争夺顾客资源的角度找到竞争对手，包括顾客的时间资源、预算资源、身体资源等。现在是一个互联网信息爆炸的时代，网络游戏、微博、微信、各种App都在抢夺用户的碎片化时间资源，它们之间互为竞争关系。

（2）从"货"的方面发现竞争对手

销售同品类商品或服务的为直接竞争对手，这是最大众化意义上的竞争对手，也是狭义的竞争对手的概念。耐克和阿迪达斯，肯德基和麦当劳，百事可乐和可口可乐无不是经典的竞争对手。

销售扩大品类的商品或服务，也就是销售非同品类但是属于可替代商品的，也是竞争对手。例如，休闲服的同品类竞争对手是休闲服，它的可替代竞争对手是体育运动服饰，甚至正装等。再如，柯达的同品类竞争对手是富士，扩大品类的竞争对手是数码相机公司。

销售互补品类的商品或服务的也是竞争对手。互补商品是指两种互相依赖，形成互利关系的商品。例如，牙刷和牙膏，照相机和胶卷，汽车行业和中石油、中石化都形成互补关系。一般意义上的互补商品间不形成竞争关系，但是如果你是生产电动汽车的企业，加油站就是你的隐形竞争对手；如果你是生产数码相机的企业，那么胶卷行业就是你的竞争对手。

（3）从"场"的方面发现竞争对手

与你争夺卖场商业资源的是你的竞争对手。例如，如果你想开一个服装专卖店，在寻找店铺位置的时候，其他服装品牌、餐饮企业、银行等都是你的竞争对手，因为你看重的地方对方也很可能中意，如此你们之间便形成了对资源占有的竞争关系。如果你想在百货商场的共享空间搞一场大型特价促销活动，那商场内所有品牌可能都是你的竞争对手，因为大家都有促销的需求，需要利用共享空间开展促销活动。

（4）从"财"的方面发现竞争对手

与你争夺营销资源的是你的竞争对手。如果你想做广告，则在同时段、利用同一媒介准备打广告的其他企业就是你的竞争对手。

与你争夺生产资源的是你的竞争对手。争夺同一类生产资源的企业间形成竞争关系，例如，星巴克和所有以咖啡为生产原料的厂家都是竞争关系。

与你争夺物流资源的是你的竞争对手。这在每年的春节和近年的"双十一"活动中尤其明显，为了顺利发货，各大厂商使出了浑身解数。

对一个企业来说，找到竞争对手不难，但找准竞争对手很难。

竞争对手有如下几个特点。

① 竞争形式呈现多样性，包括直接竞争、间接竞争、替代竞争等。

② 竞争对手具有地域性，同一个企业在不同的地区很可能有不一样的竞争对手，包括全球性竞争对手、全国性竞争对手、区域性竞争对手、渠道通路内竞争对手等，所以竞争对手管理需要差异化。

③ 竞争对手非唯一性。对销售部来说，同业者就是最大的竞争对手，对市场部来说，抢夺营销资源的都是竞争对手，对生产部来说，抢夺生产资源的都是竞争对手。

④ 竞争对手具有变化性。企业现在的竞争对手是 A，未来则可能变为 B。

2. 竞争对手数据的收集

（1）竞争对手数据的选择

简单来说，你的企业有什么数据，你就需要收集竞争对手相对应的数据。不过需要收集的数据实在太多，并且每个部门的关注点也不一样（财务部关注利润，生产部关注资源，销售部关注市场），所以整合很关键。企业内部最好建立一个竞争对手数据库，由专门的数据团队维护，由各职能部门和专业的调查公司提供数据，并为其设定保密级别，便于不同的人员查看。

竞争对手数据的搜集可以从不同的角度进行，如媒体数据、工厂数据、组织数据、经营数据、营销数据等不同的角度。搜集竞争对手的媒体数据的时候，可以搜集其企业的新闻报告、财务报告、分析报告以及行业报告；搜集竞争对手的工厂数据的时候，可以从以下几个方面入手：生产计划、工厂数量及布局、研发情报；搜集竞争对手的组织数据的时候，可以搜集其企业及品牌基础数据、员工数据、组织结构以及招聘数据；搜集竞争对手的经营数据的时候，可以从以下几个方面入手：财务数据、销售数据、客户数量、市场份额；搜集竞争对手的营销数据的时候，可以从商品数据、价格数据、促销数据、渠道数据等方面入手。

（2）竞争对手数据的收集方法

常规的竞争对手数据收集有线上和线下两种渠道。线下收集时间成本较大，线上收集比较方便，越来越受到企业的喜欢。线下收集渠道主要包括购买行业分析报告、参加各种论坛、去对方门店观察、购买竞争对手的商品、通过人才流动了解、通过共同的客户了解、通过市场调查获得、委托专业机构调查。线上收集渠道主要包括上市公司年报、搜索竞争对手的新闻报道、网络关键词搜索、分析竞争对手的招聘广告、线上问卷调查等。

目前一些专业网站也开发了一些工具帮助我们分析竞争对手的舆情及发展趋势，并且都有现成的分析模型。以下是常用的 5 款免费工具。

① 百度文库。百度文库是一个供网友在线分享文档的平台。百度文库的文档由网民上传，经百度审核后发布。文库内容包罗万象，专注于教育、PPT、专业文献、应用文书 4 大领域。文库的文档上传者包括普通网民、合作伙伴、企业员工、企业前员工……你只要变换不同的关键词进行搜索，就能找到很多有价值的资料，其中不乏货真价实的数据。

② 百度指数。百度指数是用来反映关键词在过去一段时间内的网络曝光率和用户关注度的指标。它能形象地反映该关键词每天的变化趋势，是以百度网页搜索和百度新闻搜索为基础的免费海量数据分析服务。竞争对手的企业名称、品牌名称、商品名称、商品品类、关键人物、关键事件等

都是收集的关键词。由于百度指数来源于用户主动搜索，所以具有很高的参考价值。

③ 谷歌趋势。谷歌趋势类似于百度指数，但与百度指数的数据展示方式略有不同，可以看到关键词在全球的搜索分布。它有两个功能，一是查看关键词在谷歌的搜索次数及变化趋势，二是查看网站流量。

④ 新浪微指数。新浪微指数通过对新浪微博中关键词的热议情况，以及行业、类别的平均影响力，来反映微博舆情或账号的发展走势。我们可以通过搜索品牌名、企业名称、商品类别等关键词来分析自己及竞争对手在微博的热议度、热议走势、用户属性、地区分布等。同时，新浪微指数还提供企业类的行业指数分析服务甚至现成的分析报告。

⑤ 淘宝指数。淘宝指数是淘宝官方免费的数据分享平台，通过淘宝指数，用户可以根据关键词窥探淘宝购物数据，了解淘宝购物趋势。注册后大家都可以使用。

3．竞争对手的分析方法

竞争对手不一定是同行，同行也不一定就是核心竞争对手。确定好竞争对手并收集到足够的数据后，我们就要对其进行深度分析了。

（1）竞争对手分析路径

竞争对手分析共分为 10 个步骤：搜集可能的竞争对手资料（上游企业、下游企业、顾客角度）→找出竞争对手（确定竞争对手范围、确定主要竞争对手、确定竞争对手优先级、画竞争对手图谱）→搜集数据（搜集主要竞争对手详细数据、整理数据、分析数据）→商品策略分析（分析商品竞争力、品牌影响力、商品实用性）→渠道策略分析（分析经营能力、拓展能力、掌控度、渠道四度）→价格策略分析（分析定价策略、价格稳定性、议价能力）→营销策略分析（媒体策略、促销策略、资源分析）→客户服务能力分析（信息化、服务效率、投诉分析）→综合竞争力分析（波特竞争力分析模型、SWOT 分析模型）→竞争力分析报告。

（2）画竞争对手图谱

画竞争对手图谱是为了将各个层面的核心竞争对手和潜在竞争对手标注出来，以便在渠道策略、资源投放、生产规划等方面更有针对性和实现差异化。画竞争对手图谱可以从以下几个层面开始：企业策略层面、生产物流组织层面、市场资源层面和销售渠道层面。

（3）量化竞争对手的"四度"

在"渠道策略分析"中需要量化竞争对手的渠道四度，这"四度"分别是渠道广度、渠道宽度、渠道长度和渠道深度。渠道广度指企业商品覆盖的区域，渠道宽度是指有几种类型的通路，渠道长度指商品平均经过几个中间渠道到达消费者手中，渠道深度指通路上渠道商数量的多少。

（4）波特竞争力分析模型

波特竞争力分析模型是哈佛商学院教授迈克尔·波特提出的，用于进行竞争战略分析。他把竞争力归纳为"五力"，分别是供应商的议价能力、消费者的议价能力、潜在竞争对手进入的能力、替代品的替代能力和行业竞争能力。"五力"的组合决定了行业的利润水平，如果企业处在一个供应商的议价能力低，消费者的议价能力也低，有行业壁垒，潜在竞争对手不易进入，没有替代品，同时行业竞争也不充分的行业中，这个企业一定是高利润、高垄断的"高富帅"企业。

传统零售业的波特竞争"五力"分析如下。

① 供应商的议价能力：无论是自营化的连锁超市，还是平台化经营的百货中心、购物中心，基本上都是零售商占主导地位，供应商的议价能力不强。特别是在电器连锁店、KA 大卖场等中，供应商的议价能力更低。

② 消费者的议价能力：在充分竞争的市场中，消费者选择的余地大，零售商之间的竞争赤裸裸

地体现在价格上，这就造成了消费者的议价能力逐渐加强。

③ 潜在竞争对手进入的能力：传统零售业是一个需要高投入，投资周期长，要求规模化的行业，潜在竞争对手直接进入的能力并不强。

④ 替代品的替代能力：目前传统零售的最大替代者是电子商务，电子商务对传统零售的冲击力逐渐增强，所以零售业中替代品的替代能力很强。当然替代的边界在哪儿，目前没有人知道。

⑤ 行业竞争能力：零售业是一个充分竞争的行业，在高线城市大都饱和，在低线城市还有一些机会。

波特竞争力分析模型除了可以用于对行业整体的分析，还可以用于与具体竞争对手进行对比分析，可通过专家打分的方式进行量化处理。

（5）SWOT 分析模型

SWOT 分析模型是经典的战略分析工具，可以用在企业战略、竞争对手分析、市场定位，甚至个人的职业规划等方面。用 SWOT 分析模型分析竞争对手就是将收集到的竞争对手数据进行综合分析，并最终形成分析结论和策略。

"SW"为内部关键因素，"OT"是外部关键因素。对于零售企业或零售品牌来说，建立 SWOT 分析模型前我们需要回答如下问题。

① 优势。

S_1：我们最擅长什么？是商品设计开发、渠道布局、营销还是议价？

S_2：我们在成本、技术、定位和营运上有什么优势？

S_3：我们是否有其他零售商不具有的优势？例如，有的零售商有企事业单位发放购物券优势。

S_4：我们的消费者为什么到我们这里来购物？我们的供应商为什么支持我们？

S_5：我们成功的原因是什么？

② 劣势。

W_1：我们最不擅长做什么？商品设计开发、渠道布局、营销还是成本控制？

W_2：其他零售商或品牌商在哪些方面做得比我们好？

W_3：为什么有些老顾客离开了我们？我们的员工为什么离开我们？

W_4：我们最近失败的案例是什么？为什么失败？

W_5：在企业组织结构中我们的短板在哪里？

③ 机会。

O_1：在商品开发、渠道布局、营销规划和成本控制方面我们还有什么机会？

O_2：如何吸引新的消费者？如何做到与众不同？

O_3：竞争对手的短板是不是我们的机会？

O_4：行业未来的发展如何？是否可以异业联盟？

④ 威胁。

T_1：经济走势、行业发展、政策规则是否会不利于企业的发展？

T_2：竞争对手最近的计划是什么？是否会有潜在竞争对手出现？行业内最近倒闭的企业是因为什么倒闭的？

T_3：企业最近的威胁来自哪里？有办法规避吗？

T_4：上、下游的客户中是否有不和谐的地方？资源状况如何？

T_5：舆情是否不利于企业发展？

4.1.2　竞争店铺数据概述

商家根据竞争店铺（亦可称为"竞店"）的数据，了解其运营方式，进而可以有效地调整自身店铺的运营方式。竞争店铺数据主要有以下几项。

1. 竞争店铺抓取

通过竞争店铺数据抓取，商家可以了解从哪些维度来寻找自身的竞争店铺。竞争店铺数据抓取的方式很多，按照关键词、目标人群、商品、价格、所在地、营销活动、视觉拍摄等维度，都可以寻找到竞争店铺。

通过对竞争店铺视觉拍摄、店铺分类、店铺营销方案等进行分析，商家可以了解竞争店铺的基础数据，主要包括竞争店铺的拍摄方式，详情页设计制作方式，店铺类目分类构成，店铺营销方案、单品营销方案设置，优惠券、满减折扣设置。

通过抓取竞争店铺品牌，商家可以了解竞争店铺有没有原创品牌，是不是多品牌销售，以及店铺风格、店铺人群定位（人群标签）、店铺属性数据（商品适用季节、适用场景、基础风格）等。

通过获取店铺价格、店铺销量、店铺排行情况，商家可以了解竞争店铺商品整体的销量，从而抓取核心商品进行数据对比分析。

2. 竞争店铺的宏观维度

竞争店铺的宏观维度主要是基于竞争店铺基本信息页面展示的数据汇总后的信息，包含店铺类型、信用等级、粉丝数量、主营类目、商品数和宝贝数、销量、销售额、平均成交价、开店时间、滞销商品数和滞销宝贝数、动销率、好评率、DSR（服务动态评分）。

① 店铺类型：淘系店铺可分为天猫、天猫国际、淘宝企业店、淘宝个人店、淘宝全球购店铺。

② 信用等级：基于评价数量的等级，淘系店铺的信用等级分为心、钻、蓝冠、金冠。

③ 粉丝数量：用户关注店铺后即计为粉丝，一些官方活动对粉丝数量有要求。

④ 主营类目：店铺的主营类目是近期店铺销售额最大的类目。

⑤ 商品数和宝贝数：商品数是以款式计数的，宝贝数是以链接条数计数的。例如，一瓶 200g 的牛肉酱，是一个商品，这个商品单独以一瓶发布是一个宝贝，以两瓶组合发布也是一个宝贝。

⑥ 销量：是店铺宝贝销售件数的总和。

⑦ 销售额：将宝贝的销售件数分别乘以售价后得到的算术结果的总和，该数值不能去除打折优惠的这部分数据。

⑧ 平均成交价：指平均成交件单价，等于销售额除以销售件数。

⑨ 开店时间：店铺开设的时间（老店有加权）。

⑩ 滞销商品数和滞销宝贝数：分别以商品和宝贝计数的滞销商品数量，官方的滞销商品的定义为，连续 90 天无成交、无浏览、无编辑的商品（在实际操作中，考虑到市场竞争激烈，资源紧张，滞销的定义实际已经收窄，一般认为 30 天内没有成交转化的商品即为滞销商品，不过也要具体问题具体分析）。

⑪ 动销率：等于近 30 天有销量的宝贝数除以总宝贝数。不同类目的动销率可能对店铺权重的影响不一样，也有可能有不同的指标要求，但总体我们可以这样算，动销率达到 80%为合格，达到 90%算优秀，达到 100%为最好。

⑫ 好评率：等于好评数量除以总评价数量，只有淘宝店有好评率，天猫店没有好评率。

⑬ DSR（服务动态评分）：是服务体验、宝贝与描述相符和物流体验 3 项评价打分的数据，消费者可以打 1～5 分，计算公式是分数乘以打分比例，如服务分打 5 分的消费者是 90%，打 4 分的是 10%，打 1～3 分的为 0%，分数则为 5×0.9+4×0.1=4.9 分。

3. 竞争店铺数据的统计方法

我们可以在手淘 App 中搜索店铺，手动查看并收集竞争店铺数据。

（1）如图 4-1 所示，在手淘 App 中打开某店铺页面，在店铺页面中从上到下依次可收集该店铺的信用等级、粉丝数量、好评率、DSR、开店时间等数据。

（2）在店铺首页单击"全部宝贝"选项，可以查看该店铺里的全部宝贝。如图 4-2 所示，在店铺宝贝页可收集售价和销量数据。销售件数信息需要从页面中抓取，如果没有销售件数，可以付款人数代替。

图 4-1　手淘 App 店铺首页及店铺印象页面

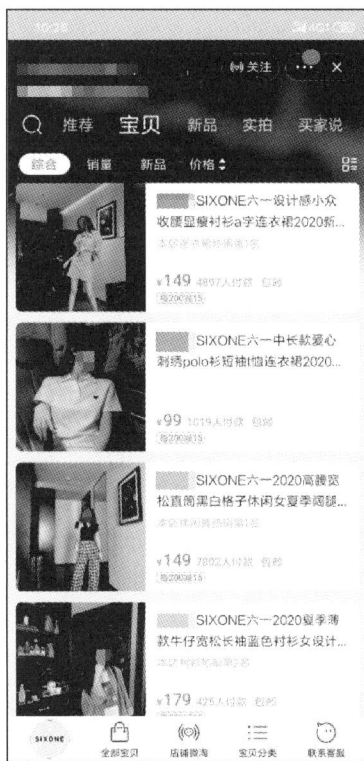

图 4-2　手淘 App 店铺宝贝列表页

对于付款人数、交易成功数和销量之间的区别与联系，大家需要理解清楚。

付款人数、交易成功数和销量都是浮动变化的，不是一成不变的，表示的是浮动 30 天的变化。例如，3 月 2 日看到的销量，其实就是 2 月 2 日到 3 月 2 日之间的成交量；3 月 3 日看到的销量，是 2 月 3 日到 3 月 3 日之间的成交量。

- 付款人数：是实际付款的人数。
- 交易成功数：是一件商品交易成功后的交易量。
- 销量：是宝贝销售件数的总和。

例如，10 个买家，每个人买了 1 件商品，但都还没确认收货，这时对于该商品来说，付款人数是 10，交易成功数是 0，销量是 10。如果过两天又有 1 个人买了 5 件商品，而且这个时候有 3 个买家确认收货了，那么这时对于该商品来说，付款人数是 11，交易成功数是 3，销量是 15。

连续 90 天无销量且没有任何编辑的宝贝就会被归为滞销宝贝，女装店铺一般商品数等于宝贝数，不会出现商品数小于宝贝数的情况，收集数据后我们可以统计店铺滞销情况。

店铺主营类目现在已经被淘宝隐藏，无法直接查看，商家可通过对宝贝数据汇总来判断竞争店铺的主营类目。

4. 竞争店铺流量结构数据分析

使用生意参谋的市场行情进行竞争店铺数据分析（监控店铺—竞店识别—竞店分析）是指商家通过对同类型店铺进行销售排行数据监控、竞争店铺品类结构数据分析和核心商品销售数据分析，找到数据差异点，然后针对自身店铺数据弱项进行数据提升和优化的过程。

商家利用生意参谋的市场行情做竞争店铺的对比分析，根据时间周期进行店铺数据对比分析，了解竞争店铺在年周期下的数据变化情况，从而更好地了解店铺的成长过程并且从中找到店铺的优势和亮点，然后对自身店铺进行数据优化处理。

商家使用生意参谋的市场行情，单击"竞争店铺—竞店对比—关键指标"进行分析，来对比时间上的差异和增长点的不同，同时商家可以了解在一定时间周期内交易指数、流量指数、搜索人气、收藏人气、加购指数等维度的数据差异，从而进行自身数据的优化提升。

5. 竞争店铺品类结构数据分析

（1）品类的含义

品类（Category），是指目标消费者购买某种商品的单一利益点（single benefit point，SBP）。每个单一利益点都由物质利益（功能利益）和情感利益两方面构成。关于品类的定义，各界学者有着不同的看法。

按照国际知名的 AC 尼尔森调查公司的定义，品类即确定什么商品组成小组和类别，它与消费者的感知有关，应基于对消费者需求驱动和购买行为的理解；而家乐福则认为，品类即商品的分类，一个小分类就代表了一种消费者的需求。还有一种解释是，品类即商品种类。一个品类是指在消费者眼中一组相关联的和（或）可相互替代的商品和（或）服务。一般情况下品类分为 4个品类角色：目标性品类，常规性品类，季节性品类和便利性品类。不同的品类角色意味着不同的品类策略和品类目标。一般情况下目标性品类是一个门店或品牌的标志性品类，起到创造形象、吸引客流、增加客流、创造销售的作用。因此，商家对这些品类应给予最优厚的条件。例如，最大频率的促销，最充裕的陈列位置，同城市最有竞争力的价格，最优质的进货补货，给予相应供应商最优先的结款权等。

本书支持的观点为：品类即商品种类。商品种类有多级分类结构，如图 4-3 所示，服装可分为上衣、裙装等品类，其中上衣又可以分为 T 恤、衬衫等品类，各个电商平台都会基于商品种类创建类目树。

在分析品类时容易产生平台和行业的冲突，即平台按照粗放式的分类结构或不符合行业需求的分类结构进行分类，如许多平台的类目树将短裙、半身裙、长裙都归类在半身裙之中，而行业中的半身裙指的是长及膝盖的裙子。

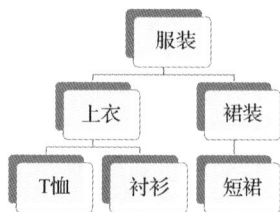

图 4-3　多级品类结构形成的类目树

（2）竞争店铺品类的统计方法

竞争店铺的每个商品都有对应的品类、销量和价格，商家可将收集到的竞争店铺数据汇总到表格中，使用数据透视表进行统计分析。

知识拓展

网红店

随着互联网的发展，网红经济应运而生。网红经济通常是以年轻貌美的时尚达人为形象代表，以"红人"的品位和眼光为主导，进行选款和视觉推广，在社交媒体上聚集人气，依托庞大的受众群体进行定向营销，从而将受众转化为购买力的一个过程。

网红店

网红店是指有真实网红坐镇的店铺或者采用网红风格的伪网红店。网红店主要经营女性的服饰、鞋、包、美妆等类目。选品和大量的上新是网红店的主要运营手段，几乎不做搜索优化和付费广告等常规运营活动。

在社交媒体和视频直播平台的推动下，各类网红大放异彩。而在淘宝网买家中，女性消费者比例高达80%，以青年和青少年为主体，这使得网红经营变现更为容易，也推动着网红经济的发展。网红店的运营有如下特点。

① 推广成本低：网红店依赖自媒体，而大多数自媒体都是免费的，因此推广商品时成本很低。

② 消费者忠诚度高：网红店的消费者大多是其追随者，这些追随者转换成消费者的概率要远远大于陌生人，而且追随者的忠诚度高，重复购买率远超其他人群。

③ 商品针对性强：因为网红店的消费者就是追随者，所以其商铺可以通过追随者回馈快速抓住追随者的需求。

④ 库存低：网红店不需要囤货销售，在追随者投票后再生产，生产量依据追随者的需求量而定。

（3）生意参谋的品类分析

商家使用生意参谋的市场行情，单击"竞争店铺—竞店分析—品类销售额"进行分析，根据时间周期，了解竞争店铺按年、月的品类交易构成数据，类目支付金额占比数据，类目支付金额占比排名情况，了解自身店铺和竞争店铺在类目布局和品类销售额方面的差距，从而可以进行品类布局的优化和提升。

根据竞争店铺交易构成数据，商家可了解自身店铺核心类目支付金额占比、竞争店铺核心类目金额占比，从而可以对比两个店铺的优势类目、成交类目、访客集中类目。商家可利用竞争店铺品类数据分析，根据竞争店铺类型、品类销售情况，并依据自己供应链、利润情况，酌情进行自身店铺的上新，以提高店铺的流量和销售额。

商家可以参照行业内优秀的店铺的类目情况，思考自身店铺类目是否有缺失，店铺类目是否丰富等问题，帮助店铺更好地优化品类结构，提高店铺类目的销售量。

商家通过使用生意参谋的市场行情，单击"竞争店铺—竞店分析—竞争店铺价格带"进行分析，对比价格人群，从而确定广告投放策略，同时可以根据竞争店铺客单价分布情况，有针对性地提高店铺商品客单价。需要强调的是，可以将竞争店铺的价格带，仅作为自身店铺的参考，但不同来源的商品的质量、成本都不一样，特定的利润空间也不一样，商家不能简单地参考。其实无所谓贵贱，每个价格区间的商品都有对应的消费者，不是定价贵了就一定好，重要的是，能让你的目标消费者认为你的商品足够好。

6. 竞争店铺流量数据分析

商家利用生意参谋的市场行情，单击"竞争店铺—竞店分析—竞争店铺"进行分析，对竞争店铺流量结构分布进行对比，商家可查看竞争店铺入店来源，通过流量指数、客群指数、支付转化指数、交易指数，对竞争店铺的流量数据进行采集，了解竞争店铺的流量结构，找到自身店铺流量的缺失之处，然后进行流量布局的优化。

商家要根据竞争店铺流量对比，找到自身店铺数据薄弱的地方，进行数据提升处理。

竞争店铺流量数据分析是指针对竞争店铺进行流量结构、流量数据对比，流量玩法分析。商家可以找到与竞争店铺的数据差距和自身店铺提升的方向，从而帮助自身店铺进行流量数据的提升。商家可以通过细分流量数据对比分析，进行流量玩法参考学习。商家通过分析竞争店铺的流量结构组成情况，可以了解竞争店铺的搜索流量访客数占比、直通车访客数占比，从而有针对性地帮助自身店铺进行流量提升。

通过竞争店铺流量数据对比，商家可以针对竞争对手的品类结构、流量结构、访客数占比，找到自身店铺的问题和解决方法，以及优化方向和新流量玩法。

通过竞争店铺流量结构对比，商家可以通过了解竞争店铺的流量结构数据进行分析，思考自身店铺是否适用这样的流量玩法，从而提升店铺的流量数据。

7. 竞争店铺的主要价格区间

竞争店铺的主要价格区间可通过以下 3 个指标判断。

（1）商品数量：即商品数量最多的价格区间，代表该店铺主要在布局的价格区间。

（2）商品销量：即商品销量最多的价格区间，代表最被消费者接受的价格区间。

（3）商品销售额：即商品销售额最大的价格区间，代表给该店铺的业绩贡献的价格区间。

商家在分析过程中会发现根据以上 3 个指标确定的结果可能落在同一价格区间上，也可能分别指向 3 个不同的区间。在 3 个区间不一致的情况下，有以下几种不同的分析结论。

（1）商品数量的主要价格区间和其他 2 个指标的主要价格区间不同：说明店铺主要布局的热销商品和提高业绩的商品没有关系，这种情况的出现可能是由于换季的缘故，店铺布局了新季度的商品，而新商品还在导入期。如果该价格区间的商品不是处在导入期，那么可能是店铺的布局有问题，即商家在表现不好的价格区间布局了太多的商品，还有一种情况是该价格区间布局的是主营商品的配件类商品，配件类商品可以忽略不分析。

（2）商品销量的主要价格区间和其他 2 个指标的主要价格区间不同：商品销量最高的价格区间有引流作用，该价格区间的商品一般价格较低，店铺对引流款商品通常不用布局太多。

（3）商品销售额的主要价格区间和其他 2 个指标的主要价格区间不同：商品销售额的主要价格区间是用于提高业绩的，该价格区间的商品布局应该是最多的，因此商品销售额和商品数量的主要价格区间应该是一致的，若不一致说明店铺的布局可能有问题。

（4）竞争店铺价格区间的统计方法：竞争店铺的每个商品都有对应的销量和价格，商家可将数据收集并汇总到表格中，用"销量×价格"的算法计算出销售额，然后使用数据透视表进行统计分析。

4.1.3　撰写营销分析报告

营销分析报告区别于日常报告的一个重要特点是，营销分析报告是围绕某个特定领域展开小而精的深入研究，而日常报告则侧重于某个周期大而全的概要分析。

营销分析报告的结构如下。

（1）封面和封底。每个企业都有自己专属的报告封皮和封底模板。

（2）摘要页。摘要页是对报告内容的概述，方便领导层直接了解报告内容而无须阅读整个报告。

（3）目录页。如果报告内容过多，则需要通过目录页向阅读者展示本报告包括哪些内容。

（4）说明页。说明页中的内容是关于报告中数据时间、数据粒度、数据维度、数据定义、数据计算方法和相关模型等内容的特殊说明，目的是增强报告的可读性。

（5）正文页。正文页是报告的核心。正文页的内容通常使用"总—分—总"的思路撰写。区别于日常报告，营销分析报告除了数据陈列，还要有数据结论；而对于数据结论的挖掘，可根据阅读者的需求自行安排并酌情调整。

（6）附录。如果报告存在外部数据引用、原始数据、数据模型解释等信息，建议作为附录放在报告最后。

4.2 电子商务竞争店铺数据分析实例

4.2.1 竞争对手的识别与分层

1. 案例目的

（1）掌握竞争对手识别的方法。

（2）掌握竞争对手分层的方法。

2. 案例背景

对竞争对手需要时刻关注，因此商家需要找到目标竞争对手，有了目标以后才有明确的发力点。本案例从商品（竞品）方面进行竞争对手分析。从商家的角度出发，竞争的粒度可以按品牌（竞品）、店铺（竞店）和商品（竞品）划分，在本案例中的竞品均是代表商品粒度的竞品。

竞争对手的识别与分层

3. 案例内容与步骤

本案例使用的数据如图 4-4 所示。

图 4-4 原始数据

（1）可以根据销量将其分为爆款宝贝、小爆款宝贝、热卖宝贝和人气宝贝进行竞争对手分层。

单个宝贝有 3000 件以上月销量的是爆款宝贝，有 1000 件以上月销量的是小爆款宝贝（小类目也称爆款宝贝），有 500 件以上月销量的是热卖宝贝，有 200 件以上月销量的是人气宝贝。例如，将本案例原始数据按 30 天销量降序排序后，可以快速定位到爆款宝贝，如图 4-5 所示。

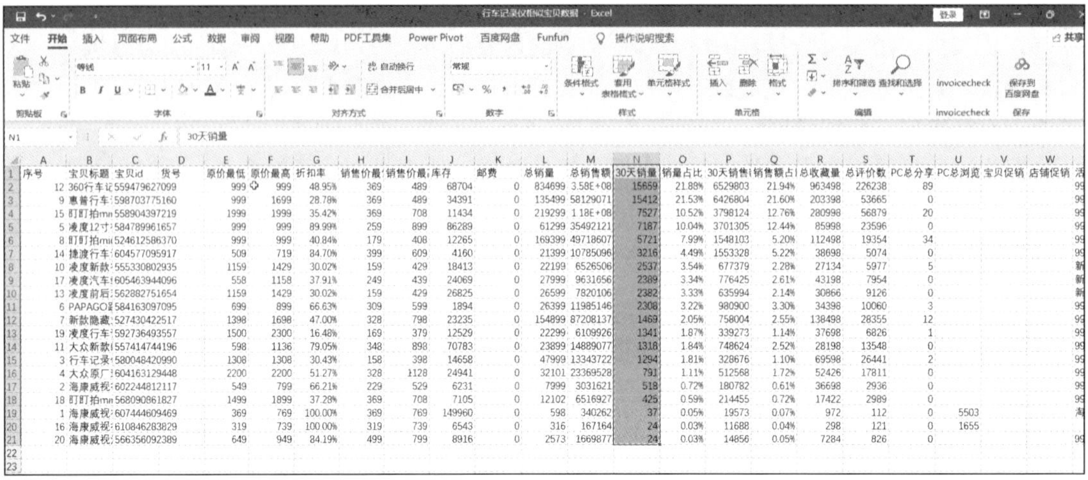

图 4-5　按 30 天销量排序定位爆款

（2）可以根据性价比将其分为低性价比对手、一般性价比对手和高性价比对手进行竞争对手分层。

消费者在购买某个商品过程中或多或少都需要了解性价比，商品品质好、价格低，性价比就高。所以，许多消费者都把性价比当作选购商品的重要指标。性价比是反映物品的可买程度的一种量化的计量方式。性价比全称为性能价格比，表示性能与价格之间的比例关系，具体公式为：性价比=性能/价格。

低性价比对手是指价格高且利润设定也较高的竞争对手，其商品与我们自身的商品相比通常性能相同、价格高或者价格相同，性能低；一般性价比对手是性价比跟我们的处于同一水平的竞争对手；高性价比对手是相同商品比我们卖得便宜的竞争对手，其商品与我们自身的商品相比通常性能相同、价格低；价格相同、性能高。

如图 4-6 所示，按销售价最低升序排列后，可以较清楚地观察价格分布，再结合商品性能进行竞争对手分层判断。

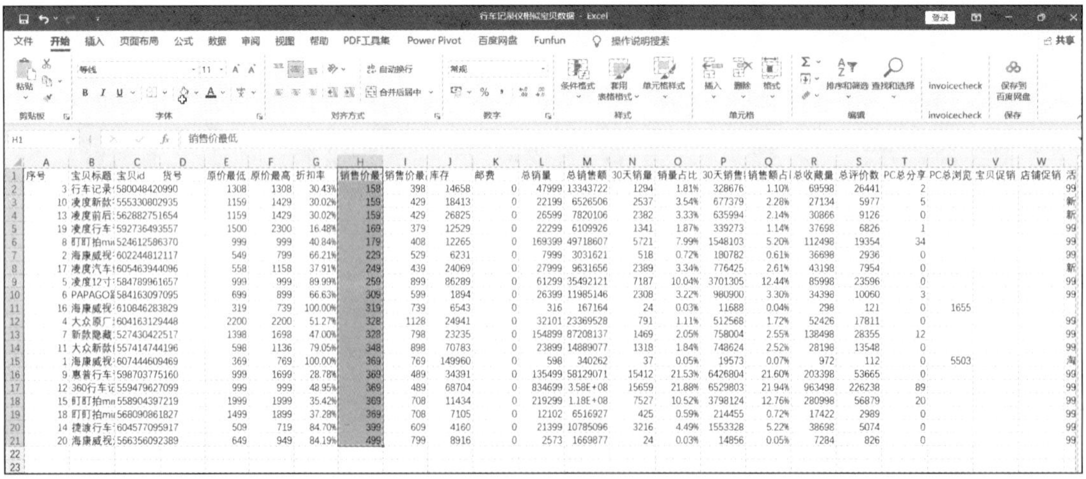

图 4-6　按销售价最低升序排序后的相似宝贝

（3）可以根据阶段将其分为前期对手、中期对手和后期对手进行竞争对手分层。

前、中、后期是根据运营的阶段划分的，主要是参考销量和销售两个指标。运营阶段具体如何划分，需要结合运营情况与总体战略进行规划。例如，一家新开设不久的淘宝店铺，分析市场行情后进行竞争对手分层，根据目前的市场份额与销售情况进行规划，将前期对手定为在 3 个月内可超越的对手，中期对手定为 1 年内可超越的对手，后期对手定为 1 年之后要重点对付的对手。

4. 案例总结

竞争对手分层可以使竞争对手分析更加精准且具有阶段性，便于商家制定不同的竞争策略和商品布局。

5. 实训题

选择上述竞争对手分层方法中的其中一种，确定自己店铺的主要竞品。

4.2.2 确定竞争店铺品类布局规划

1. 案例目的

（1）掌握分析竞店的品类布局。

（2）实操店铺品类布局规划。

2. 案例背景

竞争对手的动向是商家运营决策的基本数据参考，商家通过分析竞店的品类布局可以为自己的决策、规划提供数据参考。

确定竞争店铺品类
布局规划

3. 案例内容与步骤

本案例使用的数据如图 4-7 所示，这是一家女装店铺的二级类目数据。

图 4-7　原始数据

通过对各字段排序可得，在二级类目中，T 恤是商品数量最多的品类，可能是该店铺主要布局的品类，最低的 T 恤价格为 18 元（所有品类里最低），最高的价格为 9999 元，该店铺可能使用某些低价 T 恤来进行引流。毛针织衫与裤子的销量占比相当，均超过 15%，是消费者比较喜欢的两个品类；其中裤子的销售额占比最高，为店铺内带来了大量业绩。本例分析的店铺是女装，女装的每一个季度都有核心品类，此时分析的时间是夏季，因此可以下结论，该店铺在夏季核心的品类有 T 恤、毛针织衫和裤子。如果要确定四季的品类，则需要分别在 4 个季度进行分析。

4. 案例总结

（1）有实力与之竞争（打得过就正面竞争）：重点布局竞争店铺对手的核心品类，上装以 T 恤、衬衫为主，裙装以连衣裙为主，下装以半身裙为主。

（2）没有实力与之竞争（打不过就借势）：可重点布局竞争店铺对手的非核心品类，如卫衣、短外套，可通过广告工具定向投放竞争店铺的买家人群。

5. 实训题

假设你是××××店铺的运营者，请根据竞店数据确定店铺的品类布局。

4.2.3 确定竞争店铺价格布局

1. 案例目的

（1）分析竞争店铺的价格布局。

（2）实操店铺价格布局规划。

2. 案例背景

竞争店铺的动向是运营决策的基本数据参考，通过分析竞店的价格布局可以为自己的规划提供数据参考。

确定竞争店铺价格布局

3. 案例内容与步骤

本案例使用的数据如图 4-8 所示，这是一家女装店铺的价格分布数据。

图 4-8　原始数据

通过观察可以发现，300～400 元的商品数量最多，销量和销售额最高的商品的价格波段为 100～200 元。

4. 案例总结

该竞店的销量和销售额最高的商品的价格波段是在 100～200 元，说明这个价格波段是市场认证过的，消费者愿意接受的。

5. 实训题

假设你是××××店铺的运营，请根据竞店数据确定店铺的价格布局。

4.2.4　研究竞争店铺数据，撰写竞争店铺分析报告

1. 案例目的

（1）回顾竞争店铺分析的相关知识点。

（2）选择万宁官方旗舰店作为分析对象，使用系统数据撰写分析报告。

2. 案例背景

屈臣氏旗舰店想了解其竞争店铺万宁官方旗舰店的概况，以便于管理层做出正确的市场决策。

3. 案例内容与步骤

本案例所使用的数据在教材配套资源中已给出，如图 4-9 所示。

万宁官方旗舰店（以下简称"万宁"）的基本信息如图 4-10 所示。

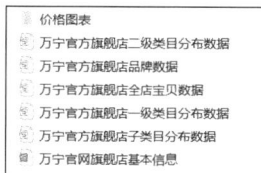

研究竞争店铺数据，撰写竞争店铺分析报告

图 4-9　原始数据

图 4-10　万宁官方旗舰店的基本信息

对以上的采集结果进行分析并撰写分析报告。

标题可设置为：万宁主营美容护理，口碑佳。

阐述文本可设置为：万宁共有 1208 个宝贝（SPU），经营 7 年多以来，口碑（DSR）高于同行。

（1）查看万宁的经营情况，其经营信息如图 4-11 所示。

图 4-11　万宁官方旗舰店的经营信息

标题可设置为：万宁月销售额近 700 万元，动销率高达 91.78%。

阐述文本可设置为：万宁的月销售额近 700 万元，月销量约 11 万件，平均成交价约为 61 元，动销率高达 91.78%，优于行业中大多数商家。

（2）分析万宁的品类情况，其品类信息如图 4-12 所示。

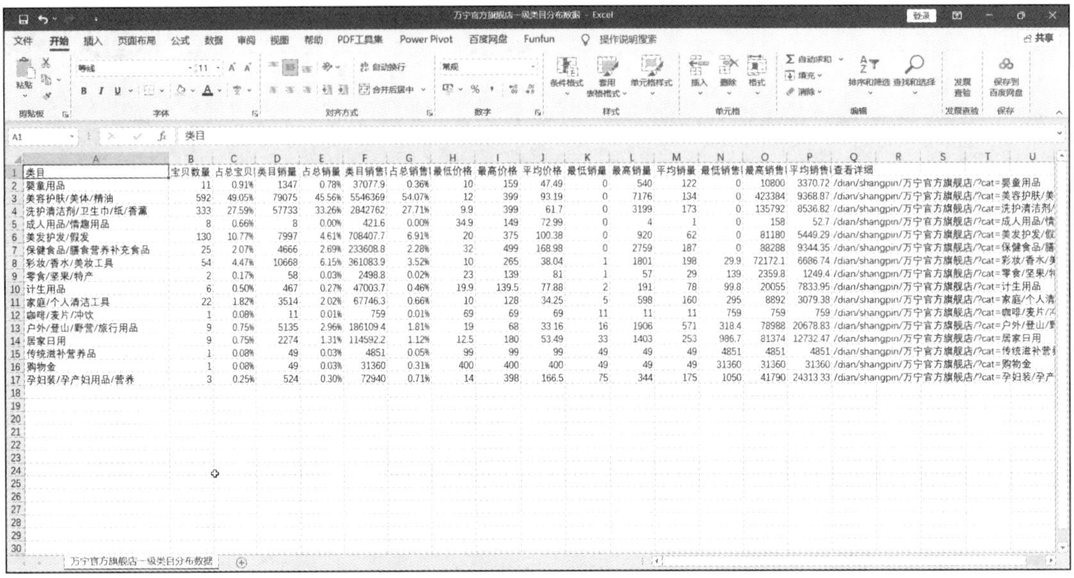

类目	宝贝数量	占总宝贝	类目销量	占总销量	类目销售	占总销售	最低价格	最高价格	平均价格	最低销量	最高销量	平均销量	最低销售	最高销售	平均销售	查看详细
婴童用品	11	0.91%	1347	0.78%	37077.9	0.36%	10	159	47.49	0	540	122	0	10800	3370.72	/dian/shangpin/万宁官方旗舰店/?cat=婴童用品
美容护肤/美体/精油	592	49.05%	79075	45.56%	5546369	54.07%	12	399	93.19	0	7176	134	0	423384	9368.87	/dian/shangpin/万宁官方旗舰店/?cat=美容护肤/美
洗护清洁剂/卫生巾/纸/香薰	333	27.59%	57733	33.26%	2842762	27.71%	9.9	399	61.7	0	3199	173	0	135792	8536.82	/dian/shangpin/万宁官方旗舰店/?cat=洗护清洁剂/
成人用品/情趣用品	8	0.66%	8	0.00%	421.6	0.00%	34.9	149	72.99	0	4	1	0	158	52.7	/dian/shangpin/万宁官方旗舰店/?cat=成人用品/情
美发护发/假发	130	10.77%	7997	4.61%	708407.7	6.91%	20	375	100.38	0	920	62	0	81180	5449.29	/dian/shangpin/万宁官方旗舰店/?cat=美发护发/假
保健食品/膳食营养补充食品	25	2.07%	4666	2.69%	233608.8	2.28%	32	499	168.98	0	2759	187	0	88288	9344.35	/dian/shangpin/万宁官方旗舰店/?cat=保健食品/膳
彩妆/香水/美妆工具	54	4.47%	10668	6.15%	361083.9	3.52%	10	265	38.04	1	1801	198	29.9	72172.1	6686.74	/dian/shangpin/万宁官方旗舰店/?cat=彩妆/香水/美
零食/坚果/特产	2	0.17%	58	0.03%	2498.8	0.02%	23	139	81	1	57	29	139	2359.8	1249.4	/dian/shangpin/万宁官方旗舰店/?cat=零食/坚果/特
计生用品	6	0.50%	467	0.27%	47003.7	0.46%	19.9	139.5	77.88	2	191	78	99.8	20055	7833.95	/dian/shangpin/万宁官方旗舰店/?cat=计生用品
家庭/个人清洁工具	22	1.82%	3514	2.02%	67746.3	0.66%	10	128	34.25	5	598	160	295	8892	3079.38	/dian/shangpin/万宁官方旗舰店/?cat=家庭/个人清
咖啡/麦片/冲饮	1	0.08%	11	0.01%	759	0.01%	69	69	69	11	11	11	759	759	759	/dian/shangpin/万宁官方旗舰店/?cat=咖啡/麦片/冲
户外/登山/野营/旅行用品	9	0.75%	5135	2.96%	186109.4	1.81%	19	68	33.16	16	1906	571	318.4	78988	20678.83	/dian/shangpin/万宁官方旗舰店/?cat=户外/登山/野
居家日用	9	0.75%	2274	1.31%	114592.2	1.12%	12.5	180	53.49	33	1403	253	986.7	81374	12732.47	/dian/shangpin/万宁官方旗舰店/?cat=居家日用
传统滋补营养品	1	0.08%	49	0.03%	4851	0.05%	99	99	99	49	49	49	4851	4851	4851	/dian/shangpin/万宁官方旗舰店/?cat=传统滋补营养
购物金	1	0.08%	49	0.03%	31360	0.31%	400	400	400	49	49	49	31360	31360	31360	/dian/shangpin/万宁官方旗舰店/?cat=购物金
孕妇装/孕产妇用品/营养	3	0.25%	524	0.30%	72940	0.71%	14	398	166.5	75	344	175	1050	41790	24313.33	/dian/shangpin/万宁官方旗舰店/?cat=孕妇装/孕产

图 4-12　万宁官方旗舰店的品类信息

标题可设置为：万宁主要布局美容护肤/美体/精油和洗护清洁剂/卫生巾/纸/香薰类商品。

阐述文本可设置为：万宁的美容护肤/美体/精油和洗护类商品数量加起来占比约 77%，销售额占比约 81%。

（3）分析万宁的品牌情况，其品牌信息如图 4-13 所示。

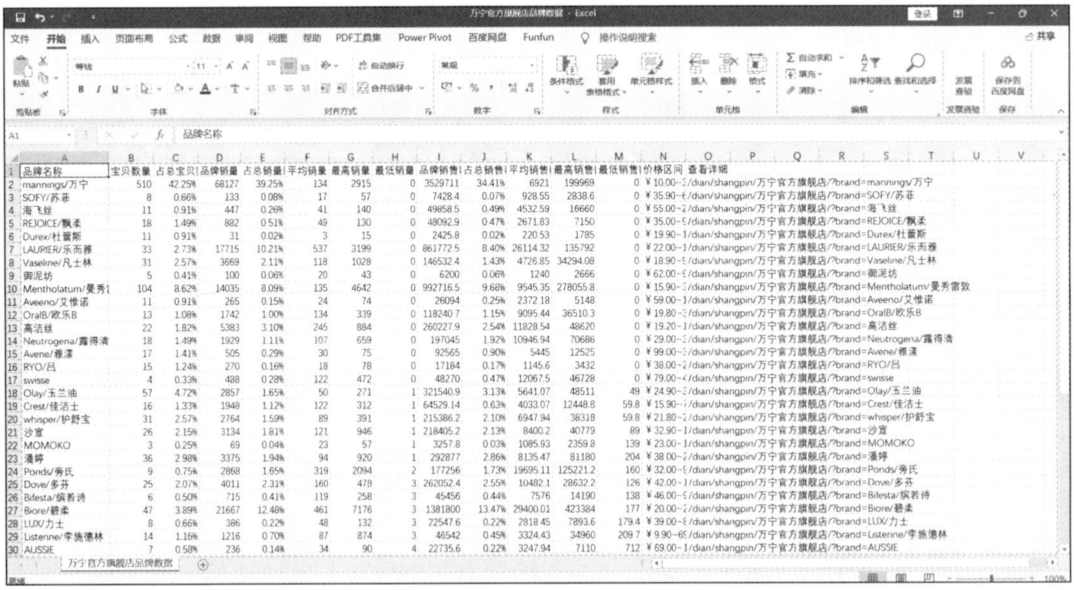

品牌名称	宝贝数量	占总宝贝	品牌销量	占总销量	平均销量	最高销量	最低销量	品牌销售	占总销售	平均销售	最高销售	最低销售	价格区间	查看详细
mannings/万宁	510	42.25%	68127	39.25%	134	2915	0	3529711	34.41%	6921	199969	0	¥10.00~3	/dian/shangpin/万宁官方旗舰店/?brand=mannings/万宁
SOFY/苏菲	8	0.66%	133	0.08%	17	57	0	7428.4	0.07%	928.55	2838.6	0	¥35.90~6	/dian/shangpin/万宁官方旗舰店/?brand=SOFY/苏菲
海飞丝	11	0.91%	447	0.26%	41	140	0	49858.5	0.49%	4532.59	16660	0	¥55.00~2	/dian/shangpin/万宁官方旗舰店/?brand=海飞丝
REJOICE/飘柔	18	1.49%	882	0.51%	49	130	0	48092.9	0.47%	2671.83	7150	0	¥35.00~9	/dian/shangpin/万宁官方旗舰店/?brand=REJOICE/飘柔
Durex/杜蕾斯	11	0.91%	31	0.02%	3	15	0	2425.8	0.02%	220.53	1785	0	¥19.90~1	/dian/shangpin/万宁官方旗舰店/?brand=Durex/杜蕾斯
LAURIER/乐而雅	33	2.73%	17715	10.21%	537	3199	0	861772.5	8.40%	26114.32	135792	0	¥22.00~1	/dian/shangpin/万宁官方旗舰店/?brand=LAURIER/乐而雅
Vaseline/凡士林	31	2.57%	3669	2.11%	118	1028	0	146532.4	1.43%	4726.85	34294.08	0	¥18.90~9	/dian/shangpin/万宁官方旗舰店/?brand=Vaseline/凡士林
御泥坊	5	0.41%	100	0.06%	20	43	0	6200	0.06%	1240	2666	0	¥62.00~9	/dian/shangpin/万宁官方旗舰店/?brand=御泥坊
Mentholatum/曼秀	104	8.62%	14035	8.09%	135	4642	0	992716.5	9.68%	9545.35	278055.8	0	¥15.90~3	/dian/shangpin/万宁官方旗舰店/?brand=Mentholatum/曼秀雷敦
Aveeno/艾惟诺	11	0.91%	265	0.15%	24	74	0	26094	0.25%	2372.18	5148	0	¥59.00~1	/dian/shangpin/万宁官方旗舰店/?brand=Aveeno/艾惟诺
OralB/欧乐B	13	1.08%	1742	1.00%	134	339	0	118240.7	1.15%	9095.44	36510.3	0	¥19.80~3	/dian/shangpin/万宁官方旗舰店/?brand=OralB/欧乐B
高洁丝	22	1.82%	5383	3.10%	245	884	0	260227.9	2.54%	11828.54	48620	0	¥19.20~1	/dian/shangpin/万宁官方旗舰店/?brand=高洁丝
Neutrogena/露得清	18	1.49%	1929	1.11%	107	659	0	197045	1.92%	10946.94	70686	0	¥29.00~3	/dian/shangpin/万宁官方旗舰店/?brand=Neutrogena/露得清
Avene/雅漾	17	1.41%	505	0.29%	30	75	0	92565	0.90%	5445	12525	0	¥99.00~3	/dian/shangpin/万宁官方旗舰店/?brand=Avene/雅漾
RYO/吕	15	1.24%	270	0.16%	18	78	0	17184	0.17%	1145.6	3432	0	¥38.00~2	/dian/shangpin/万宁官方旗舰店/?brand=RYO/吕
swisse	4	0.33%	488	0.28%	122	472	0	48270	0.47%	12067.5	46728	0	¥79.00~4	/dian/shangpin/万宁官方旗舰店/?brand=swisse
Olay/玉兰油	57	4.72%	2857	1.65%	50	271	1	321540.9	3.13%	5641.07	48511	49	¥24.90~3	/dian/shangpin/万宁官方旗舰店/?brand=Olay/玉兰油
Crest/佳洁士	16	1.33%	1948	1.12%	122	312	1	64529.14	0.63%	4033.07	12448.8	59.8	¥15.90~7	/dian/shangpin/万宁官方旗舰店/?brand=Crest/佳洁士
whisper/护舒宝	31	2.57%	2764	1.59%	89	391	1	215386.2	2.10%	6947.94	38318	59.8	¥21.80~2	/dian/shangpin/万宁官方旗舰店/?brand=whisper/护舒宝
沙宣	26	2.15%	3134	1.81%	121	946	1	218405.2	2.13%	8400.2	40779	89	¥32.90~1	/dian/shangpin/万宁官方旗舰店/?brand=沙宣
MOMOKO	3	0.25%	69	0.04%	23	57	1	3257.8	0.03%	1085.93	2359.8	139	¥23.00~1	/dian/shangpin/万宁官方旗舰店/?brand=MOMOKO
潘婷	36	2.98%	3375	1.94%	94	920	1	292877	2.86%	8135.47	81180	204	¥38.00~2	/dian/shangpin/万宁官方旗舰店/?brand=潘婷
Ponds/旁氏	9	0.75%	2868	1.65%	319	2094	2	177256	1.73%	19695.11	125221.2	160	¥32.00~9	/dian/shangpin/万宁官方旗舰店/?brand=Ponds/旁氏
Dove/多芬	25	2.07%	4011	2.31%	160	478	3	262052.4	2.55%	10482.1	28632.2	126	¥42.00~1	/dian/shangpin/万宁官方旗舰店/?brand=Dove/多芬
Bifesta/缤若诗	6	0.50%	715	0.41%	119	258	3	45456	0.44%	7576	14190	138	¥46.00~9	/dian/shangpin/万宁官方旗舰店/?brand=Bifesta/缤若诗
Biore/碧柔	47	3.89%	21667	12.48%	461	7176	3	1381800	13.47%	29400.01	423384	177	¥20.00~2	/dian/shangpin/万宁官方旗舰店/?brand=Biore/碧柔
LUX/力士	8	0.66%	386	0.22%	48	132	3	22547.6	0.22%	2818.45	7893.6	179.4	¥39.00~8	/dian/shangpin/万宁官方旗舰店/?brand=LUX/力士
Listerine/李施德林	14	1.16%	1216	0.70%	87	874	3	46542	0.45%	3324.43	34960	209.7	¥9.90~69	/dian/shangpin/万宁官方旗舰店/?brand=Listerine/李施德林
AUSSIE	7	0.58%	236	0.14%	34	90	4	22735.6	0.22%	3247.94	7110	712	¥69.00~1	/dian/shangpin/万宁官方旗舰店/?brand=AUSSIE

图 4-13　万宁官方旗舰店的品牌信息

标题可设置为：万宁自营品牌已经占半壁江山。

阐述文本可设置为：万宁的自营品牌商品宝贝数量在市场上总宝贝数中占比 42.25%，销售额占比 34.41%，万宁自营品牌商品已经成为万宁的核心竞争商品。

（4）分析万宁的价格情况，其价格波段信息如图 4-14 所示。

各种价格波段宝贝的销量比例

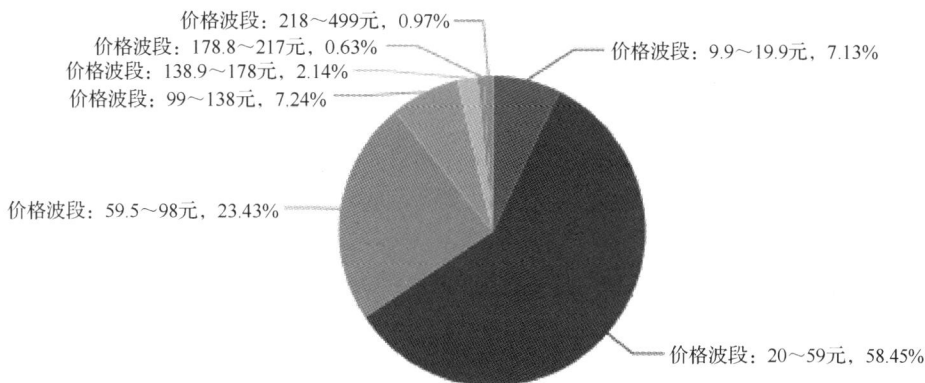

图 4-14　万宁官方旗舰店的价格波段信息

标题可设置为：百元以下商品销量近 90%。

阐述文本可设置为：万宁的商品以百元以下商品为主，该价格波段的商品销量占总销量的 89%。

4．案例总结

（1）万宁的整体情况良好，DSR 全线飘红，动销率高达 91.78%。

（2）万宁主要以美容护肤/美体/精油和洗护清洁剂/卫生巾/纸/香薰类商品为主营商品。

（3）万宁的自营品牌已经占据消费者心智，成为万宁的核心品牌。

（4）万宁的热销商品集中在百元以下价格波段内，性价比高、有保障是万宁消费者的重要信赖点。

5．实训题

分析苏宁易购旗舰店，撰写竞争店铺分析报告。

思考题

1．竞争对手基本概述。
2．企业如何识自己的竞争对手？
3．简要概括营销分析报告的基本结构。
4．竞争对手的分析方法。
5．简要概述竞争店铺流量数据分析流程。

第5章 | 电子商务商品数据分析

章节目标

- 了解商品分析的概念
- 掌握商品需求分析的内容
- 了解商品利润预测的流程

学习重点

- 商品分析的主要指标
- 商品需求分析的内容与流程
- 商品定价的影响因素与策略
- 商品组合的基础知识与常用方法

学习难点

- 商品组合的营销策略
- 商品定价策略
- 商品利润预测
- 商品生命周期分析

本章思维导图

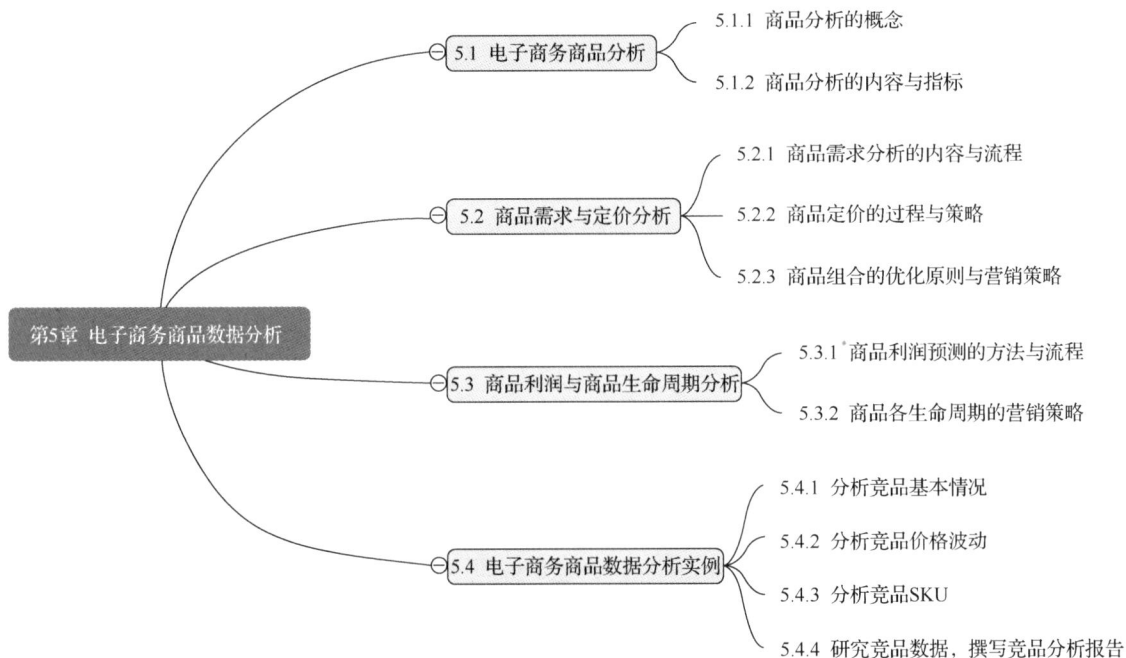

```
                                        ┌─ 5.1.1 商品分析的概念
                        ┌─ 5.1 电子商务商品分析 ┤
                        │               └─ 5.1.2 商品分析的内容与指标
                        │
                        │               ┌─ 5.2.1 商品需求分析的内容与流程
                        ├─ 5.2 商品需求与定价分析 ┼─ 5.2.2 商品定价的过程与策略
                        │               └─ 5.2.3 商品组合的优化原则与营销策略
第5章 电子商务商品数据分析 ┤
                        │               ┌─ 5.3.1 商品利润预测的方法与流程
                        ├─ 5.3 商品利润与商品生命周期分析 ┤
                        │               └─ 5.3.2 商品各生命周期的营销策略
                        │
                        │               ┌─ 5.4.1 分析竞品基本情况
                        │               ├─ 5.4.2 分析竞品价格波动
                        └─ 5.4 电子商务商品数据分析实例 ┼─ 5.4.3 分析竞品SKU
                                        └─ 5.4.4 研究竞品数据，撰写竞品分析报告
```

5.1 电子商务商品分析

5.1.1 商品分析的概念

商品分析的主要数据来自销售数据和商品基础数据，有商品的类别结构、品牌结构、价格结构、毛利结构、结算方式结构、产地结构等，从而产生商品广度、商品深度、商品淘汰率、商品引进率、商品置换率、重点商品、畅销商品、滞销商品，以及季节商品等多种指标。企业通过对这些指标的分析来指导企业调整商品结构，加强所经营商品的竞争能力和合理配置。

5.1.2 商品分析的内容与指标

1. 商品分析的内容

业务系统提供了大量数据，但如何利用这些数据进行分析并得到有价值的结果来指导企业的经营活动，是摆在所有企业面前的问题。商品分析就是依据业务系统提供的数据进行相关的项目分析进而产生有价值的结果，来指导企业生产经营活动，需要确定零售企业在销售数据分析过程中适用的维度、指标和分析方法，并将三者关联起来构造分析模型，再依据分析模型得到有价值的结果。维度指明了要从什么样的角度进行分析，也就是分析哪方面的内容，如商品、客户等。指标指明了对于这个维度所要进行分析的点，如数量、周转率、连带率、售罄率、毛利率等。分析方法指明了用什么样的方法去分析、处理这个维度的指标，如统计分析、优化分析等。

2. 商品分析的指标

商品分析的主要指标如下。

（1）物理上不可分割的最小存货单位（Stock Keeping Unit，SKU），是一种库存进出计量的单位，如件、盒。现在 SKU 已经被引申为商品统一编号的简称，每种商品都有唯一的 SKU 号。

（2）标准化商品单元（Standard Product Unit，SPU），是一组可复用、易检索的标准化信息的集合，该集合描述了一个商品的特性。SPU 可理解为是由品牌+型号+关键属性构成的。

（3）商品数：统计时间内，每项分类对应的在线商品去重数，只针对所有终端。

（4）商品访客数：商品详情页被访问的去重人数，一个人在统计时间内访问多次只记为一个。

（5）商品浏览量：商品详情页被访问的次数，一个人在统计时间内访问多次记为多次。

（6）加购件数：统计时间内，访客加入购物车的商品件数总和。

（7）收藏次数：统计时间内，商品被来访者收藏的总次数，一件商品被同一个人收藏多次记为多次。

（8）流量下跌商品：最近 7 天浏览量较上一个周期（7 天）下跌 50%以上的商品。

（9）支付下跌商品：最近 7 天支付金额较上一个周期（7 天）下跌 50%以上的商品。

（10）低支付转化率商品：该商品的支付转化率（支付买家数/商品访客数）低于同类商品的平均水平。

（11）高跳出率商品：跳出率是指商品的浏览量中，没有进一步访问店铺其他页面的浏览量占比。高跳出率商品表示商品跳出率高于同类商品的平均水平。

（12）零支付商品：90 天前首次发布的，且最近 7 天内没有产生任何销量，不会进入搜索索引。

（13）低库存商品：例如，最近 7 天加购件数大于昨日 80%库存量×80%的商品。

5.2 商品需求与定价分析

5.2.1 商品需求分析的内容与流程

1. 商品需求分析的内容

商品需求分析的内容是根据选定的目标消费群体进行抽样研究，通过记录某一特定类型消费者的生活场景或商品使用体验，洞察消费者的典型行为或生活习惯，了解他们在特定场景下的需求，结合企业自身的能力，拓展业务创新的空间。

2. 商品需求分析的流程

（1）需求采集

企业在明确了商品需求分析的内容和目的之后，收集商品需求分析资料。需求资料采集的方式根据来源、渠道的差异可分为外部和内部两大类。内部采集方式包括：基于调查者本人的从业经验和知识积累分析需求；与本部门和其他部门的同事充分沟通交流；向部门领导和主管领导请教询问；对相似或者相关商品进行数据分析等。外部采集方式包括：开展用户调查和听取消费者反馈；对竞争性商品展开分析；对整体市场的政策、资讯做出分析报告；征求合作伙伴的建议和意见等。

（2）需求分类

消费者对商品的基本需求包括以下几个方面。

① 对商品基本功能的需求。基本功能即商品能满足人们某种需要的物质属性。商品的基本功能是商品被生产和销售的基本条件，也是消费者需要的基本内容。在通常情况下，基本功能是消费者对商品的诸多需要的第一需要。如果不具备特定功能，即使商品质量优良，外形美观，价格低廉，消费者也难以产生购买欲望。

② 对商品质量性能的需求。质量性能是消费者对商品基本功能达到满意或完善程度的要求，通常以一定的技术性能指标来反映。消费者对商品质量的需要也是相对的，一方面，消费者要求商品的质量与其价格水平相符，即不同质量有不同的价格，一定的价格水平必须有与其相称的质量；另一方面，消费者往往根据其实用性来确定对质量性能的要求和评价。

③ 对商品安全性能的需求。消费者要求所使用的商品卫生洁净、安全可靠，不危害身体健康。这一需要通常发生在对食品、药品、卫生用品、家用电器、化妆品、洗涤用品等商品的购买和使用中，是人类对安全的基本需要在消费需求中的体现。

④ 对商品便利的需求。这一需要表现为消费者对购买和使用商品过程中便利程度的要求。在商品使用过程中，消费者要求商品使用方法简单易学，操作容易，携带方便，便于维修。

⑤ 对商品审美功能的需求。这一需要表现为对商品在工艺设计、造型、色彩、装潢、整体风格等方面审美价值的要求。消费者不仅要求商品具备实用性，同时还要求商品具备较高的审美价值；不同的消费者往往具有不同的审美标准。每个消费者都按照自己的审美观来认识和评价商品，因而对同一商品，不同的消费者会得出完全不同的审美结论。

⑥ 对商品情感功能的需求。情感需求是消费者心理活动过程的表现，该需求是指消费者要求商品蕴含深厚的感情色彩，能够外现个人的情绪状态，成为人际交往中感情沟通的媒介，并通过购买

和使用商品获得情感上的补偿、追求和寄托，起到传递和沟通感情、促进情感交流的作用。

⑦ 对商品社会象征性的需求。这一需要表现为消费者要求商品体现和象征一定的社会意义，或者体现一定的社会地位，使购买、拥有该商品的消费者能够显示自身的某些社会特性，如身份、地位、财富、尊严等，从而获得心理上的满足。对商品社会象征性的需要，是高层次社会性需要在消费活动中的体现。

⑧ 对商品良好服务的需求。在对商品实体形成多方面需求的同时，消费者还要求享受到良好、完善的全过程服务。商品与服务已经成为不可分割的整体，而且服务在消费需求中的地位迅速上升，服务质量的优劣已成为消费者选择购买商品的主要依据。

（3）需求分析

需求分析即从消费者提出的需求出发，再将其转化为商品需求的过程。企业对商品需求进行价值评估和量化，筛选不合理的需求，挖掘消费者目标，匹配商品，对关联性较强的需求进行整合，定义排列需求的优先级。

（4）需求评审

有了确切的需求方案之后可进行可行性评审。可行性评审完成的是对需求的大致评估，主要包括：需求本身的可行性、替代方案、涉及的商品或技术环节和成本估算等。

5.2.2　商品定价的过程与策略

1. 商品定价的过程

无论是线上还是线下，商品的定价都会影响销量。所以在商品上架前，企业一定要通过综合分析多种因素为其量身制定一个合理的价格。商品定价的过程包括以下步骤。

（1）评估和量化利益

在推广商品时，企业应该准确评估和量化商品带给消费者的利益，这些利益可能是功能性的（羽绒服的保暖性），可能是与过程有关的（在线购买或全天候人工服务呼叫中心），也可能是与关系有关的（品牌的情感关系或消费者忠诚度）。通过评估和量化这些利益，企业可以确定有效的价格上限，既可以从零开始为一种完全创新的商品确定价格上限，也可以相对于市场存在的其他商品确定价格上限。理论上的价格上限可能最终并不会被采用，原因有多种：可能在那个价位上没有市场；那个价位可能为竞争对手留下了过多的进入空间；也可能是消费者实力强要求分享更多的商品价值。但是在开始定价选择之前，知道封顶价格是必需的。

（2）衡量市场规模

为商品限定价格边界的下一个因素是确定潜在市场规模。对潜在市场的准确衡量不仅对于估计商品的生存能力是必要的，还是分析商品成本的基本要素。

（3）确定最低限价

企业应以成本分析为基础确定正确的最低限价，这个价格应是由市场决定的底线价格。

（4）确定投放价格

商品的定价区间确定以后，企业便可以开始制定具体的投放价格。商品的投放价格（也称为目标价格）是企业希望市场能够接受的价格。本质来说，这个价格描述的是希望消费者感觉到的价格，特别是与竞争商品相比时感觉到的价格，通常是价目表价格、制造商建议的零售价格或其他先导价格。对于定制的系统或商品来说，这个价格是对于具有某种特定功能的商品可以预期的全部成本的感知。这个价格比广告、销售介绍或商品目录更有用，它会告诉市场，该企业认为这种商品值多少钱。

（5）预测竞争企业的反应

对于改进商品或模仿商品来说，企业必须清楚地评估其他竞争企业可能做出的反应，以避免新商品的价格损害企业和整个行业的价值。很少有竞争企业能够立即推出新商品来匹配对手提供的利益，因此他们捍卫市场的唯一选择就是降价，因此过低的投放价值可能会激起一场价格战。

（6）进入市场

企业在推出商品时，需要利用巧妙的沟通方式向市场介绍价格。尤其是创新商品，企业必须认真地将商品的利益清楚交代给市场，因为市场对商品总是持怀疑态度的。但是无论商品面临着什么样的定位，企业必须注意不要因为错误地执行定价策略而破坏其向市场发出的价值信号。

2. 商品定价的策略

（1）动态定价策略

① 动态定价的含义

动态定价指企业依据时间、空间和消费的差异，不断改变商品价格来达到收益最大化的方式，主要解决如何为不同的消费群体制定不同的价格等级，以及价格如何随时间变化的问题。

动态定价包括两个方面：价格差别（price dispersion）和价格歧视（price discrimination）。价格差别包括时间上和空间上的价格差别。时间上的价格差别，是指商品的价格在不同的时间（如不同的竞争阶段或生命周期阶段中）不断改变；空间上的价格差别，即商品价格根据所属地点的不同而不同。价格歧视是指同一商品面对不同的消费者制定不同的价格。

② 动态定价的主要理论

a. 需求预测理论

动态定价要求企业依据市场对于酒店客房销售在未来一段时间里的需求期望水平，制定合适的价格策略。酒店是提供商品和服务的，其价格的变化在很大程度上受到需求预测的影响。需求预测与价格的变动有紧密的关系。因此，进行动态定价是需要应用价格策略的，通过设定定价目标、确定需求、估计成本、选择定价等方法后，最后确认最终价格。

b. 消费者心理活动与购买行为理论

消费者的心理活动与购买行为，都可以通过习惯建立理论来阐述，消费者了解商品、分析商品信息、选择商品品牌、决策购买、使用商品形成心理感受和心理体验、最后向生产、经营单位提供信息反馈。在酒店动态调价下，不同的消费者心理活动与购买行为将会有一定的变化，所以良好的动态定价策略，有利于引导消费者和控制客源。

c. 博弈论

博弈论在此体现的是定价博弈，定价是一场博弈，酒店本身的定价对之后市场带来的反馈、竞争对手的反应都是有影响的。在竞争过程中，能带来效益的博弈属于"正和博弈"，不能获得良好收益的会变成"负和博弈"。酒店之间的竞争时会产生"囚徒困境"，如一个新的竞争酒店进入市场时，它会通过降价来抢夺市场份额，而大部分竞争酒店也都会通过降价来保住市场份额，但是从长期来看，这对于新酒店或整个酒店市场都有很大的伤害。因此，我们需要在这种不良的"负和博弈"中，制定良好的动态定价，以利于自身的发展。同时，利用竞争机遇进行良好的"正和博弈"，摒弃定价博弈中酒店间的不良"负和博弈"。

③ 动态定价策略

埃森哲战略变革研究所的合伙人兼高级研究员阿吉特·卡毕尔与 MCA 解决方案公司联合创始人兼首席运营官威浦·阿格热瓦总结出以下三种动态定价策略。

a．时基定价策略

时基定价策略的关键在于把握消费者在不同时间对价格承受的心理差异。例如，超前型消费者对新款时装、计算机、创新电子商品以及新版精装图书趋之若鹜，他们愿意为此支付较高的价格；相反地，滞后型消费者（即那些持币观望，不到最后一刻不掏钱的消费者）则表现出愿意为机票、酒店住宿支付更多费用的特点。高峰负荷定价（peak-load pricing）和清理定价（clearance pricing）是两种最为常见的时基定价策略。

高峰负荷定价适合供应缺乏弹性的商品。在该定价策略下，供应商完全能预测需求的增长，因而能够进行系统化的价格上调。某些长途电话服务或公用事业单位就经常采用这种策略。

清理定价则适合需求状况不确定和容易贬值的商品。贬值的原因很简单：商品过时或季节性差异。生命周期较短的易腐商品和季节性商品就属此类商品。针对这种情况，企业必须降低价格，及时清理多余库存。

b．市场细分与限量配给策略

市场细分与限量配给策略的基本原理是：利用在不同渠道、不同时间、不同精力花销情况下，消费者表现出来的差异性价格承受心理定价。为此，企业必须开发专门的商品+服务组合，根据不同的商品配置、渠道、消费者类型和时间，进行区别定价。以航空业为例，对同一座位，航空公司的票价或许有所不同。不同票价的设置取决于订票时，乘客接受的限制条件或其他多种因素。例如，起飞前 14 天出票与一周前出票的票价就有所不同。

c．动态推销策略

动态推销策略利用互联网赋予的强大优势，根据供应情况和库存水平的变化，迅速、频繁地实施价格调整，为消费者提供不同的商品，各种促销优惠、多种交货方式以及差异化的商品定价。在该定价策略下，网络商家无须不断以牺牲价格和潜在收益为代价，便可及时清理多余库存。例如，每当回头客登录某网上书店时，该书店都会根据其消费记录，给予个性化的购书建议。这样做的好处是，既清理了积压的库存，又迎合了消费者的个人兴趣，同时还增加了销售收入。

在实际运用过程中，企业可酌情考虑单独实施某一策略，或进行策略组合。

④ 动态定价策略的适用范围

动态定价有一定的适用范围，对商品特征有着特殊的要求。

a．商品的独特性

相较于普通商品，动态定价更适合具有独特性的商品。这是因为对于越是普通的商品，消费者使用得越是频繁，因此无法适应频繁变化的商品价格。此时，制定什么样的长期价格才是价格决策者最应解决的决策问题。

b．商品的生命周期

一般来说，动态定价策略应用于销售市场生命周期短的商品更有效。对于任何一家企业来说，商品的生命周期越短，预测其长期需求的错误成本就越高。决策者按照预测的需求值执行长期价格之后，一旦出现商品的高需求状况，企业便会错失收益的良机，或在低需求时，造成过剩商品的荒废。生命周期短的商品，一般分为以下 3 种情况：保质期短的商品，如各种食品、蔬菜、机票、旅馆等；季节性或过时性商品，如时装、空调等；兼具上述两种特征的商品，如圣诞树、月饼等，它们共同的特点就是要及时卖掉。因此，经营此类商品的商家，必须确定一系列的最优价格，以便保证在商品生命周期前销售完毕，同时取得最大收入，获取最大利润。

c．期望的价格周期

如果商家希望使用动态定价策略，则什么样的价格有效周期或多长时间变动一次价格才是既有效又是消费者所能接受的，是企业决策者所要考虑的问题。商品的价格周期应以其生命周期、消费者需求和市场竞争状况的不同而不同，可以是每月、每周、每天，甚至可以是每小时或更短。一般来说，商品的生命周期越短，其价格周期也就越短；且价格周期并不是平均的，即越是接近其生命周期的末期，商品价格的变化应越频繁。

d. 商品+服务

不同消费者对于同一种商品的服务需求可能不同。一般来说，这种差异越明显，企业采取划分消费者群体定价策略的成功概率就越高。

面对不同的企业或不同的销售市场，消费者对价格的风险容忍程度也是不同的。当他们表现出明显差异的价格敏感度时，企业应运用区分消费者群体的定价策略。就企业来看，越是不愿承担风险的消费者，越是愿意看到价格保持长时间不变，此时，企业越需要根据经验，做出定价决策。另外，消费者的风险敏感度也是企业用以确定价格周期的依据。

（2）个性化定价策略

① 个性化定价的含义

根据英国公平贸易局（Office of Fair Trading）的相关报告，个性化定价（Personalised Pricing）是指企业通过收集、分析消费者的消费行为或特征等相关信息，再根据不同消费者的消费意愿，为同一商品或者服务制定不同价格的行为。采用个性化定价，可能导致一些消费者获得折扣，以低价获得商品或者服务，而另外一些消费者却不得不支付更高的价格。2018 年，经济合作和发展组织（Organization for Economic Cooperation and Developmect，DECD）在发布的报告《数字时代的个性化定价》中指出，个性化定价是指基于终端消费者的个人特征和行为，针对同一商品，为不同的消费者提供不同的价格。这里所提及的个性化定价不同于原来的动态定价。动态定价是根据市场需求的波动以及商品价值进行的价格动态调整行为；而个性化定价除了关注商品价值与市场需求，还关注消费者的支付意愿，据此定价以便获取更多的消费者剩余。

② 个性化定价的方法

企业在实施个性化定价时，往往需要从商品和消费者两个层面入手，先就商品层面对消费者的支付意愿进行识别，确定商品推广的目标消费群体，然后再针对消费者制定差别化定价方案和商品价值分割方案。

a. 识别消费者支付意愿。支付意愿是指消费者接受一定数量的消费物品或劳务所愿意支付的最高价格。了解消费者的支付意愿是实施个性化定价的基础。对于任意一种商品，企业都需要了解不同的消费者愿意支付的价格。消费者的支付意愿是消费者对特定商品或服务的个人估价，带有很大程度的主观评价成分，给准确识别消费者支付意愿带来一定的难度，因此，如何确定消费者的支付意愿一直以来都是市场研究者的重要课题之一。支付意愿的量化分析会在下文具体介绍。

b. 确定目标消费者。在得到每个消费者的支付意愿之后，企业还要分辨出卖给哪些消费者才会使其利润最大化。例如，埃森哲公司的"个性化定价工具"能够在现有存货、商品利润等信息的基础上，利用遗传算法帮助企业决定把商品提供给哪些消费者，以使企业利润最大。

c. 制定差别化定价方案。在上面两个步骤的基础上，企业设计差别化的定价方案，为不同的消费者提供不同的价格或者商品优惠。

d. 制定商品价值分割方案。为了避免消费者在了解被差别化对待后引发的负向消费、商业道德和法律风险，企业要在实施过程中遵循公平原则。因此，企业需要对商品价值进行分割，使支付不同价格的消费者享受到不同的服务，得到不同的商品价值。

③ 支付意愿的量化分析

在过往几十年的研究中，直接询问法和专家评判法是测量消费者支付意愿比较常见的两种方法。这两种方法的操作相对比较简单。

a. 直接询问法：就是直接向消费者询问以下两个问题：第一，在什么价格之上，你确定不会购买这个商品，因为你无法负担或者你觉得商品不值这个价钱？第二，在什么价格之下，你确定不会购买这个商品，因为你觉得在这个价格之下的商品的质量无法保证？

但是研究认为，直接询问法虽然理论上最为有效，但是在实际操作时却很难把握其准确性。消费者通常不会将自己真正的意愿告诉调查者，可能会因为身份的原因夸大其支付意愿，也可能因为消费者相互联合少报支付意愿，甚至即使消费者告诉你他真正的支付意愿，但是他并不会对这个商品有购买行为，也就是说，研究调查的对象根本就是错的。另外，这种方法主观性太强，其对商品的感知也是不稳定的，对于一些消费较少或者了解不够的新商品，消费者对于其价格的判断很可能不准。

b. 专家评判法：就是通过专家们对市场信息、消费者自身信息、消费者消费信息的了解，凭借专家自身经验来判断某个消费者对某一商品的支付意愿。通常一线销售员作为专家来评估消费者支付意愿更为合理，因为他们更靠近市场和消费者，更了解市场竞争结构及消费者需求敏感性趋势。掌握消费者信息（如人口统计学信息、消费历史信息等）的多寡直接影响消费者支付意愿的评估质量，因此，在大量消费市场中，如何获得这些信息成为决定性问题。

在大数据时代，消费者数据的日益完善，以及数据挖掘技术的逐步成熟，为消费者支付意愿评估提供了有效的途径。近年来，学者们开发了一种基于消费者细分的支付意愿测量模型。该模型结合消费者调查方法与联合分析法的关联水平系数思想，运用数据挖掘技术来评估消费者的支付意愿。每个消费群体都有一个保留价格的区间，该模型根据消费者人口统计学信息及历史消费数据，通过模糊聚类的方法进行消费者细分，将每个群体消费历史中的最低出价和最高出价作为消费者保留价格区间，因此该群体的历史最高出价就为群体支付意愿，而该群体中所有个体的支付意愿都不同程度地与该支付意愿相关。而聚类计算出的每个个体隶属于每个群体的程度，便作为消费者关联各个群体支付意愿的水平系数，这些水平系数与支付意愿乘积的累加和便成为该消费者的支付意愿。

令 WTP_i 表示消费者 i 对某商品的支付意愿，P_{ik} 表示消费者隶属于类别 k 的程度，MAX_k 表示类别 k 当中所有消费者对该同类商品的最高消费价格，则

$$WTP_i = \sum_{k=1}^{c} P_{ik} \times MAX_k + \varepsilon_i$$

如此，便建立了基于消费者细分的支付意愿测量模型。这里，k 是消费者群体类别个数。

④ 建立个性化定价模型

企业实施个性化定价，其目标在于通过精确了解消费者的支付意愿，确定目标消费者，以此来获得最大利润。经过消费者细分，确定了消费者的支付意愿，我们怎样才能确定目标消费者，来达到企业利润的最大化呢？下面我们介绍一个基于消费者支付意愿的个性化定价模型。

$prof$：厂商的利润。

p_i：针对消费者 i 制定的价格。

c：商品成本，包括交易成本、储存成本等。

$d(p_i,c)$：消费者价格反应函数。

N：消费者数量。

ω_i：表示第 i 个消费者的决策变量。

Q_i：第 i 个消费者购买商品的预期量。

WTP_i：消费者对商品的支付意愿。

d_i：消费者对商品的访问次数。

Hd_i：消费者 i 对首页的访问次数。

S：表示商品当前库存数量。

则个性化定价模型可以表示为：

$$prof = max \sum_{i=1}^{N} Q_i(p_i - c)p(WTP_i \geqslant c)\omega_i$$

这里，$c < p_i < WTP_i$。

$$\omega_i = \frac{d_i}{Hd_i}$$

$$\sum_{i=1}^{N} Q_i \leqslant S$$

以上建立的模型当中，目标函数表示 N 个消费者在面对某一商品时，针对其各自的支付意愿，建立的企业利润函数；p_i 应在商品成本与消费者支付意愿之间。也就是说，当商品定价小于或等于其支付意愿时，消费者才会购买商品；决策变量 ω_i 代表了消费者对商品兴趣度的大小，可以通过消费者对商品的访问次数与对首页的访问次数之比来衡量；预期量 Q_i 总和（即满足消费者购买的商品总和）必须小于等于商品库存。

模型确定了，通常会将具体数据代入，然后采用遗传算法求解。应用遗传算法的目的在于，在计算、了解了消费者的支付意愿之后，计算出能使企业利润最大化的消费者组合。由于价格和销售量决定利润，消费者各自的消费价格和总的销售量同时直接决定了商品的总利润。这就属于典型的多目标优化问题。最优的消费者组合、最大利润等问题的求解空间总体很大，结构也并不特别明显，计算量极大。运用传统的方法求解，其时间精力的耗费难以估计且有可能并不能得出最优结果。而遗传算法能很好地解决这一问题。

5.2.3 商品组合的优化原则与营销策略

1. 商品组合的优化原则

商品组合时应遵循六个主要优化原则：正确的商品，正确的数量，正确的时间，正确的质量，正确的状态以及正确的价格。

（1）正确的商品

正确的商品，首先是指在整个计划中商品组合是否合理，商品的广度和深度的结合是否可以完全满足消费者的需求；其次是选择的商品是否在国家法律法规所允许销售的商品范围内；最后是这些商品是否符合本企业的价值观、企业形象及企业政策，这点对于企业品牌会有很大的影响，所以一般著名的企业都会把不符合企业政策的商品拒之门外，即便是畅销商品。

（2）正确的数量

正确的数量是指所提供的商品数量是否合理，商品的广度和深度的结合是否平衡，在满足消费者对选择性需求的同时，又不会造成品种过多和重复。首先，对于消费者来说，品种过多或重复都会使消费者无法有效进行购买决策，或花费太多时间做决策而没有足够的时间购买其他商品，两者都会给企业带来销售损失。其次，销售空间和人力资源是有限的，过多或重复最小存货单位（stock keeping unit，SKU）会造成资源浪费和运营成本增加。最后，SKU 过多或重复的结果是某些商品滞销，造成库存过多。所以，商品的数量一定要根据消费者的实际需要及库存水平结合决定，并分解到具体的小分类中，保证整体的数量及各小分类的数量分配都是最优化和平衡的。

（3）正确的时间

正确的时间是指商品组合要掌握时间性，需符合以下三个方面的要求。①季节性，即整个商品组合必须有明确的季节性，商品本身就向消费者传递着强烈的季节性信息。例如，夏天来临，是否有充足的沙滩用品和消暑商品，这种季节性的气氛能有效地引起消费者购买的冲动。②对市场趋势和市场变化的捕捉，如商品组合是否符合市场的潮流趋势、消费者的喜好变化，对一些突发事件是否及时和积极应对等。例如，新冠肺炎疫情暴发后，是不是第一时间增加口罩、酒精等相关商品；另外，对一些特别的事件要有充分的准备，如在冬季奥运会前，配合奥运主题的商品是否准备好。③在合适的商品生命周期引进新商品。不是任何新商品都适合马上引进，而是要根据零售企业的目标消费者对新商品的认知及接受程度决定，否则会由于没有有效的需求造成新商品滞销和库存积压。例如，对于一些技术含量较高的电器商品，在刚投入市场的时候，大型超市就不适合马上引进。因为此时只有少量非常关注新技术、追求新体验的消费者会购买这类新商品，而通常大型超市的目标消费者并不是这类消费者，而且大型超市在人员及环境两方面可能都不具备进行介绍和推广这类新商品的条件，所以大型超市应在商品达到成长期阶段再引进，此时商品已被消费者普遍认知，目标消费者开始产生大量需求并且不需要太多的人员介绍即可进行选择和购买决策。

（4）正确的质量

质量包括商品的安全性、可靠性及质量等级三方面。①零售企业销售的任何商品都必须保证对消费者的生命和财产不存在安全隐患，所以消费者在选择商品的时候必须要对商品的安全性进行全面评估，要求供应商提供相关的证明文件、安全认证等，如电器商品就必须要有国家的 3C 认证（中国强制性商品认证，China compulsory certification）。有时企业还可以对商品安全提出更高的要求，以保障消费者及企业的利益。随着食品安全事件的不断发生，消费者对食品卫生安全的关注程度越来越高，零售企业在选择食品类商品的时候应该保持更严格的标准，这对消费者和企业都是一种负责任的做法。②商品使用功能及可靠性也需进行评估，如果商品本身存在缺陷，无法在合理的时间内提供其所宣称的功能，则负责任的零售企业不应该让这类商品流入自己的店铺，损害消费者的利益和自身的企业形象。③对于商品质量等级的选择，应考虑商品的性价比以及目标消费者的需求。

（5）正确的状态

状态是指商品的自然状态或物理状态。由于很多商品其本身的特点，对贮存和售卖环境及销售人员有特殊的要求，因此企业需考虑零售店铺的环境、设备、人员、安全、陈列、空间等方面，以明确是否有能力销售该商品。例如，是否有足够的冷藏柜存放冷冻食品；商品的包装是否适合展示和物流的要求，是否会影响店铺的营运效率及增加管理费用等；另外，商品的包装及标签等都应该符合相关法规，并且能够保证商品质量在正常情况下保持稳定。

（6）正确的价格

整个商品组合的定价应该从消费者、竞争对手、供应商的价格政策以及企业自身的定价策略这四个方面进行综合考虑。有两点要特别注意，第一是定价的时候要考虑消费者对该商品的价格敏感度以及该商品的需求价格弹性（价格变化对销售量的影响程度）；第二是不但要考虑单个商品，而且要考虑整个类别商品的整体价格形象和综合利润率，对不同角色的商品应有不同的定价机制，在保证良好价格形象的同时保持合理的利润水平。

以上六个优化原则是相互结合、缺一不可的，店铺在做商品组合计划及日常管理的过程中都应该遵循这些基本原则。了解消费者需求、保持消费者导向是这些原则产生的基础。

2. 商品组合的营销策略

商品组合的营销策略可使企业针对目标市场，对商品组合的广度、深度以及相关性进行决策，达到商品组合的最优化。下面概要介绍几种常见的商品组合营销策略。

（1）扩大商品组合

扩大商品组合即扩大商品组合的深度和广度，也就是增加商品经营的大类，增加商品经营品种，扩展经营范围。具体地说，扩大商品组合又分为以下三种策略。①垂直多样化。向商品组合深度发展的策略。企业不对现有的商品组合增加商品大类，而是在原有的商品大类上不断地增加新品种。②相关横向多样化。根据本企业的经营能力对商品组合加以拓展，即根据相关性原则，增加一个或几个商品大类。③无相关横向多样化。这也是一种扩展商品组合宽度的策略，但这种策略所强调的不是经营与原有商品大类相关的商品，而是发展与原有商品大类无关的商品。

（2）缩减商品组合

缩减商品组合即收缩、削减商品组合。企业为了更好地节约资源，发挥核心优势，可能会取消一些商品大类或者商品项目，集中力量销售潜力可观的商品。缩减商品组合，包括两个策略：①削减商品大类。即根据企业自身特点，将企业的全部力量集中于有限的几类商品或者一类商品上，实行专门经营，以提高企业的知名度和销售量。②削减商品项目。这种策略主张经营的商品项目少，服务质量高，削减一些不适销对路的商品项目，集中力量经营畅销商品来提高经营效益。

（3）高档商品组合和低档商品组合

高档商品组合策略是指增加高档商品，相对地减少低档商品，使其商品系列趋向高档化，以提高企业的声誉和盈利能力。低档商品组合是指增加低档商品，相对地减少高档商品，使其商品系列趋向大众化，以有利于吸引众多的普通消费者，提高市场占有率。

（4）调整商品组合和商品异样化

调整商品组合是指对企业经营的某些商品，进行商品整体的调整和改善，提高质量，增加新功能，为消费者带来新效用，从而增强企业新的竞争能力。商品异样化也称为商品差别化，是指企业为了增强竞争力，将同性能的商品标以新奇的标志或采用新颖的宣传促销方法来表示与竞争对手的商品不同。

5.3 商品利润与商品生命周期分析

5.3.1 商品利润预测的方法与流程

1. 商品利润预测的方法

商品利润预测是指按照影响商品利润变动的各种因素，对商品未来可能达到的利润水平和变化趋势所进行的科学预计和推测；或者按照实现目标利润的要求，对未来需要达到的商品销售量或销售额所进行的科学预计和推测。通过对利润数据进行预测和分析，我们可以有针对性地进行营销管理来提高销量，科学地降低成本。

利润预测的方法有很多，这里我们介绍较为简单的线性预测。线性预测常用于通过一个变量来预测另一个变量的变化趋势，如可以根据店铺设定的成交量目标来预测可能发生的成本费用数据。

在 Excel 中，我们可以利用 TREND 函数来进行线性预测。TREND 函数的语法格式为：

```
TREND(known_y's, [known_x's], [new_x's[const)
```

2. 商品利润预测的流程

在市场上可以经常见到一些商品时不时地调整价格，不同的价格肯定会带来不同的销售量和利润。企业确定商品价格的因素固然很多，追求利润最大化无疑是最重要的核心因素。本章节将介绍以追求利润最大化为目标寻求商品最佳价格的具体方法，该方法使用传统数学方法，根据常规经验建立模型，简单易行、可靠实用。

（1）两点基本假设

销售量 Q 显然是一个极为复杂的变量，其影响因素较多，事实上难以或无法找到其准确的关系式。而问题的解决又依赖于对 Q 建立一个具有一般意义的模型，由于企业经营的特有规律和一般特点，可以根据常规现象做出假设，而这种假设抓住了主要矛盾，将次要的因素忽略，从而使问题得到解决。

① 销售量是价格的一元函数

某企业某商品的销售量 Q 受到商品价格 p、广告投入、各种促销投入、替代商品状况、竞争对手商品状况、社会经济状况、市场和客户状况等诸多因素影响，但是每个因素的变化时间是不同的。本文帮助企业在短期内快速对不同价格下的销售量和利润做出预测，时间限制在 1 年之内，一般为 3～6 个月，企业可以利用本方法不断进行预测，为决策提供依据。根据经验和常识，在短期内影响商品销售量的最大因素就是商品价格，而其他因素一般在短期内变化不大。所以本方法的前提条件是在企业的促销手段、营销策略以及各种外部环境变化不大的短期内，据此做出本问题的第一个基本假设。

假设一：销售量是价格的一元函数，即 $Q=f(p)$。

在现实中，企业如果知道了在某一种外部环境下的价格与销售量的数量关系模型，则当外部环境发生变化时，可以根据这个基准模型进行经验估计。反过来说，这类问题目前根本无法摆脱经验估计而只靠数学模型预测，本方法为经验估计提供了一个基准模型，提供了一个可供参考和修正的基准数据，无疑对企业在现实中进行经验估计提供了极大方便，并且提高了预测的准确性。

② 销售量是价格的倒数函数

接下来的问题是销售量是价格的什么函数，这一问题在理论上目前无法事先知道，而事后根据完全数据进行回归分析得到的模型失去了实用价值。况且影响销售量的因素很多，无法用一元函数表达，即使根据事后数据的回归分析得到了一个方程式，其误差也很大。重要的一点是，这种完全根据个体数据计算的方程式，其共性不一定好。这里的任务是要寻找一个能够最大限度体现共性特点的模型，以便为经验估计提供一个基准，一个参考点。根据应验、共同规律和实证分析，提出假设二。

假设二：销售量 Q 是价格 p 的倒数函数，即：

$$Q = b_0 + \frac{b_1}{p}, p \in R^+$$

其中，b_0、b_1 为常数。

提出这一假设根据两点理由。

a. 第一，倒数函数在形状上符合大多数销售量规律，该模型的曲线示意如图 5-1 所示。

倒数函数曲线具有四个特点，这四个特点与人们常规经验

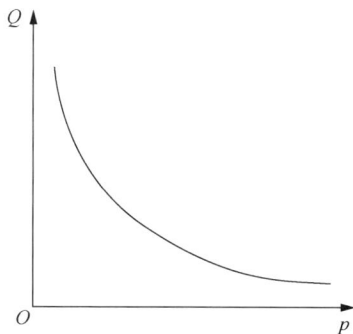

图 5-1 Q 与 p 的倒数函数曲线示意图

吻合。第一：当 p 趋近 0 时，Q 趋近 ∞，现实中零价格的商品需求量几乎为无穷大；第二：横坐标轴 $Q=0$ 为 Q 的渐近线，现实中即使价格很高的商品也有人买；第三：曲线为降函数，现实中的商品销售量随价格的升高而下降；第四：曲线向上凹，当 p 较小时，曲线斜率大，p 较大时，曲线斜率小。现实中的许多商品在一个合理的价格区间内，在较低价格区间，销售量随价格上升而降低的速度较快，在较高价格区间，销售量随价格上升而降低的速度较慢。

许多企业新推出的商品开始在高价区，然后价格逐渐下降，开始降价时销售量有所增加，但是速度不是很快，随着降价幅度的增加，销售量增加的速度也加大，当价格降到一定程度时，销售量突然大增，这时企业该再次推出新商品。上述现象用市场细分理论完全可以解释，本文不再赘述。

b．通过一些实际数据的实证分析，该模型的可靠性较高，代表性较好。

（2）应用方法

按照数据的全面情况，将现实情况分为三类进行讨论。

① 第一种情况下的应用

第一种情况是理想情况，即企业可以收集到某商品不同价格下的销售量。有些企业或商品具有这样的历史数据，如超市类企业，食品类、服装类商品等。有些商品具有季节性，每年都经历一个由高价到低价的过程，对此企业可以利用历史数据的积累建立销售量模型，以供定价时参考。但许多企业和商品不具有这类历史数据。

② 第二种情况下的应用

第二种情况是，企业对某大类商品的某一型号，在开始推出时定为高价，以后分数次逐步降价，当老商品的价格降至相当低的程度后，又推出一款新型号商品，典型的商品如服装、家用电器、移动电话、汽车和计算机等。在这种情况下，可以利用老商品的数据建立模型，假设该模型的价格系数对于各类型商品都适用。做这个假设是基于两个方面，一是因为价格系数与市场、企业促销活动和消费者的综合特性有关，如果这些因素没有本质变化，价格系数不应该有太大的变化；二是因为如果不做这一假设，则分析就无法进行下去，而事后的分析即使再完美，其现实意义也大为降低。一般来说，新型号商品刚开始推出的价格都较高，因此企业利用第一次价格的销售量校正模型的常数项即可。

③ 第三种情况下的应用

第三种情况是最不理想的情况，即企业既没有本商品价格变动的数据，也没有同类老型号商品的历史数据。在这种情况下，只能根据经验和其他企业同类型但是不同档次商品的数据进行判断，也有企业根据市场调查的资料进行估计。

5.3.2　商品各生命周期的营销策略

1．商品生命周期的含义

商品生命周期（product life cycle，PLC）是指商品的市场寿命。一种商品进入市场后，它的销售量和利润都会随着时间的推移而改变，呈现一个由少到多、由多到少的过程。商品生命周期包括以下几个阶段。

（1）投入期。新商品投入市场后便进入投入期。此时，消费者对商品还不了解，只有少数追求新奇的消费者可能购买，销售量低。为了扩展销路，企业需要大量的促销费用对商品进行宣传。在这一阶段，由于技术方面的原因，商品不能大批量生产，因而生产成本高，销售额增长缓慢，企业不但得不到利润，反而可能亏损，商品也有待进一步完善。

（2）成长期。这一阶段的消费者对商品已经熟悉，大量的新消费者开始购买，市场逐步扩大。

商品大批量生产，生产成本相对降低，企业的销售额迅速上升，利润也迅速增长。竞争对手看到有利可图，将纷纷进入市场参与竞争，使同类商品供给量增加，价格随之下降，企业利润增长速度逐步减慢，最后达到整个生命周期的利润最高点。

（3）成熟期。市场需求趋向饱和，潜在的消费者已经很少，销售额增长缓慢直至下降，标志着商品进入了成熟期。在这一阶段，竞争逐渐加剧，商品售价降低，促销费用增加，企业利润下降。

（4）衰退期。随着科技发展，新商品或替代品的出现将使消费者的消费习惯发生改变，转而把目光投向其他商品，从而使原商品的销售额和利润均迅速下降。于是，商品进入衰退期。

2. 商品各生命周期的营销策略

（1）投入期的市场营销策略

投入期的特征是商品销量少，促销费用高，制造成本高，销售利润很低甚至为负值。根据这一阶段的特点，企业应努力做到：投入市场的商品要有针对性；进入市场的时机要合适；设法把销售力量直接投向最有可能的购买者，使市场尽快接受该商品，以缩短投入期，更快地进入成长期。在商品的投入期，一般可以由商品、分销、价格、促销四个基本要素组合成各种不同的市场营销策略。仅将价格高低与促销费用高低结合起来考虑，就有以下四种策略。

① 快速撇脂策略：即以高价格、高促销费用推出新商品。实行该策略，可在每单位销售额中获取最大利润，尽快收回投资；高促销费用能够快速建立知名度，占领市场。实施该策略的条件：商品有较大的需求潜力；目标消费者求新心理强，急于购买新商品；企业面临潜在竞争对手的威胁，需要及早树立品牌形象。一般而言，在商品投入期，只要新商品比替代的商品有明显优势，市场对其价格就不会太计较。

② 缓慢撇脂策略：即以高价格、低促销费用推出新商品。目的是以尽可能低的促销费用求得更多的利润。实施该策略的条件：市场规模较小，商品已有一定的知名度，目标消费者愿意支付高价，潜在竞争的威胁不大。

③ 快速渗透策略：即以低价格、高促销费用推出新商品。目的在于先发制人，以最快的速度打入市场，取得尽可能大的市场占有率。然后随着销量和产量的提高，使单位成本降低，取得规模效益。实施该策略的条件：该商品市场容量相当大，潜在消费者对商品不了解，且对价格十分敏感，潜在竞争较为激烈，商品的单位制造成本可随生产规模、销售量的扩大和增加而迅速降低。

④ 缓慢渗透策略：即以低价格、低促销费用推出新商品。低价可促进销售，低促销费用可降低营销成本，增加利润。实施该策略的条件：市场容量很大，市场上该商品的知名度较高，市场对价格十分敏感，存在某些潜在的竞争者，但威胁不大。

（2）成长期的市场营销策略

针对成长期的特点，企业为维持其市场增长率，延长获取最大利润的时间，可以采取以下几种策略。

① 改善商品品质。例如，增加新的功能，改变商品款式，发展新的型号，开发新的用途等。对商品进行改进，可以提高商品的竞争能力，满足消费者更广泛的需求，吸引更多的消费者。

② 寻找新的细分市场。即通过市场细分，找到新的尚未满足的细分市场，根据其需要组织生产，迅速进入这一新的市场。

③ 改变广告宣传的重点。把广告宣传的重心从介绍商品转到树立商品形象上来，建立企业品牌形象，维系老顾客，吸引新顾客。

④ 适时降价。在适当的时机，可以采取降价策略，以激发那些对价格比较敏感的消费者产生购买动机和采取购买行动。

（3）饱和期的市场营销策略

对处于饱和期的商品，宜采取主动出击的策略，使饱和期延长，或使商品生命周期出现再循环。为此，企业可以采取以下三种策略。

① 市场调整。这种策略不是要调整商品本身，而是发现商品的新用途、寻求新消费者或改变推销方式等，以使商品销售量得以提高。

② 商品调整。这种策略通过商品自身的调整来满足消费者的不同需要，以吸引有不同需求的消费者。整体商品概念的任何一个层次的调整都可视为商品再推出，也称为商品改良。

③ 市场营销组合调整。这种策略通过对商品、定价、渠道、促销四个市场营销组合因素加以综合调整，刺激销售量的回升。常用的方法包括降价、提高促销水平、扩展分销渠道和提高服务质量等。

（4）衰退期的市场营销策略

面对处于衰退期的商品，企业需要进行认真的研究分析，决定采取什么策略，在什么时间退出市场。通常有以下几种策略可供选择。

① 继续策略。继续沿用过去的策略，仍按照原来的细分市场，使用相同的分销渠道、定价及促销方式，直到这种商品完全退出市场为止。

② 集中策略。把企业力量和资源集中在最有利的细分市场和分销渠道上，从中获取利润。这样有利于缩短商品退出市场的时间，同时又能为企业创造更多的利润。

③ 收缩策略。舍弃一部分消费者群体，尽量减少促销费用，以增加利润。这样可能导致商品在市场上加速衰退，但也能从忠实于这种商品的消费者中得到利润。

④ 放弃策略。对于衰退得比较迅速的商品，应该当机立断放弃经营。企业可以采取完全放弃的方式，如把商品完全转移出去或立即停止生产；也可采取逐步放弃的方式，将其所占用的资源逐步转向其他商品。

5.4 | 电子商务商品数据分析实例

5.4.1 分析竞品基本情况

1. 案例目的

（1）掌握分析竞品的基本维度。

（2）实操分析竞品的基本情况。

2. 案例背景

分析竞品基本情况

在具体的市场竞争活动中，打头阵的往往是某个或某几个商品，研究竞品的情况有利于企业做出正确的商品市场战略和战术。

3. 案例内容与步骤

本案例使用的是某商品的基本数据，如图 5-2 所示。通过分析可以看到，该竞品近 30 天销售额是 13 299 元，销售价最低是 339 元，参与了"99 划算价"和淘金币活动促销。

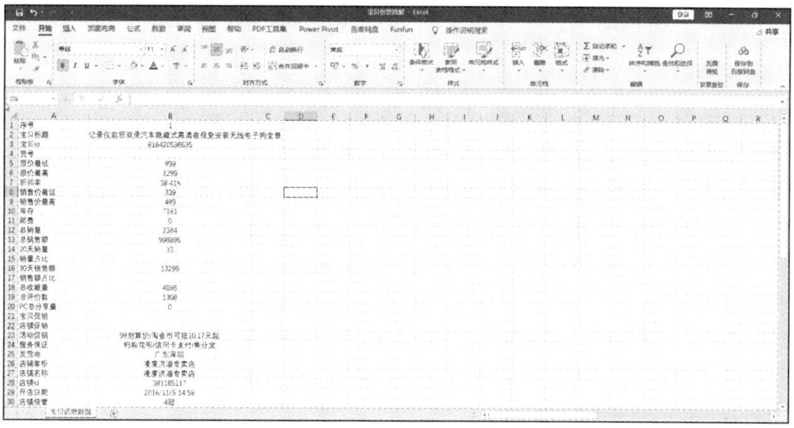

图 5-2　某商品的基本数据

4. 案例总结

竞品近 30 天销售额是 13 299 元，销售价最低是 339 元，参与了"99 划算价"和淘金币活动促销。但是单独分析某个商品是难以说明问题的，需要同时对多个竞品进行分析，提炼竞品的共性和差异性，借鉴共性，研究差异性。

5. 实训题

分析多个商品的情况，研究它们的共性和差异性。

5.4.2　分析竞品价格波动

1. 案例目的

（1）了解商品价格的调整规则。

（2）实操竞品价格波动分析。

2. 案例背景

每个商家需要长期盯控竞品的价格，以防止被竞争对手价格狙击的情况发生；另外，了解竞品的价格波动，也有利于定价时进行决策。

分析竞品价格波动

3. 案例内容与步骤

本案例使用的是某商品 2021 年 5 月至 2021 年 11 月的价格波动数据，如图 5-3 所示。

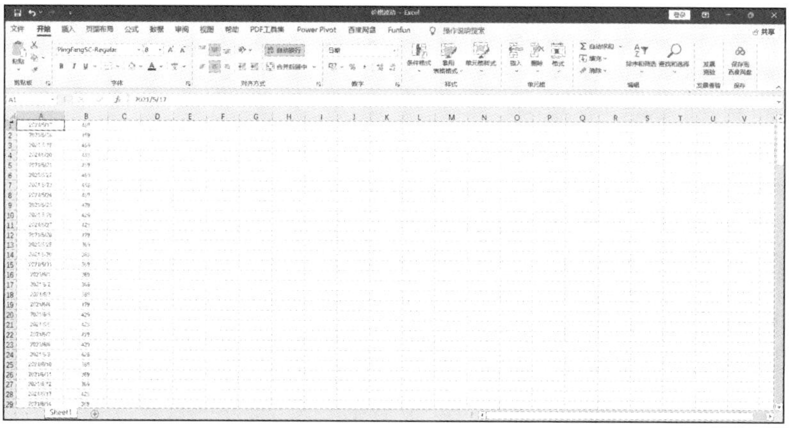

图 5-3　某商品的价格波动数据（部分截图）

制做出该商品价格波动趋势图，如图 5-4 所示。从图 5-4 可以看出，该商品的价格最高 459 元，最低 349 元。历史最低价会影响促销价格，特别是大促价格，平台规定大促价格不可以高于近半年历史最低价，因此通过历史价格可以预测竞品的大促价格，可以将多个竞品放在一起，进行价格波动的对比。

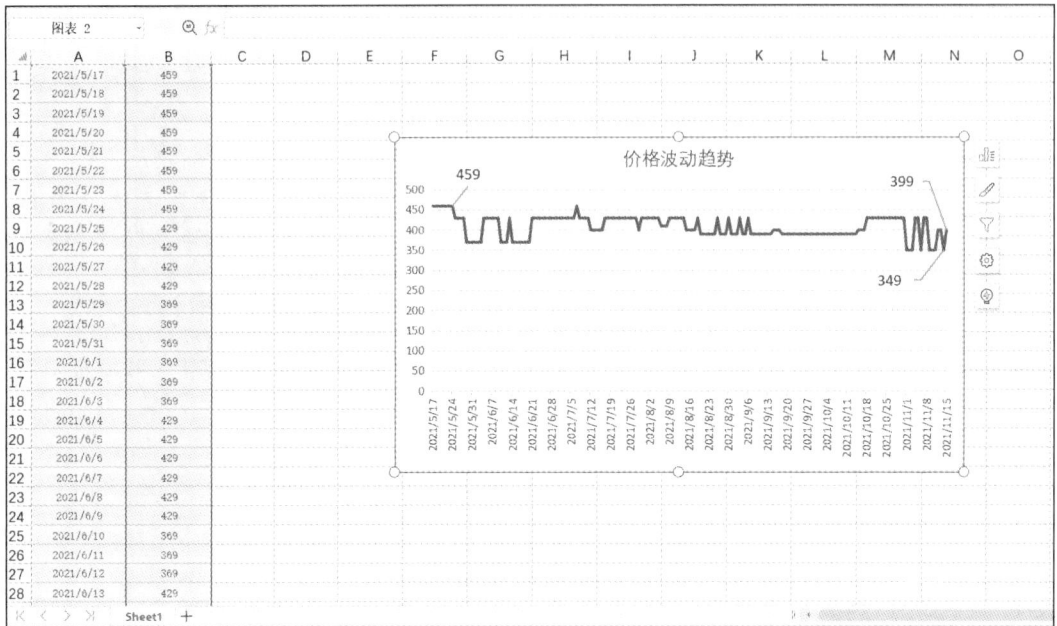

图 5-4　某商品价格波动趋势图

4. 案例总结

该商品的价格最低为 349 元，少数时间涨到 459 元，近期是 399 元，商家应密切留意竞品的价格趋势，避免被竞争对手价格狙击。

5. 实训题

分析其他竞品的价格波动，并用 Excel 制作这些竞品的价格变化对比曲线。

5.4.3　分析竞品SKU

1. 案例目的

（1）了解分析竞品 SKU 的方法。

（2）实操分析竞品的 SKU 销售情况。

2. 案例背景

商家在备货的时候会考虑 SKU 的粒度层面，但并不是每个 SKU 都一样好卖，因此在备货时会根据历史的 SKU 销售数据决定备货数量，而如果是新品或者新商家，则需要参考竞品的 SKU 销售情况。

分析竞品 SKU

3. 案例内容与步骤

本案例使用的数据如图 5-5 所示，这是从某商品的评价数据里筛选出的 SKU 数据从图 5-5 可以观察到"套餐：套餐二；镜头数量：单镜头；颜色分类：星辰黑；"出现次数最多、占比最大，卖得最好。

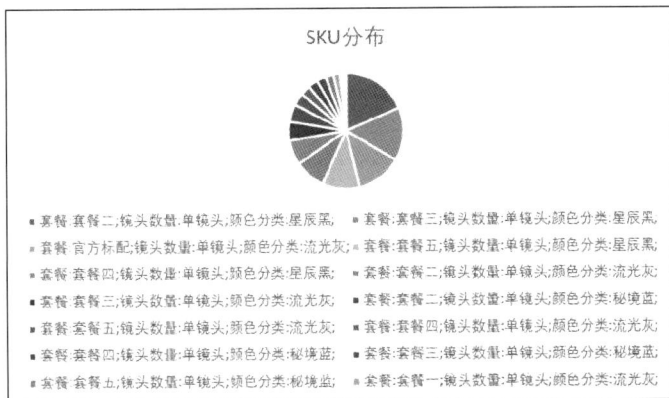

图 5-5　某商品的评价中的 SKU 数据

　　通过该商品评价中的 SKU 数据统计的结果制作的图表，如图 5-6 所示，其中占比最大的区域是"套餐二；镜头数量：单镜头；颜色分类：星辰黑；"。

图 5-6　评价采集 SKU 分析结果页

　　4. 案例总结

"套餐：套餐二；镜头数量：单镜头；颜色分类：星辰黑；"卖得最好。

　　5. 实训题

分析商品×××的 SKU 销售情况。

5.4.4　研究竞品数据，撰写竞品分析报告

　　1. 案例目的

（1）回顾竞品分析的相关知识点。

（2）选择行车记录仪作为分析对象，撰写分析报告。

研究竞品数据，撰写
竞品分析报告

2. 案例背景

某品牌行车记录仪的某经销商想分析同是品牌经销的××店中的某爆款行车记录仪的情况，以利于商家制定市场策略。

3. 案例内容与步骤

（1）分析竞品的基本情况

本案例使用的数据如图 5-7 所示，这是××店的某款爆品行车记录仪的基础数据，该爆品的生命周期近 5 年。

标题：该爆品生命周期近 5 年。

内容：该爆品生命周期近 5 年，爆品价值明显。

图 5-7　某爆品的基本信息

（2）分析竞品价格波动

某爆品 2021 年 5 月至 2021 年 11 月的价格波动数据，如图 5-8 所示。从图 5-8 可以看出，该爆品近几个月来价格波动很多。该爆品的历史最低价为 349 元，现价为 399 元，近几个月价格波动很大。

标题：该爆品近阶段价格波动幅度很大，最低价为 349 元。

内容：该爆品近期价格调整较多，可能是由于大促原因，其历史最低价为 349 元。

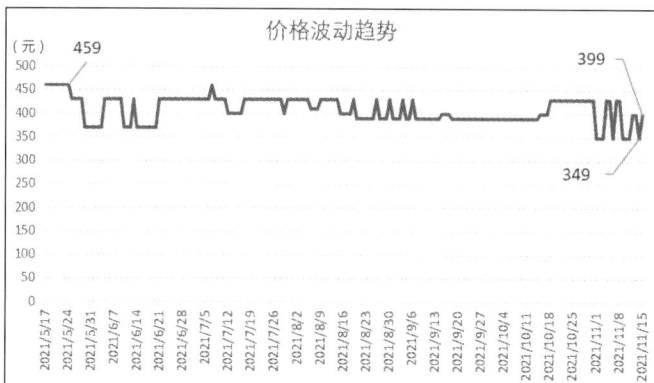

图 5-8　某爆品的价格波动趋势图

（3）分析竞品的 SKU 销售情况

对竞品的 SKU 进行分析，如图 5-9 所示。

标题：单镜头黑色是该商品的最热门属性。

阐述文本：该店爆品中卖得最好的是单镜头黑色，可作为下一阶段仓库进货的参考。

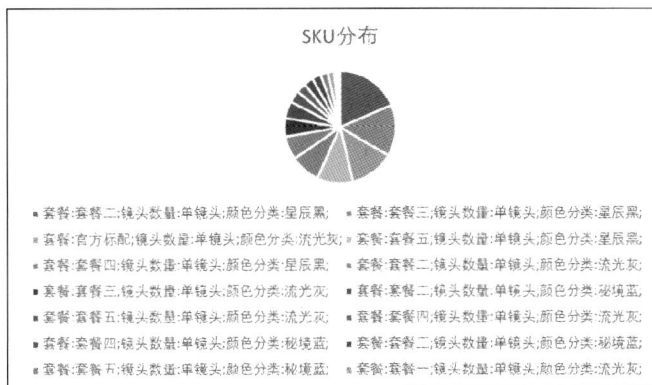

图 5-9　SKU 分析

4. 案例总结

采集并分析某爆品的数据，得出以下结论。

（1）某爆品的生命周期近 5 年，爆款的价值十分明显。

（2）某爆品近几个月价格波动很大，可能是由于近期大促较多。

（3）该店爆品中卖得最好的是单镜头黑色款。

5. 实训题

分析感兴趣的店铺中的爆品，并撰写报告。

思考题

1. 商品分析的基本概念。

2. 简要概括商品需求分析的基本内容。

3. 什么是商品数据分析的主要指标？

4. 简述商品生命周期的内涵。

5. 优化商品组合的主要原则是什么？

第6章

电子商务数据化选品与采购

章节目标
- 了解电子商务选品的知识
- 掌握电子商务采购基础知识及模式

学习重点
- 电子商务选品管理
- 电子商务选品方法
- 电子商务采购模式
- 电子商务选品应用

学习难点
- 能够通过分析热卖商品特征进行选品
- 能够准确进行采购成本的控制
- 能够通过分析新品表现进行选品

本章思维导图

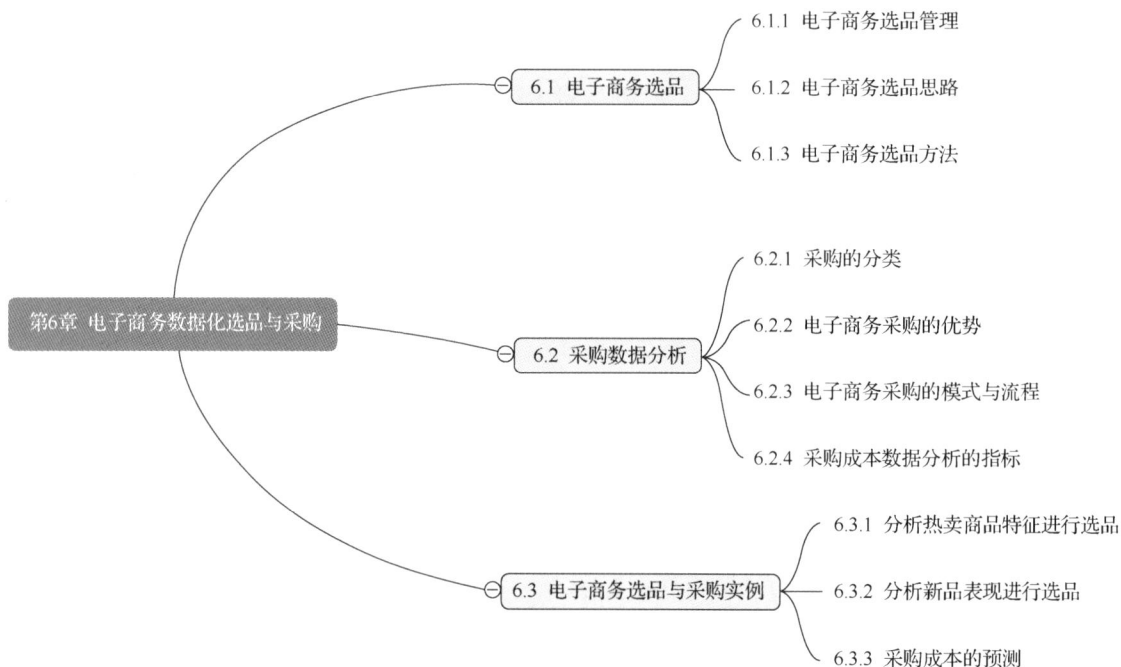

```
                                              ┌─ 6.1.1 电子商务选品管理
                          ┌─ 6.1 电子商务选品 ─┼─ 6.1.2 电子商务选品思路
                          │                   └─ 6.1.3 电子商务选品方法
                          │
                          │                   ┌─ 6.2.1 采购的分类
第6章 电子商务数据化选品与采购 ─┼─ 6.2 采购数据分析 ─┼─ 6.2.2 电子商务采购的优势
                          │                   ├─ 6.2.3 电子商务采购的模式与流程
                          │                   └─ 6.2.4 采购成本数据分析的指标
                          │
                          │                      ┌─ 6.3.1 分析热卖商品特征进行选品
                          └─ 6.3 电子商务选品与采购实例 ─┼─ 6.3.2 分析新品表现进行选品
                                                 └─ 6.3.3 采购成本的预测
```

6.1 电子商务选品

6.1.1 电子商务选品管理

选择商品不仅是选择商品本身，更是选择商品的目标消费群、利益点、商品特性、商品所处的行业特征以及商品的价格可比性等。所以，对企业、创业者、经销商而言，选择商品至关重要。通过多年的市场实践与研究，我们总结出了选择商品的 5 个基本原则。

1. 选择目标消费群

选择商品的第一步就是要清楚该商品卖给谁，即确定目标消费群。例如，很多老年人一辈子勤俭节约，是一个不舍得为自己花钱的群体，商家很难"撬动"他们的钱袋。如果商品的目标消费群是这样一个群体，启动市场成功率就会太低，即使成功启动市场，付出的代价也会很高。因此，在选品时，商家首先要分析这个商品卖给谁，使用商品的消费者是不是舍得花钱的群体，或是不是有人舍得为之花钱的消费群体。例如，同样是女性消费群，把商品卖给二十来岁的女孩的难度和卖给家庭主妇的难度是不一样的。

2. 分析商品的利益点在消费者心目中的迫切性

消费者购买商品，从严格意义上来讲，并不是购买商品本身，而是购买商品所能带给消费者的好处，也就是我们常说的商品的利益点。商品的利益点包罗万象，其利益点的需求程度一般有 3 种，即迫切需要型、一般需要型、可有可无型。迫切需要型是指消费者对商品所提供的利益点需求十分迫切，这种需求程度非常高，而这种迫切需要型与一般需要型有时很难清晰地界定。很多女性都非常迫切地想让自己的睫毛长一点，从表面上来看，这种商品属于迫切需要型，但通过实际操作发现，虽然女性都认为睫毛长比睫毛短美丽，但也不认为睫毛短是一个缺陷，所以这种商品反而属于一般需要型商品，就不能按照迫切需要型的商品进行定价。一般需要型商品有女性的化妆品、男性的一些保健品等。可有可无型就是商品所提供的利益点对于消费者而言无所谓，有也行没有也行，很多在市场上滞销的商品都属于可有可无型。

迫切需要型的商品是首选商品，只要方向正确，商家在进行市场推广时就很容易启动市场，且付出的代价较少。一般需要型的商品也可选择，但商家要综合多方面因素进行决策，对可有可无型的商品千万要慎重。

知识拓展

热卖商品特征的统计方法

在手淘 App 的搜索框中键入"连衣裙"，搜索出的连衣裙这个商品属于非标品，然后按销量对商品进行从高到低排序，展示在前面的宝贝就是热卖商品，如图 6-1 所示。

统计这些宝贝对应的风格、版型等特征，将其销量、价格数据也一并记录下来，以备分析之用。

热卖商品特征的统计方法

图 6-1　用手淘 App 搜索"连衣裙"后按销量排序的结果

3. 分析商品的心理属性与利益属性

商品按心理属性可分为 3 种，即感性商品、理性商品以及介于感性与理性之间的商品。所谓感性商品，即消费者不需要经过深思熟虑即可达成购买的商品，如小食品、饮料及一些价值较低的商品。所谓理性商品，即消费者的消费心态很谨慎、需要经过深思熟虑才会做出购买决策的商品，如药品以及一些价值较高的商品，如汽车等。介于感性与理性之间的商品如一些特殊的功能性化妆品和保健品等。

商品按利益属性可分为 2 种，即长线商品和短线商品。实力较弱的企业最好选择一些短线的感性商品以获得原始资本的快速积累，实力相对较强的企业可考虑一些长线的理性商品从容发展。

知识拓展

新品的特征

新品的主要特点是上市的时间较短，判断潜力新品的数据特征是挖掘新品上架后的数据表现，包含但不局限于以下几个方面。

- 流量：一般商家只能查看自己的流量情况，生意参谋付费版本提供上榜单的商品的数据参考，商家在其中可以看到相关指数。在电商数据化运营实训实战平台中可以采集集市店（淘宝集市店是相对淘宝商城而言的，商城中有官方认证的商家，而集市就是原来全免费的淘宝网站的统称）的商品PC端的浏览量，流量越大代表新品的潜力就越大。
- 销量：是最直接的数据反馈，适用于所有的类目。销量越大代表新品的潜力就越大。
- 收藏数：适用于服饰类目。收藏数越大，代表新品的潜力就越大。
- 售价：选品时一般要参考售价，结合自己的定位。

---

4. 分析商品所处的行业阶段

一般而言，一个行业的市场发展会经历以下几个时期，混沌期、启蒙期、跟风期、混战期、平定期。

（1）混沌期：混沌期中，本行业的市场推广与竞争都处于粗放的状态，所有企业的竞争意识普遍不强，无论是商品、包装、价格、广告还是品牌都处于混沌状态。

（2）启蒙期：启蒙期中，企业有品牌意识，开始着手从各个方面整合商品与品牌资源。由于竞争对手普遍较弱，启蒙者系统化的市场推广可迅速产生良好的效果，并迅速地与竞争对手拉开差距，获得巨额的市场利益。

（3）跟风期：在启蒙者前期巨额市场利益的刺激下，大批竞争对手纷纷觉醒，开始强化竞争力，有计划、有步骤地系统推广，这就使这个行业进入了的市场发展跟风期。

（4）混战期：由于跟风者越来越多，整个市场竞争越来越激烈，进入了不计成本厮杀的阶段，市场发展由此进入了混战期。

（5）平定期：经历了一番混战后，大批没有实力或运作不当的企业被淘汰出局，剩下的几个行业领导者瓜分市场，市场发展由此进入门槛较高的平定期。

5. 分析商品价格的可比性

商品价格的可比性是一个很有意思的现象。有的商品在消费者心目中有非常明确的价格定位，即消费者认为这种商品就值这个价，企业想多加一点也无法被消费者接受，如纯净水、碳酸饮料。而有的商品在消费者心目中没有固定的价格定位，价格高低不会过多地影响消费者的购买决策。选择一个无价格可比性的商品要远比选择一个价格可比性非常明确的商品更容易推广成功。

综上所述，商品选择是企业发展的重中之重。企业在选择商品时，应分析商品利益点在消费者心目中的迫切性，分析商品的心理属性与利益属性，分析商品所处的行业阶段，以及分析商品价格的可比性。

6.1.2　电子商务选品思路

选择商品的思路为：在把握网站定位的前提下，研究需要开发商品所处的行业情况，获得对供需市场的整体认识；借助数据分析工具，进一步把握目标市场的消费规律，并选择正确的参考网站，结合供应商市场，进行有目的的商品开发。

1．网站定位

网站定位，即根据网站的目标市场或目标消费群体，通过对网站整体定位的理解和把握，商品专员选择适合的品类进行研究分析。

网站综合性定位对商品集成的要求，主要体现在以下两个方面。第一，宽度方面：全面满足消费者对某一品类商品的不同方面的需求，在拓宽品类宽度的同时，也提高品类的专业度。开发商品时，商家应考虑该品类与其他品类之间的关联性，提高关联销售度和订单商品数。第二，深度方面：要使每个子类的商品数量有规模，品相足够丰富；要使商品有梯度，体现在品相、价格等方面；要挖掘有品牌的商品进行合作，提高品类口碑和知名度；要对目标市场进行细分研究，开发针对每个目标市场的商品。

2．行业动态分析

行业动态分析即从行业的角度研究品类，例如了解中国出口贸易中该品类的市场规模和国家分布，这对于认识品类的运作空间和方向有较大的指导意义。

目前，了解某个品类的出口贸易情况，主要有以下 3 种途径。

（1）第三方研究机构或贸易平台发布的行业或区域市场调查报告。第三方研究机构或贸易平台具备独立的行业研究团队，这些机构具备全球化的研究视角和资源，因此，它们发布的研究报告，往往可以带来较系统的行业信息。

（2）行业展会。行业展会是行业中供应商为了展示新商品和技术、拓展渠道、促进销售、传播品牌而进行的一种宣传活动。参加行业展会，可以获得行业最新动态和企业动向。

（3）出口贸易公司或工厂。商品专员在开发商品时，需要与供应商进行直接沟通。资质较高的供应商，对所在行业的出口情况和市场分布都很清楚，通过他们，商品专员可以获得较多有价值的市场信息。需要注意的是，商品专员需要先掌握一定的行业知识后再与供应商进行沟通。

3．区域化用户需求分析

区域化用户需求分析即结合网站定位，并借助第三方信息（研究报告、行业展会等）及网络分析工具，进行区域化用户需求分析。

4．数据分析工具

以数据来源看，数据分为外部数据和内部数据。外部数据是指企业以外的其他公司、市场等产生的数据。内部数据是指企业内部经营过程中产生的数据信息。商家要想做出科学、正确的决策，需要对内、外部数据进行充分的调研和分析。

（1）外部数据分析

分析思路：灵活综合运用各个分析工具，全面掌握品类选型的数据依据。

组合方法：通过 Google Trends（谷歌趋势）工具分析品类的周期性特点，把握商品开发先机；借助 KeywordSpy（关键词搜索）工具发现品类搜索热度和品类关键词，同时借助 Aexa 工具，选择至少 3 家竞争对手网站，作为对目标市场商品分析和选择的参考。

（2）内部数据分析

分析思路：内部数据是已上架的商品的销售信息，是我们选品成功与否的验证，也可用于以后选品方向的指导。

商家可通过 GA 分析工具获得已上架商品的销售信息（流量、转化率、跳出率、客单价等），分析哪些商品好销售，从选品成功和失败的案例中逐步积累选品经验，结合外部数据，一步步成为选品高手。

6.1.3　电子商务选品方法

1. 根据资源定位选品

对于绝大多数进口跨境电商的商家来说，最难的就是"我要卖什么商品"。销量大的商品，竞争店铺太多；价格高的商品，销量又上不去；太小众长尾的商品，又怕找不到客户。实际上，商家在选品时首先要对自己有清晰的定位，即了解自身的资源。如果有雄厚的资金，就可以大批量采购工厂货品；如果是中小商家，就尽可能选择自己熟悉的品类或者有良好货源的品类。此外，商家要明确自己在资源储备方面是否有优势，有哪些优势。例如，要进入母婴类市场，商家就要考虑自己有没有母婴商品的经营经验，有没有相关的从业经验。另外，商家要从影响消费者购买的因素来考虑，即物流速度、价格、服务和质量。因为品类的选择直接决定着价格、物流方式等因素。

2. 根据平台模式选品

具体选择何种商品，不同的电商平台也会有所不同，这与电商平台的特点及规则有一定关系。以供应链见长的电商平台，如网易考拉这类平台布局较早，在货品选择、销售上更具优势，主做精品。以流量见长的平台，如京东、淘宝全球购，这类平台的流量很多，可以将用户流量转变为购买力，商家的选品广度、深度、宽度都比较大。商家应根据平台模式来决定商品线的宽度和深度。

3. 根据客户需求选品

零售 B2C 或者海淘 C2C 的模式都是以消费者个性化需求为核心的。之前，几乎所有跨境进口电商都存在同样一种情况，就是消费者并不能指引商家，而是商家指引消费者。

从消费者需求的角度看，选品要满足消费者对某种效用的需求，如带来生活便利、满足虚荣心、消除痛苦等方面的心理或生理需求。从商品的角度看，选出的商品应能在外观、质量和价格等方面符合目标消费者的差异化需求。由于需求和供应都处于不断变化之中，选品也是一个无休止迭代的过程。

艾瑞调查报告还显示，大多数跨境网购消费者有购买需求，但大多数无明确目标，需要市场进一步培育和引导。此外，消费者访问跨境电商平台也具有一定的针对性，消费者通过自主搜索、直接输入网址、个人收藏夹等方式的访问比例比较高。

消费者在跨境网购时选择的商品具有明显的趋向性，化妆个护类、母婴用品类、食品保健品等对安全和品质有较高要求的品类是跨境网购消费者的最爱。目前，整体跨境网购仍然处于发展的早中期，消费频率低于整体网购水平，随着第三方支付渠道支付宝和 PayPal 的普及与完善，支付已经不再是跨境网购消费者的痛点。

4. 根据竞争对手选品

商家在了解消费者需求之后，还需要评估竞争情况。有两个方面需要考虑。

（1）商品在质量上是否具备竞争力。竞争对手的网站平台质量如何，是否能够提供更好的购物体验，是否能够提供更广的商品选择范围，商品定价是否有竞争力，物流速度如何？商家在进入某个品类市场之前，需要仔细考虑上述问题。如果在商品或服务质量上不能提供充足的理由说服消费者，那就没有竞争力。

（2）要从搜索引擎的角度来看。现在跨境进口零售独立平台的引流主要还是靠搜索引擎，商家需要从 SEO（搜索引擎优化）的角度了解竞争对手的网站平台是否具有较大优势、平台搜索结果能否出现在第一页。一般来说，如果已经有很多平台霸占了搜索引擎第一页，那就说明该品类中有很多强劲的竞争对手。

选品也一样，关键看是否能给消费者创造独特价值，若能做到"人无我有，人有我优"，独树一帜，SEO 就不是大问题。所以，商家可以选择某一个小的品类，成为业内龙头，就有可能与大平台竞争。

5. 根据客户端选品

销售商品的最终客户端是无线端还是 PC 端，和选品的决策也有重大的关系。由于移动设备的显示屏空间有限，人们在无线端上是无法进行价格比较的。在移动平台上通过低价商品博得更多关注的概率，相比其他平台小很多，所以商家在选品方面不能一味地选择低价商品，也要特别区分哪些品类和价位的商品适合在无线端或者 PC 端销售。

6.2 采购数据分析

6.2.1 采购的分类

电子商务采购顾名思义就是买家在电子商务平台中寻找合适的卖家进行采购，通过搜索或是发布需求信息来寻求卖家合作，完成交易。

1. 采购的分类

（1）按采购主体分类

① 私人采购

私人采购是指为满足家庭或个人的需要而进行的采购。个人采购实质上是一种购买活动，购买对象主要是生活必需品或生活耐用品，其特点为单次、单品种、单一决策，购买过程相对简单。

② 团体采购

团体采购是指某些团体通过大批量地向供应商订购，以低于市场的价格获得商品或服务的采购行为。

③ 企业采购

企业采购是指企业供应部门通过各种渠道，从外部购买生产经营所需商品的有组织的活动，是现今市场经济下最重要、最主流的采购。企业是大批量商品生产的主体，为了实现大批量商品的生产，也就需要大批量商品的采购。

④ 政府采购

政府采购又称为统一采购或公共采购，是指各级政府及其所属实体为了开展日常的政务活动以及为公众提供社会公共商品和公共服务的需要，在财政的监督下，以法定的方式、方法和程序（按国际规范一般应以竞争性招标采购为主要方式），从国内外市场上购买所需货物、工程和服务的行为。政府采购属于政府行为，一般使用公开招标的形式采购。

（2）按采购对象分类

① 有形物品采购

有形物品采购是指采购的对象为有形的物品的采购，如生产类企业采购的有形物品主要包括机械设备、原材料、半成品、零部件、办公设备等。

② 无形服务采购

无形服务采购是指采购的对象为无形的服务的采购，如技术采购、服务采购等。

（3）按采购时间分类

① 长期固定性采购

长期固定性采购是指采购行为长期而固定性的采购行为。

② 非固定性采购

非固定性采购是指采购行为非固定，需要时才采购的采购行为。

③ 计划性采购

计划性采购是指根据材料计划或采购计划的采购行为。

④ 紧急采购

紧急采购是指物料急用时毫无计划性地紧急采购行为。

⑤ 预购

预购是指先将物料买进而后付款的采购行为。

⑥ 现购

现购是指以现金购买物料采购行为。

（4）按采购价格方式分类

① 招标采购

招标采购是指采购方作为招标方，事先提出采购的条件和要求，邀请众多企业参加投标，然后由采购方按照规定的程序和标准一次性从中择优选择交易对象，并与之签订协议等过程。整个招标过程要求公开、公正和择优。

② 询价现购

询价现购是指采购人员向有信用、可靠的供应商讲明采购条件，并询问价格或寄以询价单，并促请对方报价，多家比较后以最优价格进行采购的行为。

③ 比价采购

比价采购是指采购人员请数家厂商提供价格后，从中加以比价之后，决定向价格最优供应商进行采购的行为。

④ 议价采购

议价采购是指采购人员与供应商通过讨价还价后按一定价格进行采购的行为。一般来说，询价采购、比价采购、议价采购是结合使用的。

⑤ 定价采购

定价采购是指当采购的物料数量巨大，实非一二家供应商所能全部提供（如铁路之枕木）或当市面上该项物料匮乏时，由采购方制定价格以现款进行采购的行为。

⑥ 公开市场采购

公开市场采购是指采购人员在公开交易或拍卖场所进行随时机动式的采购行为。当大宗需要物料时，价格变动频繁。

（5）其他采购分类

① 国内采购与国际采购

国内采购是指采购的范围限定于国内市场的采购。国际采购又称为全球采购，主要是指国内采购企业，直接向国外供应商采购所需的物资的一种行为。国际采购的优点有：扩大供应商的范围；更低的价格；锻炼企业适应经济全球化的能力；可以获得国内无法获得的一些商品或资源。

② 直接采购与委托采购

直接采购是指物料需求方直接向物料生产厂商进行采购。委托采购是指物料需求方委托某代理商或者贸易公司向物料生产厂商采购。

③ 订约采购、口头采购、书信或电报采购

订约采购是指买卖双方根据订约的方式而进行的采购行为。口头采购是指买卖双方不经过订约方式而是以口头洽谈方式进行的采购行为。书信或电报采购是指买卖双方借书信或电报的方式而进行的采购行为。

6.2.2　电子商务采购的优势

1．使供需双方信息更加透明

在电子商务采购平台上，供需双方可实现信息的互通共享。供需双方能够实时了解采购、竞标的具体情况，同时还能够查询以往交易活动的全部记录。这可使采购方全面了解供应商，也能帮助供应商更准确地把握市场需求。

2．提高企业的采购效率

电子商务采购减少了采购环节，降低了采购成本，从而提高了企业经济效益。利用互联网技术，电子商务采购突破了传统采购模式的市场局限性，实现"质比多家""价比多家""服务比多家"，提供了充足的可选择性，有效控制了采购成本。采购方可以通过该平台完成对供应商的资质审查以及发布信息、竞价评标定货等一系列采购行为，从而实现了无纸化办公，大大提高了企业的采购效率。

3．使采购行为更加透明和规范

电子商务采购的整个过程公平、公正、公开，是真正的"阳光采购"。电子商务采购的各个环节均在互联网上公开进行，整个竞价评标的过程由计算机根据设定的程序自动进行，避免了暗箱操作、徇私舞弊等行为的发生，方便群众监督，更加透明和规范。

4．规范了采购行为

电子商务采购是按照设定好的标准化软件流程进行的，基于对传统采购业务流程的优化而实施的采购行为，它极大地规范了采购行为。

5．为企业管理层决策提供更加准确全面的信息

借助电子商务采购平台，企业管理层能够实时了解每次采购行为的执行情况，随时掌握物流追踪记录、资金使用情况以及供应商资质等信息，从而能够为企业管理层决策提供更加准确全面的信息，使之能够针对采购过程中出现的问题做出快速反应。

6.2.3　电子商务采购的模式与流程

1．电子商务采购的模式

（1）买方一对多模式

买方一对多模式，是指采购商在互联网上发布所需采购商品的信息，供应商登录采购商的网站进行商品信息登记，供采购商评估，并通过采购商网站进行进一步的信息沟通，完成采购业务的全过程。在此过程中，采购商维护多个供应商的商品服务目录及数据库，并负责所有交易公司的采购和财务系统。尽管供应商提供了商品、服务、价格等目录信息，但是采购商作为承担者需要进行信息的维护和更新。

这种模式适合市场影响力较大的大型企业（如航天、汽车、零售等大型企业）采购直接物料。首先，因为大型企业一般具有成熟、可靠的企业信息管理系统，可以更紧密地控制整个采购流程，因此，与此相适应的电商采购系统应该与现有的信息系统有着很好的集成性，以保持信息流的通畅；其次，大型企业往往处于所在供应链的核心地位，核心供应商比较集中，并且大型企业的采购量巨大，因此，供需双方需要进行紧密合作；最后，一般来说只有大型企业才有能力承担建立、维护和更新商品目录的工作。例如，微软公司的 MS 采购应用系统，可实现在线订购办公用品、计算机硬

件、商务卡片、供应商合同、商业货运及差旅服务等，用批量交易与选定的交易商进行定价和折扣谈判，为微软公司节约了额外的成本。

（2）卖方一对多模式

卖方一对多模式，是指供应商在自己开发的网站上公布其商品的在线目录，采购商则通过浏览来获取所需的商品信息，以做出采购决策，并下订单以及确定付款和交付选择。

在卖方一对多模式中，供应商必须投入大量的人力、物力和财力用以建立、维护和更新商品目录，但采购商则不必花费太多就能得到自己所需的商品，但对于拥有几百个供应商的采购商而言，其难以跟踪和控制采购开支。同时，这种模式需要面临电子采购与企业内部信息系统无法很好集成的问题，因为采购商与供应商是通过供应商的系统进行交流的，由于双方所用的标准不同，供应商系统向采购商传输的电子文档不一定能为采购商的信息系统所识别，这会延长采购时间。

（3）第三方系统门户模式

第三方系统门户模式，是指供应商和采购商通过第三方建立的电子交易平台进行采购业务的模式。在该模式下，无论是供应商还是采购商都需要在第三方电子交易平台上发布自己提供或需要的商品信息，第三方电子交易平台则负责商品信息的归纳和整理，以便于用户使用。

其中，第三方系统门户又可分为垂直门户和水平门户两类。垂直门户是经营专门商品的市场，通常由一个或多个本领域内的领导型企业发起，如欧浦钢网、中华粮网、中国化工网等。水平门户则集中了种类繁多的商品，其主要经营领域包括维修和生产用的零配件、办公用品等，一般由电子采购软件集团或间接材料和服务供应领域的领导者发起资助。例如，阿里巴巴、MRO 供应商集团、Ariba、CommerceOne 和 FreeMarkets 等 B2B 网络采购市场。

这种模式的好处在于通过第三方电子交易平台，供需双方可以得到更专业、更快速、更安全的服务。一方面可以聚集大量的供应商和商品，使采购商选择的范围非常广，节省了采购商的采购成本；另一方面也使供应商能迅速地找到合适的采购商进一步洽谈。近年来，这种模式被越来越多的企业所接受。

（4）企业私用交易平台

企业私用交易平台和电子数据交换（electronic data interchange，EDI）系统类似，是一种限于邀请对象使用的网络架构，可使某一企业与其顾客、供应商，或两者相互连接。其主要特点是让积极参与者掌控大权，使买方可以选择网上交易对象，甚至于线下完成商谈。企业私用交易平台能减少双方沟通的时间与成本，使合作厂商以标准格式，实时分享文件、图表、电子表格与商品设计。

企业私用交易平台主要是一种信息交流管道。虽然买方能以更理想的条件进行采购，但是买方却很不愿意这么做，这是因为其需要花费成本较高，而且需要一定时间来选择合适的供应商。

（5）反向拍卖模式

在该模式下，采购商到网站登记需求进行拍卖，而供应商进行竞价来争取订单。这时，采购商一般会采用减价方式竞价决定最终的供应商和价格。反向拍卖模式节约了采购成本，提高了采购效率，但过分关注价格很容易忽视与供应商的关系。

企业最终选择何种网络采购模式，主要取决于两个因素，即企业规模和采购物料的种类及数量。因此，企业在实施网络采购时，应按照自身的实际情况和运营特点，采取不同的模式。

2. 电子商务采购的流程

（1）企业竞价采购流程

① 计划与审核。网络竞价与物流组织正常需 10 天以上的供应周期，二级公司须提前将物资申请计划提交至公司物资机械管理部审核，获得授权后方可在电子商务采购平台进行需求发布。二级公司对物资申请计划的有效性、规范性及准确性负责。

② 需求发布。二级公司严格按照经审核物资计划和授权在网络采购专区按照采购物资种类分别发布需求信息，需求信息中应包含规格型号、质量标准、包装运输要求等内容。发布后，电子商务采购平台利用技术手段将物资采购需求信息向潜在供应商推送，促进更多供应商获取需求信息并参与报价。发布信息时需确定竞价有效期，该有效期影响网上报价的供应商数量，二级公司根据实际需用情况确定合理的竞价有效期，但至少应保持 3 天的时间。

③ 竞价采购。潜在供应商在竞价有效期内可以自由多次报价，电子商务采购平台按照报价由高至低进行排序，并向所有供应商显示当前最低报价。

④ 成交规则。竞价结束后，采购商筛选出供应商的有效报价并做记录留存，按最优价成交的原则选择供应商，并下达供货订单。该环节操作受物资机械管理部门监督，如不选择最低价成交，必须进行情况说明并上报审批。

⑤ 委托公司向支付宝担保账户转款。线上成交下单后，二级公司应及时按照成交金额将货款流转至公司网采账户，并委托公司向支付宝担保账户转款。

⑥ 供应商发货。向支付宝担保账户转款后，成交物资由供应商联系物流商负责配送到订单上载明的交货地点。供应商随货提供发票和相关质量证明资料。

⑦ 现场收货验收。二级公司物资部门收货验收并签字后，由物流商负责将收货单据交供应商。

⑧ 收货反馈和确认。收货验收后，二级公司及时向上级物资部门出具收货确认函，以反馈实际收货数量和金额等情况，收货确认函需明确日期、供应商名称、成交订单号及付款金额等信息。

（2）物资商城采购流程

① 计划与审核。二级公司须提前将物资申请计划提交至公司物资机械管理部门审核，获得授权后方可在物资商城进行采购。

② 商城采购。物资商城将商品投放到自有平台，二级公司根据计划在物资商城平台上直接选择所需物资，并与商城客服人员或商城供货商进行价格、付款方式及配送等方面的议定，最终通过下达电子订单确定采购。需要签订采购合同的，由二级公司制定线上合同，并报上级公司审批。物资商城采取线上下单，线下交易的规则成交。

③ 结算付款。议定的付款方式为线下支付的，二级公司按物资、财务规定执行。需要经过公司财务支付的采购行为，二级公司在下单确认成交金额后，应及时按照成交金额将货款流转至公司账户，并在验收合格后及时出具收货确认函。

6.2.4 采购成本数据分析的指标

1. 采购成本的概念

传统观点认为，采购成本包含三个方面的内容：采购物资的价格、相关的税费和运输费。采购成本的高低与采购物资的数量和单价有着直接关系，因而相关的采购成本控制主要着眼于压低商品价格。而从供应链管理的角度看，采购成本是指企业在进行采购活动时所发生的费用的总称，包括所有权成本、库存管理成本、订货采购成本和缺货成本。随着采购成本概念外延的扩大，它也不再是单纯的价格指标，企业对其管理的重视度也日渐提高。

2. 采购成本数据分析的指标

与企业一样，店铺运营还是以盈利为根本，除了做好销售运营这些环节，成本控制也是盈利的关键。在店铺的运营过程中，最常见的成本包括商品成本、推广成本和固定成本 3 种。

（1）商品成本

商品成本包括进货成本、物流成本、人工成本、损耗成本和其他成本等。进货渠道的不同对商品成本有直接的影响。例如，选择在实体批发市场进货，人工成本会更高；选择通过网络渠道批发商品，物流成本会更高。企业具体选择货源时，除了应注意商品品质、货源是否充足等条件，产生的商品成本费用也是必须考虑的。

（2）推广成本

推广是店铺运营的核心手段之一，通过对推广成本进行分析，我们可以看到哪种推广手段更为有效，哪种推广手段过于浪费等，从而能够有策略地改变运营推广战术。

（3）固定成本

固定成本主要包括办公场地的租金、工作人员的工资、各种设备折旧，以及平台的相关固定费用。固定成本的特点是成本费用的变化频率低，变化幅度小，但同样需要纳入商品成本进行核算，不应遗漏。

6.3 电子商务选品与采购实例

6.3.1 分析热卖商品特征进行选品

1. 案例目的

（1）掌握使用热卖商品特征进行选品的方法。

（2）掌握交叉分析法。

2. 案例背景

商家每年对连衣裙至少要选两盘货（其中春盘夏货与夏盘秋冬是必备，冬盘春货可根据实际情况备货），选品时使用热卖商品特征可以快速定位到符合消费者需求的款式，这些款式成为热卖商品的概率也会提高。

分析热卖商品特征
进行选品

3. 案例内容与步骤

（1）单个热卖商品特征分析

本案例使用的是在淘宝搜索关键词"连衣裙"后所得的商品数据，如图6-2所示，这里面包含商品的标题、价格、销售数据等，也包含商品的一些属性特征。

图6-2 原始数据

检查并清洗好数据后，使用 Excel 数据透视表统计数据。单击表格中任一单元格，在菜单栏中依次单击"插入""数据透视表"选项，选择插入"新的工作表"，并单击"确定"按钮，如图 6-3 所示。

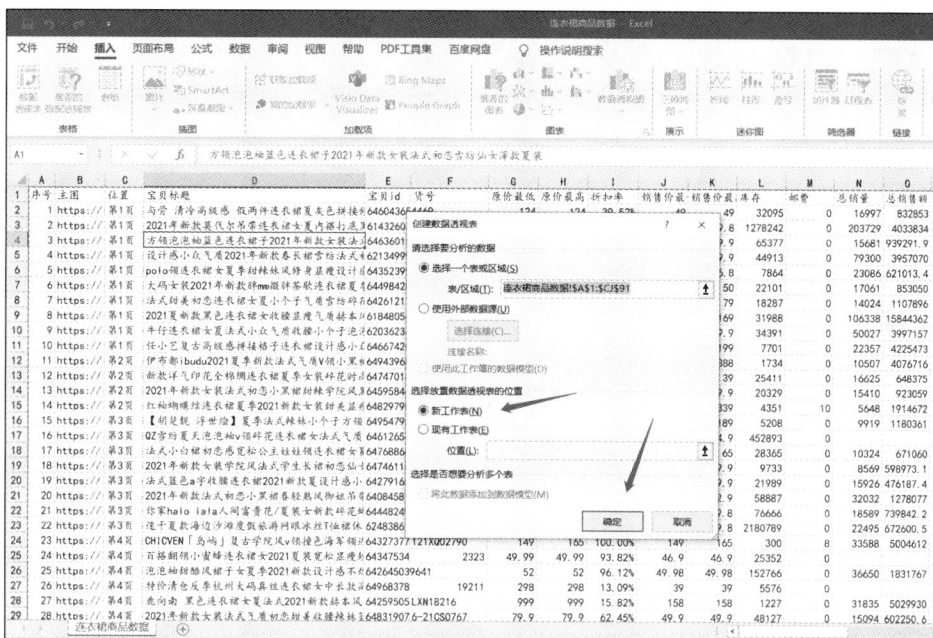

图 6-3　插入数据透视表

数据透视表字段设置如图 6-4 所示，设置完成后即可得到统计数据，其中计数项是对应商品属性值的数量（宝贝 id、标题、销售价等指标均可设为计数项）。数据透视表中共 4 列，四个字段分别代表"风格""商品数量""平均售价""30 天累计销售额"。

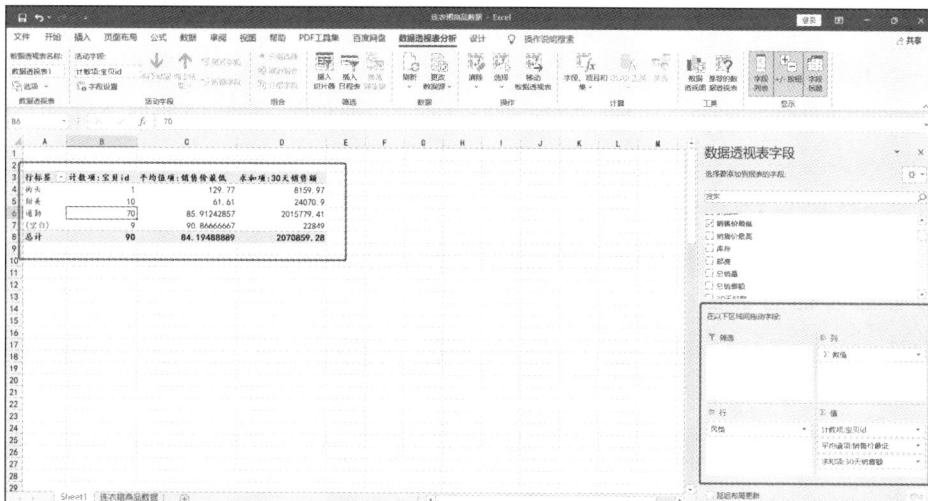

图 6-4　数据透视表字段设置

从图 6-4 中的数据透视表可以看出，通勤风格的商品数最多、累计销售额最大，并且将 30 天累计销售额除以商品数量后会发现，通勤风格的商品平均销售额也最大；街头风格只有 1 件宝贝，售价为 129.77元，高于其他几种风格的平均售价，商品 30 天销售额排名第二；"空白"代表宝贝没有填写相关信息。

依照此步骤，对多个属性进行分析后，会得到一系列的热卖特征，如通勤、圆领、高腰、A 型等。

（2）热卖特征交叉对比分析

通过以上的单个属性分析，得到的结果是单个特征结果，没有考虑特征组合问题，这使商家极有可能找不到相符合的商品，也不便于工厂生产开发。因此需要使用交叉法分析。交叉法是将多个特征分别放在表的行和列上进行分析，具体操作如下。

类似以上操作，在 Excel 中依次单击"插入""数据透视表"，并进行字段设置，如图 6-5 所示，之后即可得到统计数据。

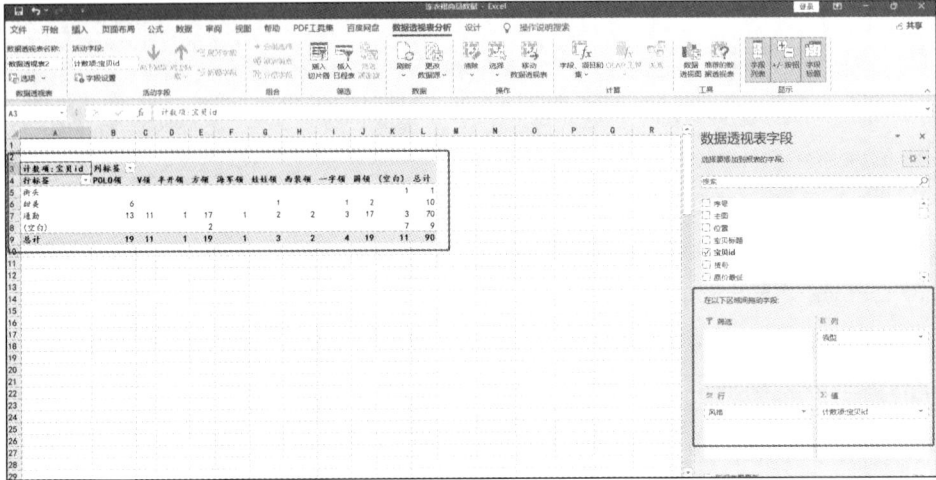

图 6-5　风格—领型商品数量交叉分析

由图 6-5 中的数据透视表可以看出，通勤圆领、通勤方领、通勤 POLO 领的商品数量都较多，说明较多的商品同时具备这几个热卖特征；从竞争角度考虑，同一个特征下包含的商品越多，一定程度上竞争也越激烈。接下来还可以分析各特征对应的销量、销售额情况，求得单个商品的平均销量、销售额数据后，比较各特征的市场份额大小。

例如，分别拖曳"风格、领型、30 天销售额"至"行""列""值区"，得到风格、领型和近 30 天销售额的交叉分析透视表，如图 6-6 所示。观察发现，通勤圆领、通勤 V 领的商品 30 天销售额求和项最大。

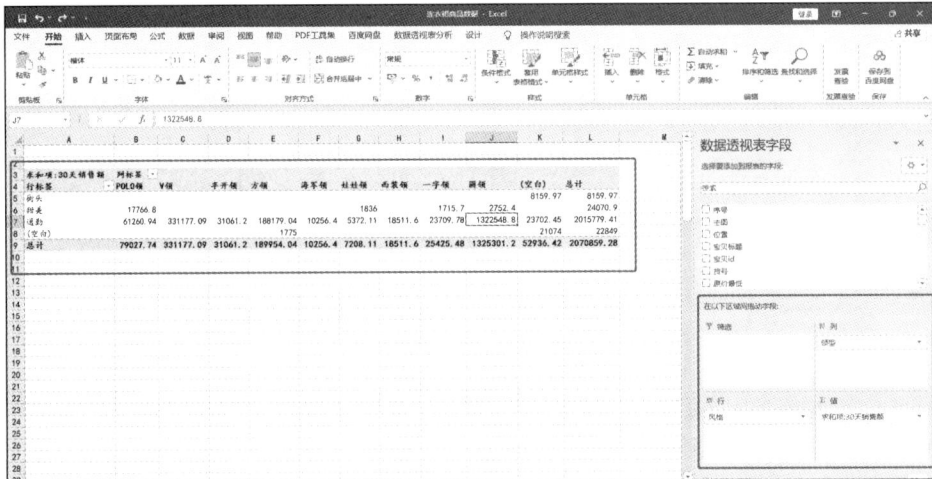

图 6-6　风格—领型—30 天销售额交叉分析

　　将"30 天销售额求和项"除以"商品数量"发现，通勤圆领对应的数值最大，约为 77 797 元，这意味着同时具备通勤和圆领特征的 17 款连衣裙，平均每款连衣裙近 30 天销售额能达到的 77 797元。通勤 POLO 领的连衣裙有 13 款，但每款连衣裙近 30 天销售额只能达到 4 712.38 元，相对较低，如图 6-7 所示。

图 6-7　计算单款商品 30 天销售额

　　4．案例总结

　　（1）通勤风格的连衣裙商品数量最多，每款连衣裙近 30 天销售额也最大；

　　（2）通勤圆领的连衣裙商品数量最多，每款连衣裙近 30 天销售额也最大；通勤 POLO 领的连衣裙商品数量较多，但每款连衣裙近 30 天销售额较低，属于竞争商品数量较多而市场份额一般的商品。

　　（3）可以利用 Excel 数据透视表进行热卖商品特征的分析，辅助选品。

　　5．实训题

　　（1）基于该连衣裙商品数据，进一步分析其他热卖商品特征属性。

　　（2）分析床上用品（被子、枕头、蚊帐等）中任意一个品类的热卖商品特征。

6.3.2　分析新品表现进行选品

　　1．案例目的

　　（1）掌握依据新品表现进行选品的方法。

　　（2）掌握交叉分析法。

　　2．案例背景

分析新品表现进行
选品

　　在小西装快接近入季时，选择市场上的新品作为分析对象，从市场新品中选择数据表现好的款式，如此选品命中率更高。

　　新品的主要特点是上市的时间较短，判断潜力新品的数据特征是挖掘新品上架后的数据表现，包含但不局限于以下内容。

　　● 浏览量：一般商家只能看到自己的商品的浏览量情况，生意参谋付费版本可以为商家提供上榜单的商品的相关指数参考。在电商数据化运营实训实战平台中可以采集集市店（淘宝集市店是相对淘宝天猫商城而言的，商城属于官方认证的商家，而集市就是原来全免费的淘宝网站的统称）的商品 PC 端的浏览量，浏览量越大代表新品的潜力越大。

- 销量：是最直接的数据反馈，适用于所有的品类。销量越大，代表新品的潜力越大。
- 收藏量：适用于服饰类目，服饰类目可优先看收藏量。收藏量越大，代表新品的潜力越大。
- 售价：选品一般要参考售价，结合自己的定位来选择。

3. 案例内容与步骤

本案例使用的是在淘宝搜索关键词"小西装 女"所得的商品数据，如图 6-8 所示，里面包含商品的售价、浏览量、收藏量及销售数据等，还包含有商品的一些属性特征，如风格、材质等。

图 6-8　原始数据

筛选几款宝贝，将其销量、创建时间、收藏量、浏览量数据复制到 Excel 表格中。使用收藏量除以浏览量可得到收藏率，销量和收藏量分别除以创建时间可得到日均数据，如表 6-1 所示。通过表 6-1 中数据对比，可以判断第一条记录比前两条更好，但这里存在的问题是由于第三条记录的创建时间短，因此要结合创建时间来判断，当数据量级更大的时候，就可以准确判断出市场商机。

表 6-1　　　　　　　　　　　　　　　商品表现数据

销量	创建时间	收藏量	浏览量	收藏率	日均销量	日均收藏
662	108	4954	2711	183%	6.13	45.87
514	483	2708	1502	180%	1.06	5.61
100	14	146	227	64%	7.14	10.43

4. 案例总结

（1）表 6-1 中第一个商品的数据表现较为不错，可优先考虑。

（2）表 6-1 中第三个商品还有待持续观察。

5. 实训题

（1）分析床上用品（被子、枕头、蚊帐等）中任意一个品类的潜力商品。

（2）分析女装（T恤、衬衫、连衣裙、半身裙等）中任意一个品类的潜力商品。

6.3.3　采购成本的预测

1. 案例目的

（1）了解回归算法的理论知识与适用场景。

采购成本的预测

（2）掌握物料采购预测案例的操作，掌握线性回归算法的应用。

2. 案例背景

近年来企业外部环境越来越复杂、多变，企业供应链面临较多难题：需求多变，款多量少难以预测；交货周期长，准交率低，高缺货与高库存同时存在，原料爆仓、生产堆货；应收账款多，货款支付不及时，供应商配合度越来越低；企业内部互相抱怨推诿，外部客户满意度低。现代信息化技术与互联网的发展，正在推进传统批量制造向智能个性化制造迈进，企业之间的竞争将变成效率的竞争。

本例针对企业的如上问题，结合未来数字经济的发展趋势，根据供应链管理应具备的思维，提出全链端的需求预测、计划、交付与库存管理方法及措施，保证企业生产计划能够顺利地进行下去；另外还可以有效减少物料的浪费与过度采集现象。

3. 案例内容与步骤

本案例使用的数据为 2019 年 5 月～2021 年 6 月某零部件企业物料仓库的物料采购相关数据，共 26 条，如图 6-9 所示。现在根据图6-9中展示的2019年5月～2021年 6 月的物料仓库现有数据，预测 2021 年 7 月的物料采购数量。

基于现有数据进行 2021 年 7 月物料采购数量的预测，可使用 Excel“预测工作表”功能，如图 6-10 所示。

日期	月实际使用数量（万）	月库存结余（万）	月计划采购数量（万）
2019/5/1	7.83	1.78	6.5
2019/6/1	0.307	9.41	8
2019/7/1	3.38	17.62	7.5
2019/8/1	3.692	16.516	2
2019/9/1	4.044	15.861	3
2019/10/1	3.044	13.538	1.2
2019/11/1	3.223	11.438	1.5
2019/12/1	3.621	28.824	18
2020/1/1	6.104	23.721	0
2020/2/1	7.262	17.313	0
2020/3/1	5.74	19.155	8
2020/4/1	7.431	11.724	0.5
2020/5/1	5.5046	6.2194	0.5
2020/6/1	9.1016	13.4708	15
2020/7/1	3.9765	9.4943	0
2020/8/1	9.2988	3.3055	2
2020/9/1	5.8629	7.6966	12
2020/10/1	2.4905	5.2061	0
2020/11/1	3.5457	1.6604	0
2020/12/1	2.3488	21.1036	25
2021/1/1	1.7823	19.3213	0
2021/2/1	5.8488	13.4725	0.5
2021/3/1	22.3789	11.0936	15
2021/4/1	15.81	21.2836	20
2021/5/1	16.432	4.8516	0
2021/6/1	3.5596	9.472	40
2021/7/1			

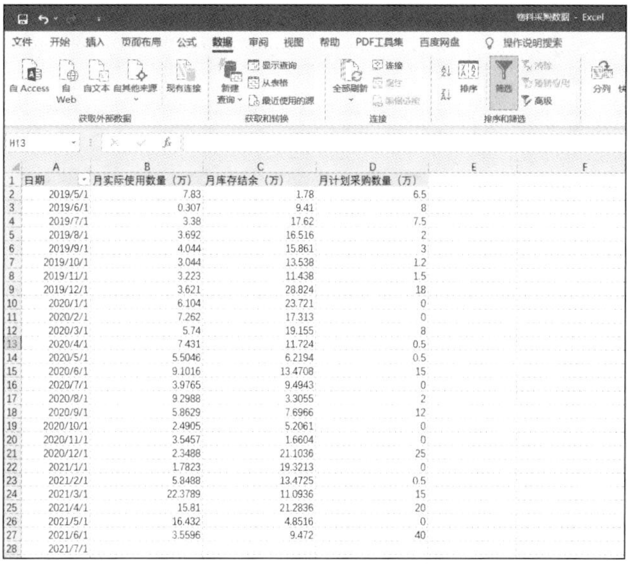

图 6-9　物料采购原始数据

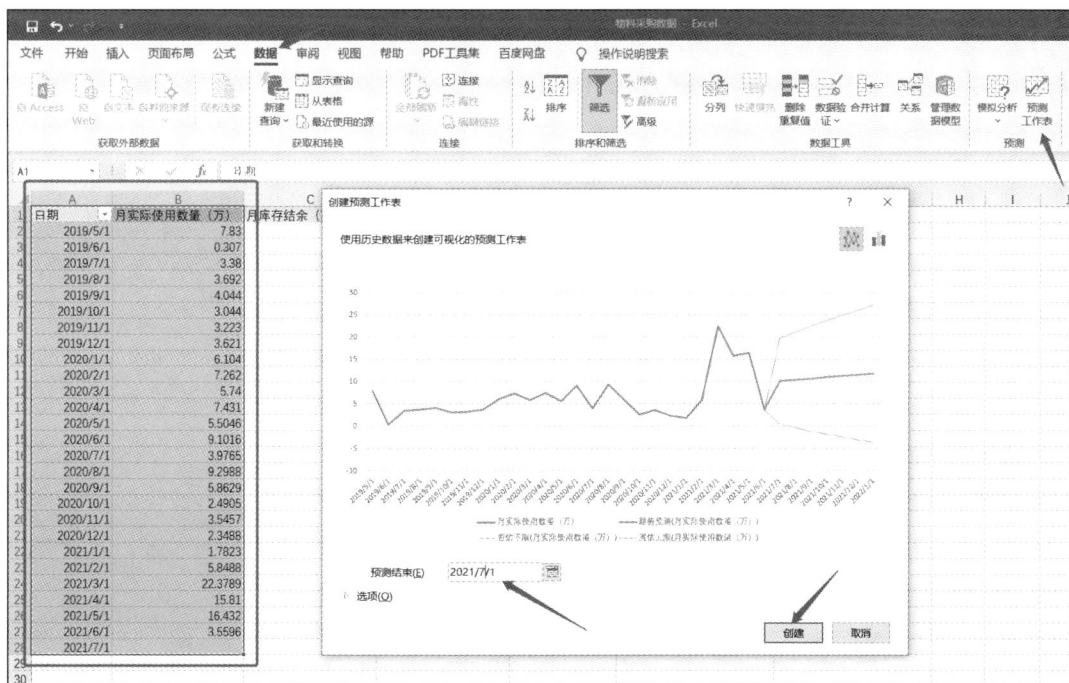

图 6-10　预测工作表创建

预测工作表结果如图 6-11 所示，预测 2021 年 7 月份实际使用量约为 10.09 万件。

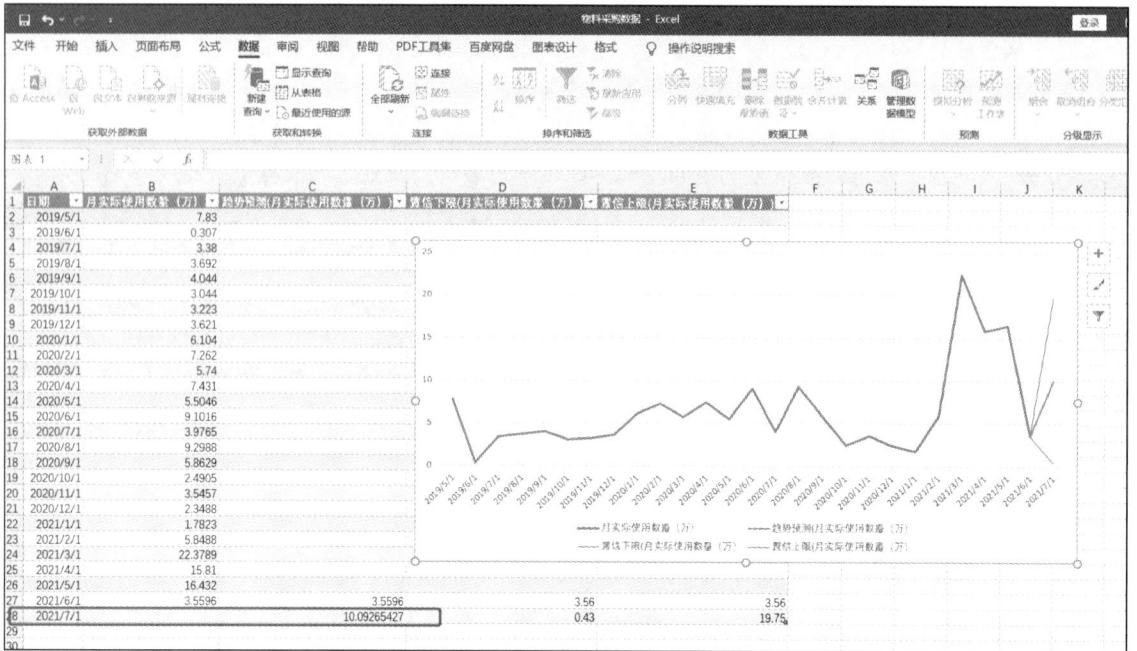

图 6-11 预测工作表结果

4. 案例总结

我们结合企业该物料的安全库存及 6 月的现有库存，即可得出该物料在 7 月的计划采购数量及成本。使用该预测模型，可以使企业的库存管理得到改善，降低不必要的库存，减少资金的占用。

5. 实训题

（1）获取某行业采购与库存数据，进行采购成本预测。

（2）使用预测模型，对商家采购状况进行分析，并为其提供相应的采购管理策略，帮助商家解决采购问题。

思考题

1. 简要概括电子商务产品的五大基本原则。
2. 什么是新品的特征？
3. 简要概括电子商务选品要点。
4. 简要概括电子商务选品方法。
5. 简述电子采购的优势。

章节目标

- 了解网站流量数据的相关知识
- 掌握店铺流量数据
- 掌握关键词数据分析

学习重点

- 店铺每日流量数据分析
- 店铺每周流量数据分析
- 店铺长期流量数据分析

学习难点

- 能够运用网站流量指标对数据进行分析
- 能够运用店铺流量数据分析店铺情况
- 能够分析常见的关键词数据

本章思维导图

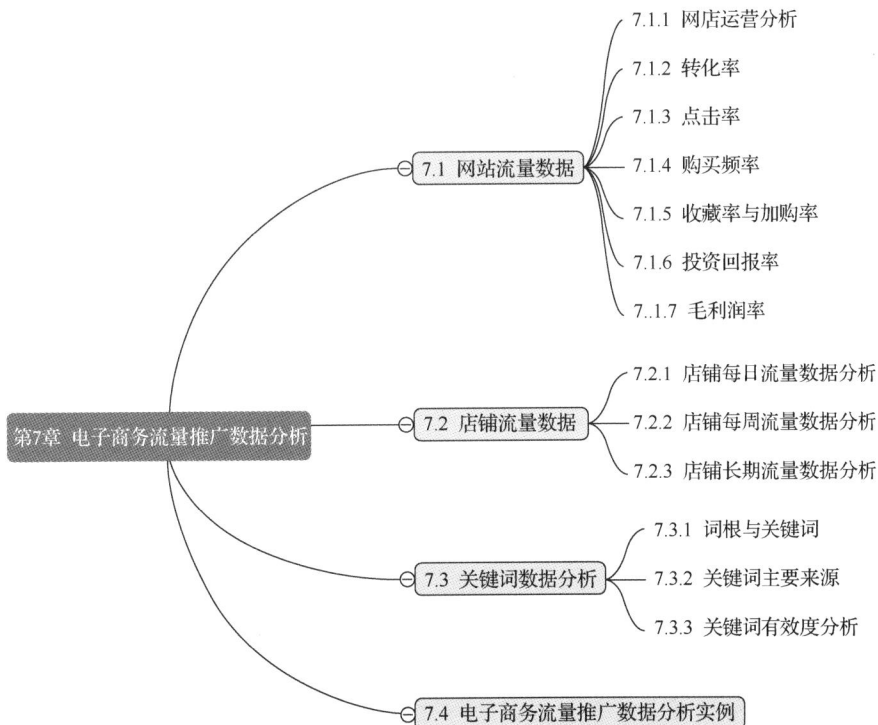

第7章 电子商务流量推广数据分析

- 7.1 网站流量数据
  - 7.1.1 网店运营分析
  - 7.1.2 转化率
  - 7.1.3 点击率
  - 7.1.4 购买频率
  - 7.1.5 收藏率与加购率
  - 7.1.6 投资回报率
  - 7..1.7 毛利润率
- 7.2 店铺流量数据
  - 7.2.1 店铺每日流量数据分析
  - 7.2.2 店铺每周流量数据分析
  - 7.2.3 店铺长期流量数据分析
- 7.3 关键词数据分析
  - 7.3.1 词根与关键词
  - 7.3.2 关键词主要来源
  - 7.3.3 关键词有效度分析
- 7.4 电子商务流量推广数据分析实例

7.1 网站流量数据

7.1.1 网店运营分析

网店运营分析一般指的是从网店运营过程以及最终成效上来进行分析，重点分析过程中相关服务的及时率和有效率，及不同类型客户之间对于服务需求的差异化表现。

> 📚 **知识链接**
>
> ### 你知道网店运营数据分析的方法有哪些吗?
>
> 方法1：通过帕累托法则以及同环比的方法进行网店运营数据分析，呈现简单的变动规律及主要类型的客户。
>
> 方法2：通过统计分析的方法，如时间序列法、相关与回归法等，得出哪些特征的客户对哪些服务是具有突出需求的，以及如何制订店铺整体运营规划和预测店铺的销售额等。

7.1.2 转化率

转化率（Conversion Rate，CR）是在统计时间内，所有到达店铺并产生购买行为的客户人数和所有到达店铺的客户人数的比率即支付买家数与访客数的比值。

计算公式为：

$$转化率=（支付买家数/访客数）×100\%$$

例如，某店铺的访客数有50人，最终下单支付的人数有5人，则转化率=5/50×100%=10%。

客户从访问到支付的过程又称为支付转化，支付转化率直接决定着店铺销售额的高低。

具体包括以下几类：引导支付转化率、下单支付转化率、搜索支付转化率、词均支付转化率。

- 引导支付转化率：是指在统计时间内，访问分类页的人数中，后续点击访问商品详情并最终下单支付的买家数占比。

- 下单支付转化率：是指在统计时间内，下单且支付的买家数与下单买家数的比率，即统计时间内下单买家中完成支付的比例。

- 搜索支付转化率：是指在统计时间内，由搜索带来支付转化率，即搜索带来支付买家数与搜索带来的访客数的比率；用于评估搜索产生的效果。

- 词均支付转化率：是指在统计时间内，根据用户的搜索词，分词后根据词性匹配出的相关目标词、搜索词的引导支付转化率累加，包含目标词的相关搜索词数。

> 📚 **知识链接**
>
> ### 提高网店转化率的方法
>
> 网店转化率是影响网店销售额和利润的关键因素之一，因此提高网店转化率是至关重要

的。店铺经营者可以通过优化店铺整体装修、优化宝贝展示与形象设计、完善促销区活动搭配、提高回购率和重复购买率、积极开展外部推广等方式，提高网店转化率。

7.1.3　点击率

点击率（Clicks/Views）是商品展现后的被点击比率。计算公式为：

$$点击率 = （点击量/展现量）\times 100\%$$

点击率越高，说明商品对买家的吸引力越高；点击率越低，表示商品对于买家的吸引力越低。

知识链接

影响商品点击率的因素

商品的标题、单价、销量、主图等都会影响点击率。以商品标题为例，当商品标题中没有包含有效的关键词，即没有包含消费者会搜索到的关键词时，消费者无法通过关键词搜索到该商品，商品没有展示机会，当然就不会有点击。因此商品标题设计得是否合理，直接影响着商品点击率。

7.1.4　购买频率

购买频率（Frequency of Purchase）是指消费者或用户在一定时期内购买某种或某类商品的次数。一般来说，消费者的购买行为在一定的时限内是有规律可循的。购买频率就是度量购买行为的一项指标，它一般取决于消费者使用商品频率的高低。购买频率是选择目标市场、确定经营方式、制定营销策略的重要依据。

视野拓展

购买频率与品牌溢价

首先从质量和购买频率的关系看，对于购买频率低的商品，商家要在较长时间之后才能享受溢价。这样，只有溢价足够大才能抑制其质量欺诈倾向。相反地，对于购买频率高的商品，商家在未来存在更多以降低质量来牟利的机会，故在每次交易中要求补偿其守信行为的溢价就较小，即溢价大小与购买频率成反比。再从消费者接受品牌溢价大小与购买频率看，对于那些购买频率高的商品，消费者由于经常购买该商品，所积累的品质评价经验很丰富，所以当一个品牌的商品比另一个品牌的价格高许多而评价品质相差不多时，他们可能接受的溢价就比较小了。我们可以发现这样一个有趣现象，就是购买频率可能降低品牌传递品质优秀资讯的能力。

7.1.5 收藏率与加购率

收藏率（Collection Rate）指收藏人数与访客数之比。加购率（Additional Purchase Rate）指加购（加入购物车）人数与访客数之比。商品的收藏率和加购率越高，说明该商品的意向消费者越多，这部分消费者促成成交的概率也就越大。

提高商品的收藏率和加购率常用的方法有详情页引导、主图引导、客服引导和推广引导4种。

7.1.6 投资回报率

投资回报率（Return On Investment，ROI）是指投资后所得的收益与成本之间的百分比。其计算公式为：

$$投资回报率（ROI）=（税前年利润/投资总额）\times100\%$$

从公式可以看出，商家可以通过降低销售成本，提高利润率；提高资产利用效率来提高投资回报率。通过ROI，我们能够直接判断营销活动是否盈利，当ROI为1时，可以判断本次营销活动的收益与成本是持平的。

以淘宝直通车的ROI计算为例。

$$直通车的投资回报率（ROI）=直通车效益/直通车花费\times100\%$$
$$=（产出\times毛利润率-直通车花费）/直通车花费\times100\%$$
$$=（客单价\times成交笔数\times毛利润率-直通车花费）/直通车花费\times100\%$$
$$=（客单价\times UV\times转化率\times毛利润率-直通车花费）/直通车花费\times100\%$$
$$=（客单价\times UV\times转化率\times毛利润率-UV\times PPC）/（UV\times PPC）\times100\%$$
$$=UV\times（客单价\times转化率\times毛利润率-PPC）/（UV\times PPC）\times100\%$$
$$=（客单价\times转化率\times毛利润率-PPC）/PPC\times100\%$$

其中，独立访客数（Unique Visitor，UV），是指网店各页面的访问人数。在统计时间内，同一访客多次访问会进行去重计算。

独立点击付费广告（Pay Per Click，PPC），是一种网络广告的收费计算形式，广泛用在搜寻引擎、广告网络以及网站或博客等网络广告平台。

知识助手

你知道成本指的是什么吗？网店运营成本都有哪些？

成本指的是商品经济的价值范畴，是商品价值的组成部分，也称为费用或花费。网店运营成本是指网店运营过程中的总花费，其构成包括经营成本、推广成本、人员成本、商品折损成本、退换货成本、物流成本、库存成本等。

7.1.7 毛利润率

毛利润率（Gross Profit Margin）是毛利润占销售收入的百分比。其计算式为：

毛利润率=（销售收入-销售成本）/销售收入×100%

🎓 **知识链接**

销售额、利润、客单价均值的计算公式

销售额=访客数×转化率×客单价

利润=访客数×转化率×客单价×购买频率×毛利润率-成本

客单价均值=该月多天客单价之和/该月天数

7.2 | 店铺流量数据

7.2.1　店铺每日流量数据分析

1. 流量数据分析指标

（1）独立访客数（UV）

UV=当天 0 点截至当前时间访问店铺页面或商品详情页的去重人数。

指标意义：统计访问某网店的访客数量。

指标用法：在网店流量分析中，独立访客数可用来分析网络营销效果。例如，用于比较分析不同网店的引流效果，或者用于比较分析网店不同时期访问量的变化。独立访客数还可以反映网店访问者的多项行为指标，包括用户终端的类型、显示模式、操作系统、浏览器名称和版本等。

（2）浏览量（PV）

PV=店铺页面或商品详情页被访问的次数。

指标意义：反映店铺页面或商品详情页对用户的吸引力。

指标用法：当一个网店的浏览量低于行业平均水平时，说明其内容或商品不受用户喜欢，因此该指标可以作为网店运营改进的依据。

（3）平均停留时长

平均停留时长=店铺的所有访客总的停留时长/访客数（秒）。

指标意义：反映访客在线时间的长短，时间越长，则网店黏性越高，即为访客提供了更有价值的商品和服务，实现访客价值转化的机会也就越大。

指标用法：当一个网店的平均停留时长低于行业平均水平时，说明网店的黏性不足，用户体验不佳，需要改进。

（4）跳失率

跳失率=一天内来访店铺浏览量为 1 的访客数/店铺总访客数。

指标意义：该指标反映网店所获取流量质量的高低。即该指标越低，则表示所获取流量的质量越好。

指标用法：当一个网店的跳失率高于行业平均水平时，说明网店引来流量的质量不佳，或者需要改善购物流程和用户体验等。

（5）店铺新访客占比

店铺新访客占比=来访店铺的新访客数量/当天访客数量。

指标意义：反映访问网店的新用户比例。

指标用法：店铺新访客占比有一个合理范围，如果店铺新访客占比过低，则说明网店曝光偏少。

2. 订单数据分析指标

（1）下单买家数

下单买家数=统计时间内拍下商品的去重买家人数。

指标意义：反映店铺销售情况。

指标用法：通过下单买家数的同比和环比，可以了解本网店的销售变动情况。

（2）支付买家数

支付买家数=统计时间内完成支付的去重买家人数。

指标意义：反映店铺销售情况。

指标用法：通过支付买家数的同比和环比，商家可以了解本网店的销售变动情况。通过支付买家数的行业排名，可以了解本网店在行业中所处的地位。

（3）退款率

退款率=统计时间内退款成功笔数/支付子订单数×100%。

指标意义：该指标反映店铺商品的品质好坏、商品的性价比以及服务态度，该指标直接影响店铺的搜索排名。

指标用法：一旦店铺的退款率大于行业平均水平，则说明网店的售中和售后服务存在问题，应及时予以处理。

（4）支付金额

支付金额=统计时间内买家拍下商品后支付的金额总额。

指标意义：即为网店总销售额，反映网店销售情况。

指标用法：通过支付金额的同比和环比，商家可以了解本网店的销售变动情况。通过支付金额的行业排名，可以了解本网店在行业中所处的地位。

（5）客单价

客单价=统计时间内每一个买家的平均支付金额。

指标意义：衡量统计时间内每位支付买家的消费金额大小，客单价是构成网店销售额的重要指标。

指标用法：如果网店的客单价低于行业平均水平，则说明本网店在关联销售、商品促销等环节存在不足，需要改进。

（6）营业利润金额

计算公式：营业利润金额=营业收入-营业成本金额。

指标意义：反映网店在统计时间内的盈利情况。

指标用法：如果网店的营业利润金额未达到网店经营的预期目标，则本网店需要查找原因，并采取措施予以改进。

3. 库存数据和退货数据分析指标

（1）库存天数

计算公式：库存天数=期末库存金额×（销售期天数/某个销售期的销售金额）。

指标意义：库存天数也就是存货天数，它能有效地衡量库存可持续销售的时间，并且与销售速度密切相关，随着销售速度变化而变化。

指标用法：通过库存天数可以判断网店是否存在缺货的风险。

（2）库存周转率

计算公式：库存周转率=销售数量/[（期初库存数量+期末库存数量）/2]×100%。

指标意义：库存周转率一般用于审视库存的安全性问题。在电子商务数据分析中，库存周转率高，则商品畅销；库存周转率低，则有滞销风险。

指标用法：作为网店判断和调整采购政策与销售政策的依据。

（3）金额退货率

计算公式：金额退货率=某段时间内的退货金额/总销售金额×100%。

指标意义：金额退货率是指商品售出后由于各种原因被退回的商品金额与同期总销售金额的比率。

指标用法：通过金额退货率的变动趋势可以从退货金额方面来判断网店的商品质量和售后服务质量。

（4）订单退货率

计算公式：订单退货率=某段时间内的退货订单数量/总订单数量×100%。

指标意义：订单退货率是指商品售出后由于各种原因被退回的订单数量与同期总订单数量的比率。

指标用法：通过订单退货率的变动趋势可以从退货订单数量方面来判断网店的商品质量和售后服务质量。

（5）数量退货率

计算公式：数量退货率=某段时间内的退货数量/总销售数量×100%。

指标意义：数量退货率是指商品售出后由于各种原因被退回的数量与同期售出的商品总数量的比率。

指标用法：通过数量退货率的变动趋势可以从商品退货数量方面来判断网店的商品质量和售后服务质量。

7.2.2　店铺每周流量数据分析

1. 店铺流量分析指标

（1）跳失率

跳失率高绝不是好事，要降低跳失率，关键是了解跳失的原因。在进行一些推广活动或投放大媒体广告时，跳失率都会很高，跳失率高可能意味着目标消费人群定位不精准，也可能广告诉求与访问内容有着巨大的差别，也可能本身的访问页面存在问题。

（2）回访者占比

回访者占比=统计时间内 2 次及以上回访者数量/总来访者数量。

指标意义：反映网店的吸引力和访客忠诚度。

指标用法：在流量稳定的情况下，该指标越高则说明新用户开发得越少，该指标越低则说明用户的忠诚度越低，复购率也越低。

（3）访问深度比率

访问深度比率=访问超过 11 页的访客数/总的访问人数。

指标意义：该指标反映网店内容对访客的吸引力。

指标用法：访问深度比率越高越好。

2. 其他数据分析指标

其他数据分析指标有总订单数、有效订单数、订单有效率、客单价、毛利润、毛利率、退货率、退款率、下单转化率等。

7.2.3 店铺长期流量数据分析

1. 用户数据分析

所谓用户数据分析，就是对访客数据进行分析。在网店的经营过程中，我们需要对自身店铺的用户消费情况进行分析，以了解网店的经营情况，从而制定相应的应对措施和方案，使网店发展得更好。用户数据分析的主要指标有新访客数、新访客转化率、访客总数、访客复购率等。

> **知识链接**
>
> ### 访客复购率
>
> 访客复购率分析包括1次购物比例分析、2次购物比例分析、3次购物比例分析，以及高频购物比例分析。

2. 流量数据分析

流量数据分析可以用于监控各渠道转化率，从而让运营人员挖掘转化效果好的渠道和媒体。淘宝店铺的流量一般分为站内和站外两种渠道。

> **知识助手**
>
> ### 你知道站内流量和站外流量的区别吗？
>
> 站内流量和站外流量的区别在于：淘宝站内的流量，是淘宝平台已经培育好的，成交的概率高，即高质量流量。而站外的流量，成交的概率相对低，流量质量不可控。

3. 内容数据分析

网店内容数据分析指标主要有两个：跳失率和热点内容。其中，跳失率前文已介绍，而热点内容指的是消费者最关注的内容是什么以及什么商品、什么品牌的点击率最高等。

4. 商品销售数据分析

商品销售数据是商家内部数据。商家可根据每周、每月的商品销售数据，了解店铺经营状况，做出较为准确的未来销售数据预测。商品销售数据分析指标包括销售计划完成率、销售利润率、成本利润率等。

> **知识链接**
>
> ### 销售计划完成率、销售利润率、成本利润率的计算公式
>
> 销售计划完成率=（商品实际销售量×计划单价）/（商品计划销售量×计划单价）

销售利润率=利润/销售收入

成本利润率=利润/成本

7.3 | 关键词数据分析

7.3.1 词根与关键词

1. 词根的概念

词根是关键词的主要组成部分，是词义构成的基础部分。例如，词根"内衣"，可以衍生出的词有"内衣女""内衣套装"等。所有的关键词都是由词根组合而成的，并且有些词根本身就属于一个关键词，如常见的有"衣服""手表""水果"等，这些都被统称为淘宝标题词根。

词根是关键词里面最小单位的组合词，也是最小的标题粒度。例如，中文词根"连衣裙"，不可以再分为"连衣""衣裙"，因此"连衣裙"就是词根，词根是不能再进行拆分的。

> **知识拓展**
>
> ### 词根分析
>
> 词根分析是标题优化的前提，标题优化就好比盖房子，而用什么词根、选用什么词就是选择建筑材料，只有选择好的材料才能建造高楼大厦。词根分析是根据词根背后的数据指标反馈，通过分析数据输出结果，剔除标题中的无用词根，从而达到优化标题的目的。
>
> 分析词根时需要考察词根覆盖的关键词数量、流量及成交数据。在分析关键词时要将关键词拆分成词根再进行分析，原因是访问店铺的关键词多而杂，分析单个关键词的数据在关键词多的情况下并不精准，因而将关键词拆分为词根单位再进行分析是十分必要的。

2. 关键词的概念

关键词是搜索引擎的产物，消费者通过关键词在淘宝主页上检索商品，商品要被消费者检索到的前提是商品标题中包含消费者的检索词（关键词）。由于每个商品的标题都有字符限制，通过分析关键词数据，即可优化页面设置的关键词和商品的标题。

7.3.2 关键词主要来源

下面介绍关键词的主要来源。

（1）通过淘宝卖家后台"生意参谋—市场—搜索分析—相关词分析"进入图 7-1 所示的功能界面（注：该功能需要付费实现）。

（2）在 PC 端淘宝首页的搜索框中键入关键词时会有搜索词推荐，例如，搜索"连衣裙"，如图 7-2 所示。

图 7-1　生意参谋"相关词分析"界面

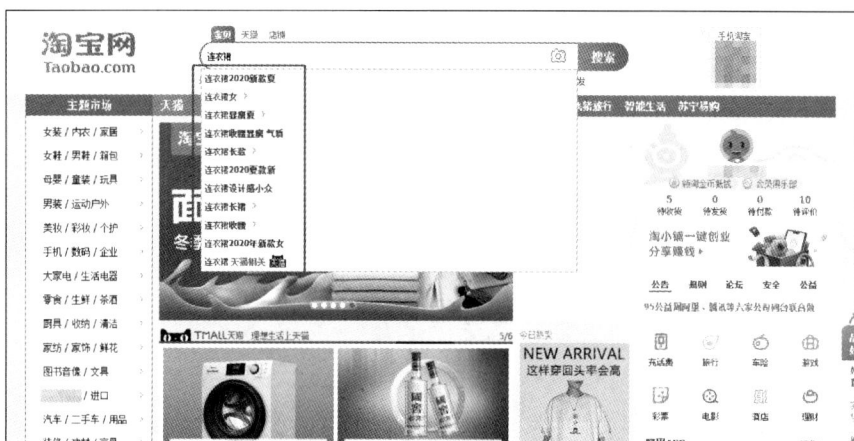

图 7-2　搜索词推荐界面

（3）相关词搜索界面如图 7-3 所示，在 PC 端淘宝页面搜索后，页面上会有"您是不是想找"的字样。

图 7-3　相关词搜索界面

（4）直通车 TOP20W 词表下载界面如图 7-4 所示，分为潜力词表 PC、潜力词表无线、TOP20 万词表 PC 和 TOP20 万词表无线。

（5）直通车添加关键词界面如图 7-5 所示，在直通车计划中添加和查找相关的关键词。

图 7-4　直通车 TOP20W 词表下载界面　　　　图 7-5　直通车添加关键词界面

知识拓展

什么是搜索?

"搜索"是买家高频使用的商品检索方式,也是商家最喜欢的流量入口,因为它是免费的,流量也大,而且搜索流量的转化率仅次于活动入口。搜索时需要键入关键词,搜索引擎基于关键词查找相关商品。很多商家会研究搜索的作弊规则,目的是通过搜索功能赚钱。搜索作弊的本质就是过度进行搜索优化,商家根据搜索引擎设定好的排名制度,然后有针对性地优化数据指标。但实际经营店铺时,建议大家通过合理营销手段实现搜索数据优化,避免作弊行为。

7.3.3　关键词有效度分析

1. 数据准备

从 MySQL 数据库中提取"关键词报表",数据采集于生意参谋。关键词报表的字段说明如下。

日期:数据统计的日期。

关键词:访客搜索某商品的关键词。

访客数:搜索某个关键词后进入页面访问商品的访客数量。

支付金额:搜索某个关键词后进入页面访问并支付的金额。

2. 词根有效度分析

在"添加列"选项卡中单击"自定义列",判断关键词中是否包含词根。

Text. Contains 函数说明如下。

函数功能:判断文本 1 中是否包含文本 2,包含返回 TRUE,不包含返回 FALSE。

函数语法:Text. Contains(文本 1,文本 2)。

词根有效度的分析过程如下。

① 过滤"是否包含词根"中的"FALSE"。

② 设置好后,在"开始"选项卡中单击"关闭并应用",将以上操作保存。

③ 切换到报表视图,将"pbi 词根表"的"词根""访客数"和"支付金额"三列设置为"表格"对象的值,在"表格"对象上根据词根的贡献进行排序。

④ 添加一个"折线和簇状柱形图"对象，将"pbi 词根表"的"日期"列设置在"折线和簇状柱形图"对象的共享轴上，将"支付金额"设置在列值，将"访客数"设置在行值。

⑤ 将"折线和簇状柱形图"对象的 X 轴类型设置为"类别"。

⑥ 选中"表格"对象，在"格式"选项卡中单击"编辑交互"。

⑦ 这时"折线和簇状柱形图"对象的右上角会出现新的图标，设置为筛选效果。

7.4 电子商务流量推广数据分析实例

店铺流量结构比例分析

1. 案例目的

（1）了解店铺流量结构分析方法。

（2）实操店铺流量结构分析。

2. 案例背景

店铺的流量分析是衡量店铺是否有成交量的重要指标，通过分析店铺流量结构，商家可以对来自各个渠道的流量有所了解。不同的搜索行为代表着不同的搜索流量，不同的搜索流量背后是不同的搜索人群，不同的搜索人群有不同的年龄、喜好、消费能力等。商家通过流量结构数据分析，可以更好地进行商品布局和营销规划。

3. 案例内容与步骤

本案例使用的是某店铺的流量结构数据，如图 7-6 所示，包含各流量渠道对应的访客数、访客数变化、支付金额、支付买家数、支付转化率等数据。该店铺的主要流量来源有付费流量、淘内免费、自主访问等 3 种，接下来将基于这些数据对该店铺的流量结构进行分析。

图 7-6　原始数据

下面以付费流量为例进行店铺流量结构的分析。观察发现，付费流量方式下，流量来源明细包含"直通车"和"超级推荐"两种，可以对这两种明细进行占比分析。

依次单击"插入"→"数据透视表"选项，将数据透视表插入"新工作表"中，如图 7-7 所示。

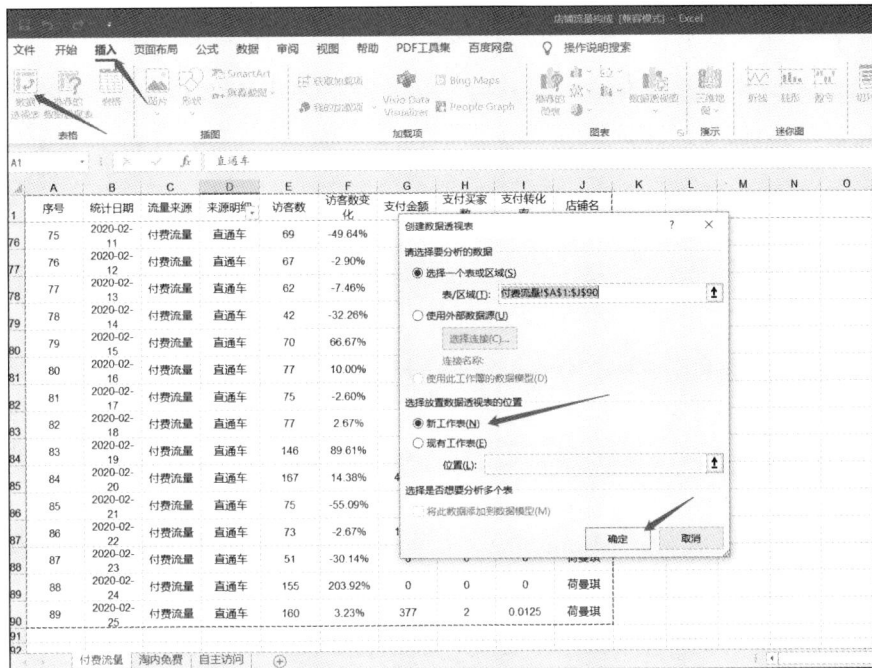

图 7-7　插入数据透视表

在数据透视表中，分别拖曳"来源明细""访客数"字段至"行""值"区，得到图 7-8 所示的数据透视表。

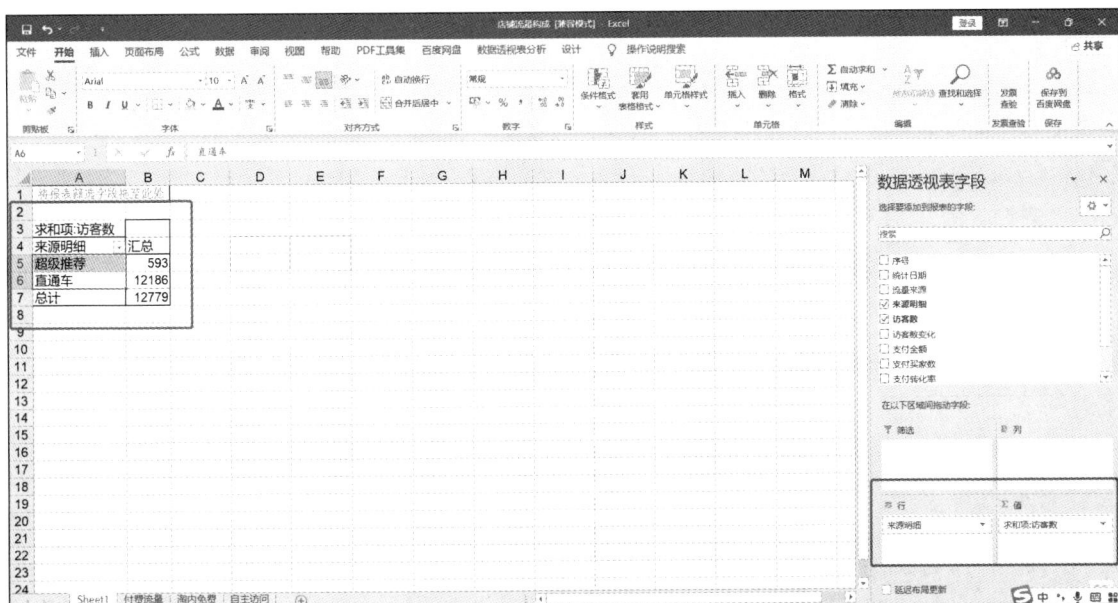

图 7-8　数据透视表

将数据透视表中的数值复制至旁边的单元格中以便作图。基于所复制的数据制作饼图，并设置数据标签显示百分比，如图 7-9 所示。观察图 7-9 中数据可以发现，该店铺内来自直通车的访客数占比为 95%，远远高于来自超级推荐的访客数。

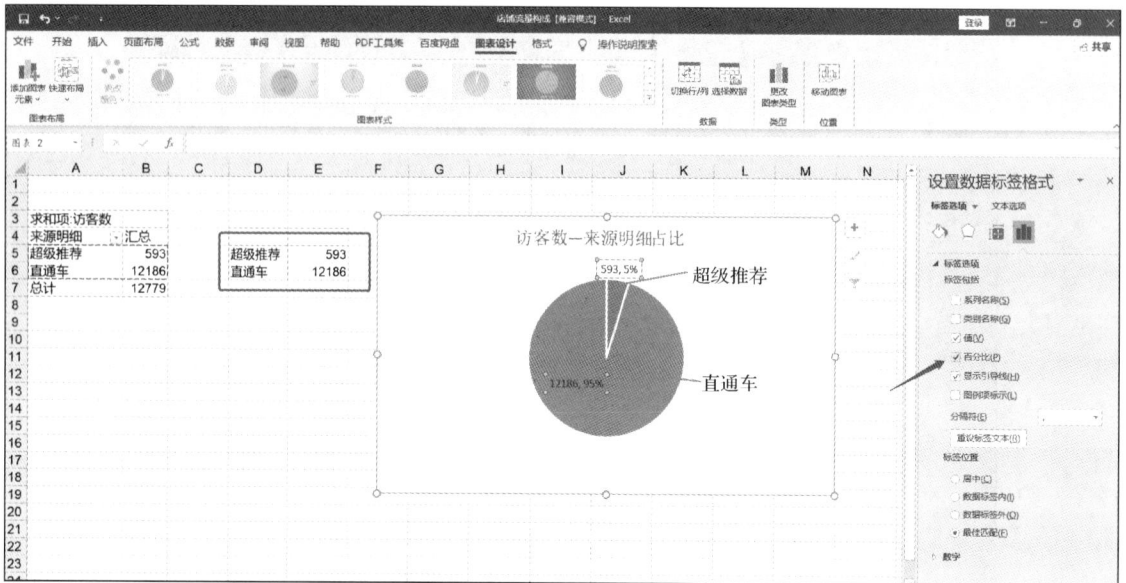

图 7-9　访客数—来源明细占比饼图

按类似的操作，分析支付金额的来源明细占比发现，该店铺内的支付金额均来自直通车，如图 7-10 所示。

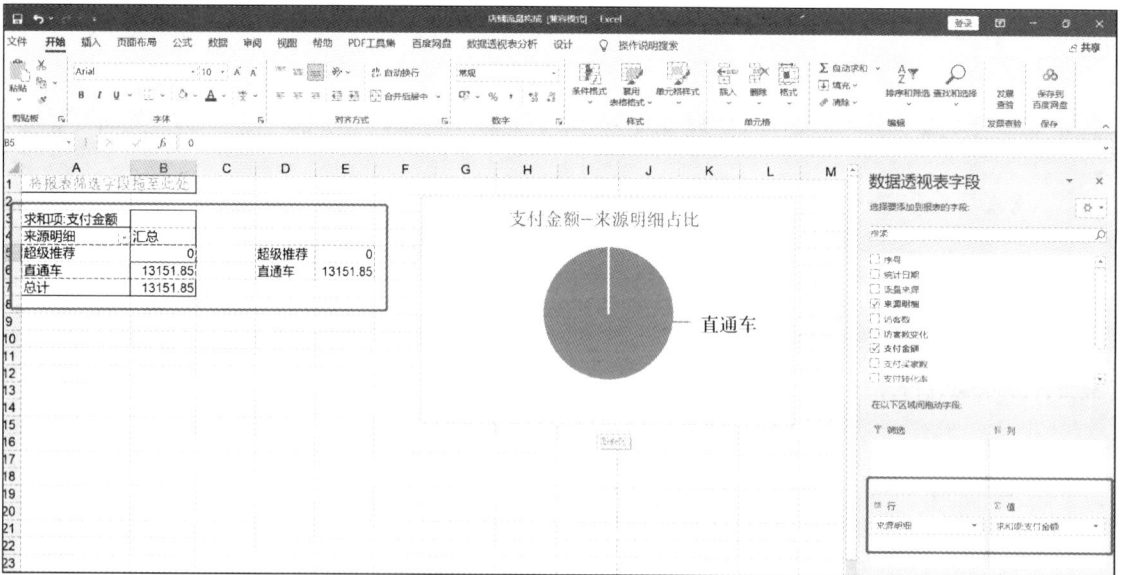

图 7-10　支付金额—来源明细占比饼图

与以上操作类似，接下来还可进一步分析支付买家数、支付转化率等其他指标的付费流量来源明细占比。

4. 案例总结

综上，对该店铺内的付费流量来源明细分析后得出结论：店铺内 95%的访客来自直通车，且支付金额完全来自直通车，这说明该店铺在直通车上投放广告的引流效果较好。

5. 实训题

（1）分析该店铺淘内免费流量的来源明细占比。

（2）分析该店铺自主访问流量的来源明细占比。

思考题

1. 成本指的是什么？网络运营成本都有哪些？
2. 简述流量数据分析指标及其指标意义。
3. 什么是站内和站外流量的区别？
4. 简述店铺流量分析指标。
5. 什么是店铺长期数据分析。

第8章 | 库存数据分析

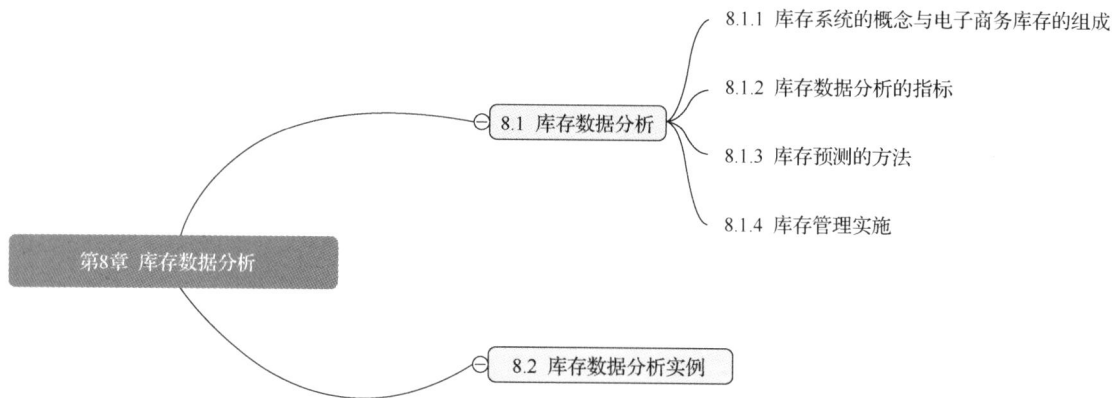

8.1 | 库存数据分析

8.1.1 库存系统的概念与电子商务库存的组成

当商品热销时，如果库存不足，且来不及补货，就会耽误大好的销售时机。当商品滞销时，如果库存过多，又会造成仓库资源和成本的浪费。因此，合理管理库存对店铺正常运营具有重要的影响。要解决这个问题，就要正确认识电子商务库存。下面主要从库存系统和库存组成两个角度进行介绍。

1. 库存系统的概念

库存系统的作用就是管理好商品的实时库存数据。商家可以通过该系统了解当前商品是否可以销售及可以销售的数量；消费者则可以通过该系统了解当前商品是否可以购买及可以购买的数量。

2. 电子商务库存的组成

电子商务平台内的商家利用消费者下单购买、收货和退货的时间差，对库存进行分类管理，能够降低库存风险，维护客户满意度，提高经营绩效。

电子商务库存可以分为可销售库存、订单占用库存、不可销售库存、锁定库存、调拨库存和在途库存。

（1）可销售库存

可销售库存，即网站前台显示的库存。网店消费者下单时，网站前台会首先向后台系统发出要求，检查订单商品数量与当前可销售库存数量。若可销售库存数量大于订单商品数量，则消费者在前台网购成功，否则会通知消费者库存不足。

如果该消费者下单成功，其购买的库存就会被预留下来，变为订单占用库存，用于后续的发货，系统中可销售库存数量减少。

商家可以规定网店的库存减少方式：一种是下单减库存，另一种是付款减库存。如果选择下单减库存，只要消费者不付款，那么这部分库存一直会被占用，影响其他消费者的购买。在大促阶段，可销售库存的减少，有助于督促消费者加紧购买，提高转化率。

有分仓的网店，还可以根据消费者的收货地址及分仓的库存数据，实时显示可销售库存数量，以帮助消费者购买，实现更好的消费体验。

若消费者从下单到收货的时间，大于商家的采购、发货时间，商家可以设置虚拟库存，作为可销售库存。

（2）订单占用库存

当生成订单时，订单占用库存产生，用于后续发货。订单占用库存，一方面保证该订单有货可发；另一方面防止其他消费者下订单后无货可发的情况出现。

（3）不可销售库存

由于质量、包装、返修或者未经过检验没有上架等原因，部分商品无法销售，但占用库存、资金和空间，即不可销售库存。

（4）锁定库存

在促销中，若商家希望某一个时间区间内只能销售一定数量的商品，以降低促销成本，掌握促销节奏，可以设定锁定库存。

（5）调拨库存

调拨库存指的是不能用于即时发货，但可用于未来销售的库存。对于分仓间的调拨，有库存调拨占用库存和在途库存。

（6）在途库存

在途库存是指商家采购订单生效，供应商已发货，但未入库的库存。

8.1.2　库存数据分析的指标

商家可以通过简单的库存数据了解库存的基本情况，但并不能依此判断库存能否满足销售需要，及判断库存数量是否安全。因此，商家还需要借助库存天数和库存周转率来量化库存，以确认库存数量是否足够、合理或安全。

1. 安全库存数量

服装、电器等行业习惯使用绝对数量或金额作为安全库存标准，其优点在于直观明了，可以直接与现有库存对比来发现差异，但由于没有和销售数据挂钩，在目前商品销售具有节奏性、季节性的前提下，显得不够精准和灵活。

2. 库存天数

库存天数（day of stock，DOS）可以有效衡量库存滚动变化的情况，是衡量库存在可持续销售期的追踪指标。库存天数的优势在于既考虑了销售变动对库存的影响，又可以将"总量—结构—SKU"体系的安全库存标准统一化管理。

库存天数的计算公式为：

$$库存天数=期末库存数量÷（某销售期的销售数量/该销售期天数）$$

用库存天数来判断库存安全性时，还可以量化每个 SKU 的库存天数，然后和标准库存天数进行对比。按此理论，就可以利用 Excel 建立 SKU 库存天数监控表，即利用每个 SKU 的库存数据和销售数据计算 SKU 对应的库存天数，然后对比标准库存天数：对低于标准库存天数的，及时补货；高于标准库存天数的，想办法退货或提升销量。

3. 库存周转率

库存周转率可以从财务的角度监控库存安全，这个指标一般以月、季度、半年或年为周期。

其计算公式为：

$$库存周转率=销售数量/[（期初库存数量+期末库存数量）/2]$$

分析库存周转率时，首先利用公式计算各商品或 SKU 的库存周转率，然后建立四象限图进行分析。

分析库存时，常涉及动销率、广度、宽度、深度等概念，其含义分别如下。

（1）动销率

动销率指在一定时间段内销售的商品数与总库存商品数之比。店铺的动销率越高，权重越高，如此店铺不仅会获得更多系统展现，而且还能提高参加官方活动的通过概率。商品的动销率越高，搜索排名权重越高，获取更多流量的概率也就越大。此外，上架新商品时，库存不要填太大，后期根据实际销量来增加库存，有利于优化动销率数据；对于动销率非常低的商品，要及时下架或删除。

（2）广度、宽度和深度

一般情况下，广度、宽度和深度这 3 个指标合理，库存结构就比较合理。其中，广度指涉及的商品类目；宽度指商品各类目下的种类；深度指商品的 SKU 数量。将对这 3 个维度的分析结果和计划值进行对比，找出差异，就能确定库存结构在哪里出现了问题。

8.1.3 库存预测的方法

1. 库存天数预测

库存天数预测主要依赖历史销售数据，它代表过去的销售规律，该规律可用来预测库存还能够支撑销售的时间长短。要想精确把握销售趋势，仅靠历史销售数据是不行的，还需要找到影响未来非正常销售的因素，如促销活动、季节性原因、节假日等各种特殊事件。通过对未来销售进行预测，再结合历史数据进行判断，我们就能更加精确地确定库存的数量。

2. 滚动预测

滚动预测可以根据销售趋势的变化不断调整需求，这样供应商也能有一个较长时间的备货周期来适应销售需求。滚动预测一般分为周预测或月预测。

8.1.4　库存管理实施

和人体循环系统一样，如果店铺的库存管理系统上下不通就会形成恶性循环，所以，进行有效的库存管理，及时制定促销措施来清仓，才会使店铺的经营得到飞速发展。对于一家店铺来说，浏览量和成交量很重要，库存量也同样重要。

1.　统计库存

很多商家起步阶段的商品库存量不大，暂时还不需要进行库存管理，但是随着商品数量的不断增加，店铺业务的日趋繁忙，对库存统计和管理数据的准确性的要求就会越来越高。库存管理最起码的要求是必须有一个进销存的统计表。商家应建立一个简单的 Excel 表格，将每天的销售数据及时输入，以便随时能对店铺的进、销、存数量进行统计和管理。

大家要注意的是，商品库存信息要及时更新，如果不及时更新就会造成数据记录不准确，若重新把那些没更新的商品找出来统计一次，会增加很多工作量，所以只要有消费者付款，就要马上更新商品库存信息，至少每天更新一次，以免遗漏。

如果担心每天记录一次会遗漏商品，也可以充分利用淘宝网的功能，在买家付款后，马上在"我的淘宝"→"已卖出的宝贝"下，单击"备忘录"按钮，记下这笔交易的情况，如商品的规格、颜色、数量和其他需要记录的内容（不同颜色的小旗子可以用来区分该备注的内容），待晚上整理好一并登记到库存管理表中，这样，即使每天只记录一次也不容易出现遗漏。

另外，商家也可以把这个库存管理表打印出来随身携带，如此在有商品进出时可直接在上面用铅笔做好记录，更方便擦拭修改。需要查看库存量时，也不必翻遍所有的商品去确认某一件商品是否有货。在进货时，拿着这张库存管理表也不用担心供应商随意提价了。如果有必要，可以按不同的供应商分别建立不同的库存管理表，这样进货就会更方便、更明了。

除了数量的管理，商家还要注意库存商品的陈列和摆放。如果商品种类繁多，要将每一类商品固定存放在一个地方，并保证一定的存放面积、存放高度和层数。这样细致的管理属于比较专业的库存管理，即使暂时用不上，也应该尽量多了解一些，不然就无法管理好店铺。

2.　控制库存

经营网店的成本相对来说比较小，其中最重要也是最大的一项成本就是进货费用，应该什么时候进货及进多少货，都是需要商家好好计划的。有些商家抱怨说：销量在增加，但家里的库存量也在增加，赚的钱全都变成货了，自己的家变成了供应商的大仓库。

可见，做好库存管理工作至关重要，如果学会运用一些专业知识来合理控制库存，靠几张简单的表统计分析一下，就能做到赚钱不存货。库存管理好了，店铺经营的压力自然就减小了。

（1）根据销售类别分析

库存控制主要是从进什么货、进多少货入手的，以一天、一周或一个月作为一个周期来统计店铺的发货数量，通过这些数据来预测店铺下个月最保守的进货量，尽量做到减少库存积压，又不用频繁补货，从而有效减少进货的时间和成本。统计时间的长短可以根据发货量的多少来决定，统计项目包括商品名称、发货数量、发货时间、进货价及销售价等。

（2）根据销售数量分析

商家也可以根据前几个月销售数量计算出下个月大致的进货量，这是一个简单的计算方法，就是把各个数量乘以相应的系数再求和。这个系数叫权重系数，是一个权衡数据参考价值轻重的数值。

（3）根据销售经验分析

不同的商品会有不同的淡旺季，传统销售和网上销售的淡旺季也会略有区别，所以前面的两种方法不一定适合所有商家。一般经营了一段时间的商家，可以根据自己的销售经验来分析基本的进货量。

首先要了解商品的淡季和旺季，还要根据经验对市场的需求进行分析和预测，然后参考往年同期的进货量，得出一个基数，再乘以估算店铺发展系数，就能算出大致的进货量。因为店铺是在不断发展的，销量也会逐年递增，所以在使用经验估算法预测进货量时，一定要充分考虑店铺发展这个重要的影响因素。

3. 清理库存

除了统计库存和控制库存，商家还要学会清理库存。对于商家来说，库存问题是严重影响店铺发展的问题，几乎所有的店铺都会受到库存问题的困扰，当库存商品出现积压时，商家一定要想办法清理库存，轻装前进。清理库存最常用的方法是拍卖、折价等清仓促销活动。

（1）清仓促销活动的种类

① 拍卖促销：是指使用竞拍方式发布商品，由消费者按自己的心理价位来出价，以此吸引更多人踊跃参加，如"一元拍"等。这种促销方式有一定的风险，商家应该做好承受亏损的心理准备。

② 折价促销：也称为打折、折扣，是所有商家最常用的一种促销方式，如"××折特价"销售等。打折幅度比较大的商品可以促使消费者尽快做出购买的决策。

③ 服务促销：是指在不提高商品价格的前提下，增加商品或服务附加值的一种促销方式，如"包邮"等，可使消费者感到物有所值。这种增加商品附加值的促销方式更容易让消费者接受。

④ 赠品促销：即消费者购买一件商品时，均可获赠品一件，多买多赚，如"买一赠一""送红包"等，红包可以在下次购买时直接抵扣，刺激消费者再次消费，能起到加强促销的效果。这种方式不仅可以快速消化库存，还可以增加店铺流量、带动其他商品的销售，是一举两得的促销方式。

⑤ 积分促销：这种方式在网店上的应用更加简单，更易操作，可以增加消费者对店铺的忠诚度，如"会员积分"活动等。商家进行积分促销时一般会设置对消费者比较有吸引力的礼品，以刺激消费者通过多次购买来增加积分以兑换礼品。

⑥ 联合促销：这是联合多家店铺共同参加的促销方式，利用优势互补、客源共享来提高销量，如"通购通扣"销售等。如果商家应用得当，这种方式会起到相当好的促销效果。

除此之外，还可以参加网站组织的团购销售，特别是小商品、服装和生活必需品等品类的商品都有较大的团购市场。团购能产生批量销售，很容易吸引消费者参与，如限时抢购、周末疯狂购等。利用网站促销，达到吸引更多消费者参与促销活动的目的。

这些促销方式对于清理库存都很有帮助。

（2）清仓促销方案设计的原则

① 要适应消费者的消费特点，但不能增加消费者的购买压力

例如，设置一次性购买几百元或几千元的商品才能享受优惠折扣，这个门槛太高，很难吸引消费者参与。

② 快速、有效地吸引消费者购买自己的商品

因为消费者的消费冲动时间一般只有几分钟，所以如果促销活动不够吸引人或者活动时间过长，都会使商家错失促销良机。

③ 设立竞争门槛

商家应设立竞争门槛，让竞争店铺难以跟进，否则很难达到清理库存的目的。如果自身店铺在做 8 折促销时，同行们蜂拥而上，纷纷推出 6 折、5 折的促销，那么这次的促销活动基本上会以失败告终。

④ 方式灵活简单，要易于操作

不要把活动规则设置得太复杂，如购满不同金额享受不同的折扣等这样的活动规则，会增加向消费者解释的工作量，所以要避免出现这样的情况。

⑤ 不要舍本逐末

促销活动方案要有利于店铺在旺季来临前的销售策略调整，不只是为了清理库存而促销。如果秋装新款即将上市，那么可以做一个夏装的清仓促销活动，在清仓夏装的同时，向大家预告即将上架的新品秋装，这样的活动才能一举两得。

⑥ 量力而行

促销价格不能超过自己的可承受范围，且要易于核算。如果参加拍卖，最后完全可能以极低的价格成交。所以商家在推出促销活动前就要做好充分的思想准备，促销价格也要简单明了，便于统计和核算。

在推出促销活动之前，可以到一些目标消费群体集中的论坛和网站，提前宣传这次促销活动的信息，让更多人来关注即将开始的促销活动，使这些活动达到更好的促销效果。

商家明白怎样统计库存、控制库存和清理库存，就能有效管理库存，使店铺的经营进入一个良性循环，一旦这个循环形成了，店铺就能平稳发展，有更多的上升空间，获得更好的经济效益。

8.2 库存数据分析实例

商品销售趋势预测库存数据分析

1. 案例目的

（1）了解数据采集相关知识。

（2）实操利用 Excel 进行商品销售趋势分析。

2. 案例背景

进行商品销售趋势分析，要对商品销售变化的趋势线做出合理的解释：发生了什么事情，什么原因导致了趋势线的变化。要对商品销售的核心指标做长期的

商品销售趋势预测
库存数据分析

跟踪记录，并做出趋势图，如点击率、转化率、销售额等指标，并对其变化的原因做出分析。进行趋势分析时，可以进行环比、同比等分析，指标的环比分析可以使商家了解最近的变化趋势，由于可能存在异常情况，如节假日或者天气的变化都会影响环比结果，所以还需要对指标进行同比分析。

3. 案例内容与步骤

本案例使用商品详情数据来分析商品趋势，如图 8-1 所示。

图 8-1　原始数据

先做商品详情数据对比观察，了解网店里有哪些主推商品，基于主推商品分析商品的销售趋势。

选中数据集，在"插入"选项卡中单击"数据透视表"选项，创建数据透视表，如图 8-2 所示。

设置数据透视表字段，设置"行"字段为"日期"，"值"字段为"求和项：支付金额"和"求和项：支付转化率"，"筛选"字段为"商品 id"，如图 8-3 所示。

筛选对应的商品 id，观察数据，如图 8-4 所示。

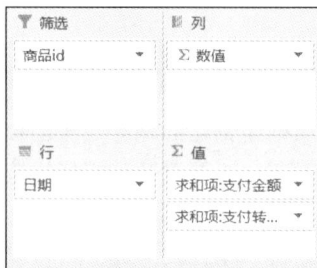

图 8-2　创建数据透视表　　图 8-3　数据透视表字段设置　　图 8-4　筛选商品 id 后的数据透视表

选中数据透视表，在"插入"选项卡中单击"组合图"选项，如图 8-5 所示，选择第一个图标创建的组合图如图 8-6 所示，此时由于支付转化率和支付金额的量纲不同，需要修改组合图的坐标轴。

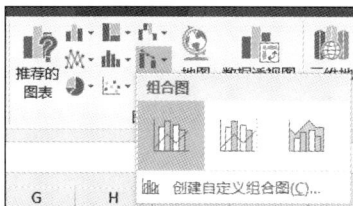

图 8-5　创建组合图操作界面

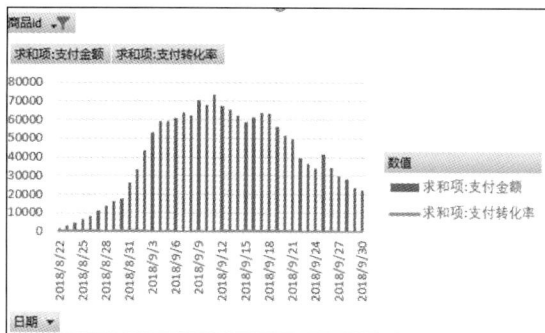

图 8-6　创建的组合图

在组合图上单击鼠标右键，在弹出的菜单中单击"更改图表类型"选项，如图 8-7 所示。将"求和项：支付转化率"设置成折线图，并勾选"次坐标轴"复选框，如图 8-8 所示。

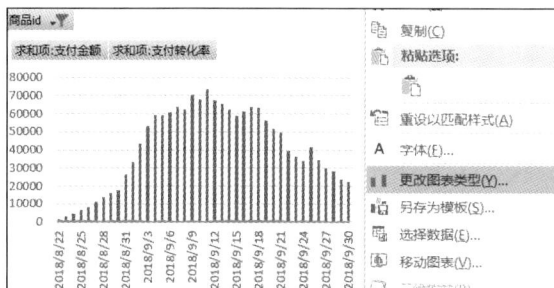

图 8-7　更改图标类型操作界面

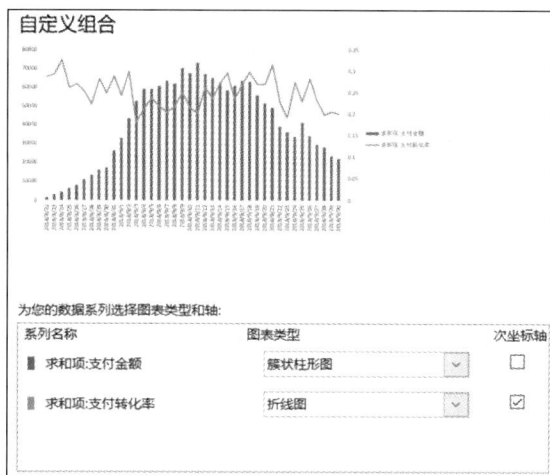

图 8-8　自定义组合图设置界面

添加图表标题、坐标轴标题，修改格式后如图 8-9 所示，商品的支付金额经历了爬坡阶段，震荡一段时间后开始经历下坡阶段，多数时期支付金额支付转化率明显在支付金额高峰期时要低于其他时期。

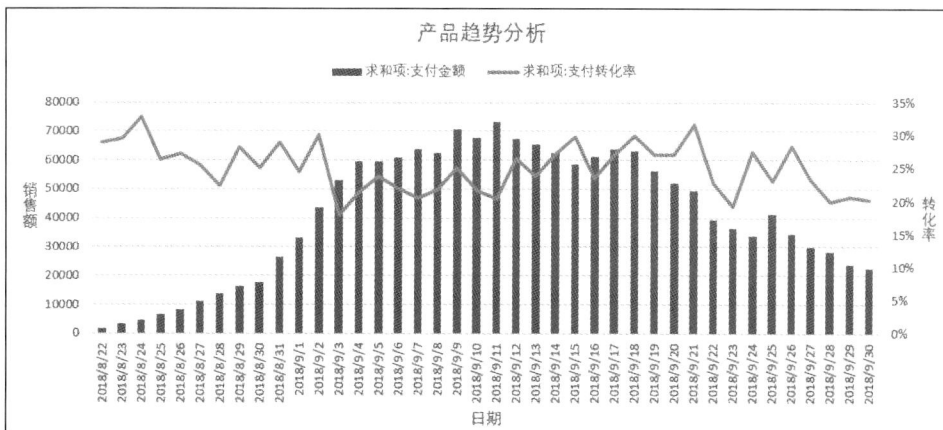

图 8-9　支付金额和支付转化率趋势

如图 8-10 所示，将支付金额换成访客数后再观察趋势，发现支付转化率在访客数高峰期时会略低于其他时期，近几个月的支付金额、访客数和支付转化率都呈下降趋势，说明该商品的生命周期可能已经接近尾声了。

图 8-10　访客数和支付转化率趋势

4．案例总结

（1）商品的支付金额经历了爬坡阶段，震荡一段时间后开始经历下坡阶段。支付转化率明显在支付金额高峰期时要低于其他时期。

（2）支付转化率在访客数高峰期时会略低于其他时期，近几个月的支付金额、访客数和支付转化率都呈下降趋势，说明该商品的生命周期可能已经接近尾声了。

5．实训题

选择该商品其他指标进行趋势分析。

思考题

1．简述库存系统的概念。

2．电子商务库存的组成。

3．简述库存数据分析的指标。

4．简要概括清仓促销活动的种类。

5．简要概括清仓促销方案设计的原则。

客户画像数据分析

第9章

章节目标

- 了解客户画像的概念与目的
- 掌握客户特征分析与行为分析的相关知识
- 掌握消费者舆情数据分析的内容

学习重点

- 客户特征分析
- 客户行为分析

学习难点

- 能够运用RFM模型对客户进行分类,并且绘制访客的用户画像
- 能够利用RFM模型制定营销策略,进行精准营销

本章思维导图

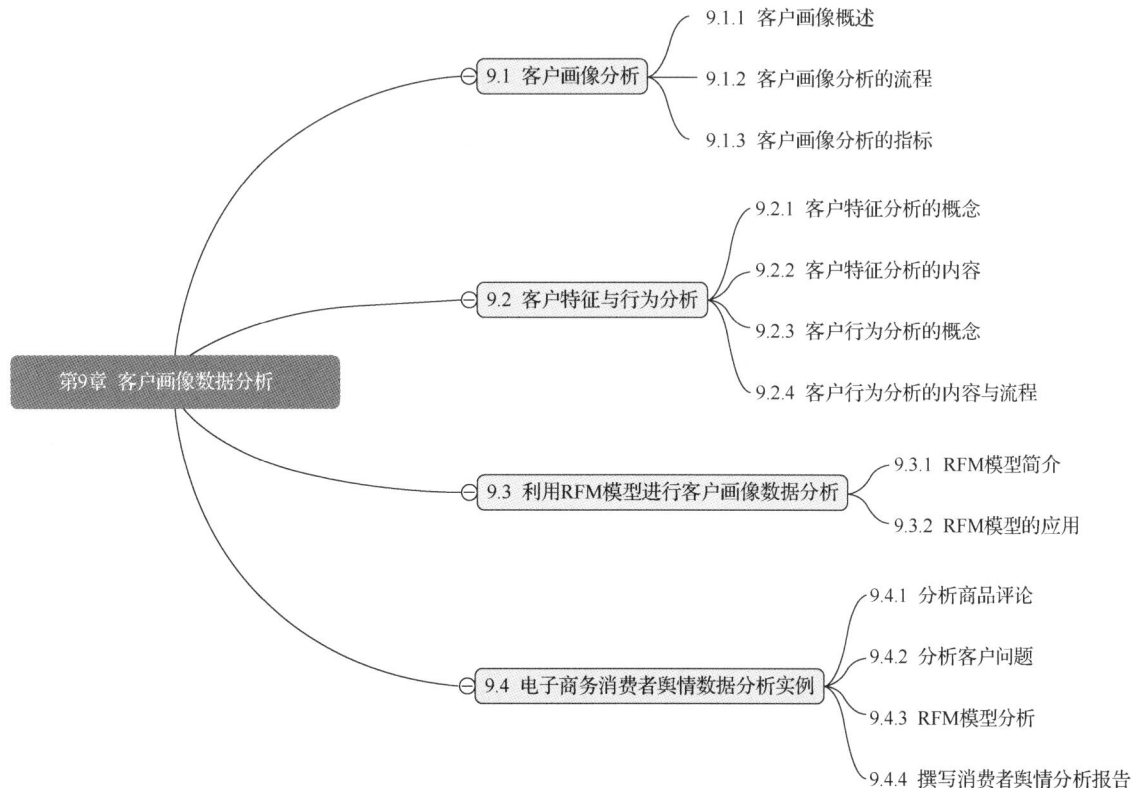

9.1 客户画像分析

在当下这个大数据时代，各个企业早就把客户画像作为了重要的经营战略调整依据。因此，客户画像在电子商务中的价值和作用不言而喻。总的来说，企业通过收集与分析客户社会属性、生活习惯、消费行为等主要信息，完美地抽象出一个客户的商业全貌，这是企业应用大数据技术的基本方式。客户画像为企业提供了足够的信息基础，能够帮助企业快速找到精准客户群体以及客户需求等更为广泛的反馈信息。在了解客户画像在电子商务行业的应用之前，我们首先要清楚什么是客户画像。

9.1.1 客户画像概述

客户画像也称为客户信息标签化、客户标签，是根据客户社会属性、生活习惯和消费行为等信息而抽象出的一个标签化的客户模型。从电子商务的角度看，根据你在电子商务网站上所填的信息和你的行为，可以用一些标签把你描绘出来，描述你的标签就是客户画像。构建客户画像的核心工作是给客户贴"标签"，而标签是通过对客户信息分析而来的高度精练的特征标识。

客户画像是由大量客户标签组成的，所有这些给客户贴的标签综合在一起，就形成了一个画像，也可以说，客户画像就是判断一群人是什么样的人（性别、年龄、兴趣爱好、家庭状况等）的工具。

在各种服务行业中，从业人员有意无意、或多或少都会自发地对客户进行画像，会用一些比较模糊或相对清晰的形容词来描述自己的客户群体。电子商务企业虽然不能像实体店那样通过面对面的交易得到形象的客户画像信息，但能比较容易地获得客户消费数据和属性特征数据，也就是说，在拥有各种画像素材的基础上，完全可以把客户画像准确而形象地勾勒出来。

勾勒客户画像的目的是了解客户。当看到一个熟悉的品牌名称或标识时，我们首先会想到什么？我们的脑海里往往会浮现出一个品牌形象：卖什么、什么价位、商品品质、服务水平等，这就是品牌画像。不是让客户主动去描述，而是企业结合企业特征，对品牌进行定位，对外塑造生动的品牌形象，对内赋予更多的理念和文化，把品牌画像丰满、清晰地描述出来，并不厌其烦地展现在客户面前，让客户在众多品牌中认识并记住这个品牌。

在前期规划中，商家要想把商品卖给正确的人，必须明确自己的市场定位，找到这类人群的共同点——客户取向、行为模式、平均消费客单价等，以帮助店铺确定整体运营节奏和选择相应有效的推广手段，确保店铺在发展思路和方向上没有大的偏差，因此客户画像在店铺营销的不同阶段会起不同的作用，具体表现以下几个方面。

1. 精准营销

精准营销依托现代信息技术手段，在精准定位的基础上建立个性化的客户沟通服务体系，最终实现可度量的、低成本的可扩张之路。精准营销相对于一般的电子商务网络营销，更加注重精准、可衡量和高投资回报。例如，精准直邮、短信息、App 消息推送、个性化广告等，都是电子商务中精准营销的例子。

2. 用户研究

用户研究就是根据大量的用户行为数据，进行行业或人群现象的描述。例如，通过购买口罩、空气净化器等类目的订单表和用户表可以得到不同星座用户的雾霾防范指数，这些行业分析报告就是为网民提供描绘电子商务大数据的成果，迎合相应的 IP 热点和社会效应可以加强品牌影响力的传播。在电子商务中，用户研究可以指导商品优化，甚至做到商品功能的私人定制等。

3. 业务决策

商家根据用户的数据挖掘出一些有用的规律进行营销决策。数据挖掘就是通过属性筛选、聚类算法、关联分析、回归算法等方法，去发现人群与人群、人群与商品、商品与商品、商品与品牌等之间的差异与联系，从而发现并挖掘更大的商机。例如，排名统计、地域分析、行业趋势、竞品分析等。

📚 知识链接

客户画像数据的重要性

客户画像数据对商家来说有如下作用：可以判断用户的消费能力，根据用户对商品的关注或购买情况，来判断用户是否可以成为终身会员、引导其再次消费；判断用户的忠诚度，根据用户问题、评论等行为，判断用户是否对商品有浓厚兴趣；判断用户的价值，判断用户对于商家的价值，能有效提高用户留存率，降低流失率。

9.1.2 客户画像分析的流程

客户画像分析的流程主要包括：明确营销需求、确定客户画像的维度和度量指标、客户画像和营销分析。

1. 明确营销需求

商家在各种营销活动中都要对目标客户进行精准营销，利用有限的营销资源"捕获"更多的目标客户。商家要做到精准"捕获"，获得客户"情报"尤为重要。客户画像在很大程度上就是客户地图、客户"情报"。

对电子商务企业而言，在整个数据化营销过程中，需要解决的四大核心问题是流量、转化、客单价和复购率。

（1）流量，即要解决"如何让客户来"的问题。

要让客户来，商家首先要了解客户，然后才能精准地安排营销推广方案，将诱人的商品、动人的促销活动、好玩的互动等定向展现在目标客户面前。有展现才会有点击，有点击才会有流量。所以，为了解决流量问题，我们需要从新老客户资源、区域分布、平台（移动端或 PC 端）、浏览习惯等方面对客户人数和占比情况进行描述，然后相对应地进行精细化安排。

在前期，新店铺可用推广测试的方法开始投放流量，在没有测款的时候，也可以主要在直通车移动端投放核心词（可以先不投钻展，店铺在卖家信用达到一钻之前，无法投放。有基础的店铺可以在直通车内设置相对应的自定义人群进行精准投放。

（2）转化，即要解决"如何让客户买"的问题。

要让客户买，商家就要知道客户的需求和喜好，为不同的客户推送不同的商品，尽量满足客户的需求。同样的商品在不同的地域、面对不同的流量来源时，转化率会有比较大的差异，在营销资源有限的情况下，商家有必要从转化率高的目标群体中引进流量。所以，为了解决转化率的问题，我们需要从新老客户的区域分布、平台（移动端或 PC 端）、浏览习惯（来源）等方面对客户的转化率进行描述，然后进行提升。后期则要做好售后服务，如管理好买家秀和评论，这样有助于后期新访客的转化。

（3）客单价，即要解决"如何让客户多买"的问题。

要让客户多买，商家就要知道哪些客户会多买，然后匹配不同价位、不同搭配方案给相应的客户，如通过搭配购买、组合满减活动、优化 SKU（库存量单位）等方式。

（4）复购率，即要解决"如何让客户再买"的问题。

要让客户再次购买，商家就要知道哪些客户再次购买的概率会更高。所以，商家需要从区域分布、购物平台、浏览习惯等方面对客户的复购率进行研究。

2. 确定客户画像的维度和度量指标

（1）从多维度进行客户画像

商家要比较准确地描述一个客户，仅从一个维度进行度量和描述是不够的。例如，要描述一个人，如果仅有身高没有体重，那么我们对其身材就很难有比较明确的感知，所以描述一个人的身材起码要有身高和体重两个维度，对成年女性往往还需要增加"三围"等数据对其身材进行描述。

商家要想比较全面而精确地了解客户，首先需要从两个或两个以上维度进行度量和描述，这样客户画像才会立体而饱满，以便于对现存客户进行分析，如现存客户怎么样、有什么消费习惯和商品喜好等，以及潜在客户在哪儿、喜欢什么、通过什么渠道获取、获取成本是多少等，这样精准营销才具有应用价值。

（2）客户画像的常见维度和度量指标

商家进行客户画像时，需要从营销需求出发，梳理出画像的维度、度量指标及表达特征或形式。

对客户画像常用的维度有：购买时间（R）、购买次数（F）、购买金额（M）、地域（国内外）、来源（一级、二级、三级）、性别、年龄、平台（指移动端平台、PC 端平台）等。通常使用不同的维度对客户进行描述时，采用的度量指标也是不同的，描述客户的常见度量指标有页面浏览量、访客数、浏览回头客户数、平均访问深度等。

3. 客户画像和营销分析

在明确了营销需求和客户画像的维度后，我们即可针对目标客户，从不同层面、不同维度进行画像和营销分析，具体可以从客户的地域、职业、性别、年龄、兴趣爱好等方面展开具体的分析。

9.1.3　客户画像分析的指标

客户画像分析必须要有数据基础，而这一基础往往是由客户关系管理系统提供的。当今的市场竞争越演越烈，在外部环境变化的影响下，企业与企业之间、企业与客户之间的关系也发生了微妙的变化。所以，更多企业将客户关系管理提上议程。因为如果没有集成化的客户关系管理，企业将无法进行客户分析，如客户的消费倾向、消费偏好、客户流失分析、市场细分以及对目标客户的营销等。实施集成化客户关系管理最行之有效的方法就是建立客户数据仓库（customer data warehouse，CDW）。CDW 整合从每一个客户接触点收集到的数据，形成对每个客户的"统一视野"，它能为有效的客户分析提供必要的信息。而只有通过有效的客户分析，企业才能真正做到在正确的时间，为正确的客户以正确的价格和销售渠道，提供正确的商品或服务。

通过各种渠道收集客户信息仅仅是客户分析的第一步，接下来商家需要使用某种能洞悉客户消费习惯的分析方法对这些信息进行再加工，综合分析客户的历史数据、趋势、消费心态和区域分布等数据资料，使客户分析的各项结果具有可操作性，即能指导商家在所有"客户接触点"（客户接触点是指客户接触品牌或商品的所有时机）上的行动。

电子商务客户分析指标有利于电子商务商家进一步了解客户的得失率和客户的动态信息，它主要包含以下 7 个方面的内容，如图 9-1 所示。

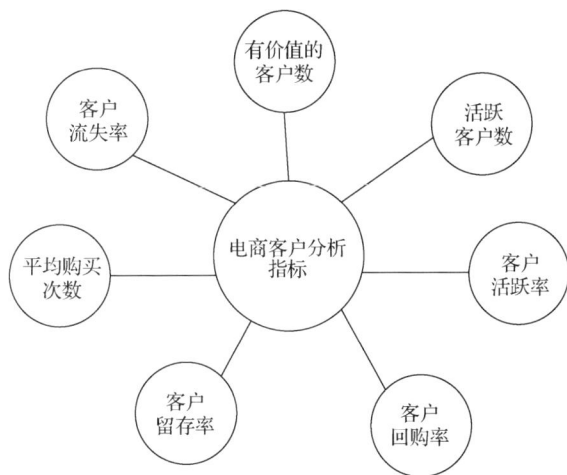

图 9-1　电子商务客户分析的主要指标

1．有价值的客户数

网店客户包括潜在客户、忠诚客户和流失客户。对于网店来说，忠诚客户才是最有价值的客户，因为他们会不定期来店铺购买商品，而不会出现长时间不购买店铺商品的现象。一般来说，可将在一年内购买本网店商品不低于 3 次的客户数视为有价值的客户数，这是客户分析的重点。对于那些浏览了网店商品却没有购买商品的客户，其给网店带来的价值很小，其客户分析的重要性也就很小。

2．活跃客户数

活跃客户是相对于"流失客户"而言的一个概念，是指那些会时不时光顾网店，并为网店带来一定价值的客户。客户的活跃度是非常重要的，客户的活跃度下降，就意味着客户的离开或流失。而活跃客户数是指在一定时期（如 30 天、60 天等）内，有登录或者消费行为的客户总数。

3．客户活跃率

网店通过活跃客户数，可以了解客户的整体活跃率，一般随着时间周期的加长，客户活跃率会出现逐渐下降的现象。如果经过一个长生命周期（如 3 个月或半年），客户活跃率还能稳定保持在 5%～10%，则网店有一个非常好的客户活跃的表现。客户活跃率的计算公式为：

$$客户活跃度 = \frac{活跃客户数}{客户总数} \times 100\%$$

4．客户回购率

客户回购率即复购率或重复购买率，体现的是消费者对该品牌商品或者服务的重复购买次数。重复购买率越高，表明客户对品牌的忠诚度越高，反之越低，因此客户回购率是衡量客户忠诚度的一个重要指标。决定客户回购率的是回头客。客户回购率的计算公式为：

$$客户回购率 = \frac{回访客户下单数}{所有下单数} \times 100\%$$

5．客户留存率

客户留存率是指某一时间节点的全体客户与在特定的时间周期内消费过的客户的比值，其中时间周期可以是天、周、月、季、年等。店铺通过分析客户留存率，可以得到网店的服务是否能留住客户的信息。客户留存率反映的是一种转化率，即由初期的不稳定客户转化为活跃客户、稳定客户、忠诚客户的过程。随着留存率统计的不断延展，就能看到不同时期客户的变化情况。客户留存率的计算公式为：

$$客户留存率 = \frac{回访客户数}{新增客户数} \times 100\%$$

6. 平均购买次数

平均购买次数是指在某个时期内每个客户平均购买的次数。平均购买次数的计算公式为：

$$平均购买次数 = \frac{总购买次数}{购买客户数} \times 100\%$$

7. 客户流失率

流失客户是指那些曾经访问过网店，但由于对网店渐渐失去兴趣逐渐远离网店，进而彻底脱离网店的那批客户。客户流失率是客户流失的定量表述，是判断客户流失的主要指标，直接反映了网店经营与管理的现状，客户流失率的计算公式为：

$$客户流失率 = \frac{一段时间内没有消费的客户数}{客户总数} \times 100\%$$

此外补充一个与之相关的新客户比例，其计算公式为：

$$新客户比例 = \frac{新客户数}{客户总数} \times 100\%$$

当新客户比例大于客户流失率时，说明店铺处于发展阶段；当新客户比例等于客户流失率时，说明店铺处于成熟稳定阶段；当新客户比例小于客户流失率时，说明店铺处于下滑衰退阶段。

9.2 客户特征与行为分析

9.2.1 客户特征分析的概念

消费者因受地域、年龄、性别、职业、收入、文化程度、民族、宗教等因素的影响，其购买需求有很大的差异性，对商品的要求也各不相同，而且随着社会经济的发展，消费者的消费习惯、消费观念、消费心理不断发生变化，从而导致消费者的购买差异性大。

消费者进入店铺后就成为访客，是商家的潜在客户，这时，商家需要分析的是什么样的消费者会选择访问商家的店铺，他们有哪些特征，主要应关注：他们从哪里来，他们什么时间来，他们的年龄层次是怎样的，他们的性别情况是怎样的，他们的职业是什么，他们的消费能力如何，他们的消费频率怎样，他们有什么偏好，是新访客还是老访客，对于有些消费者还需要分析他们的婚姻状况和家庭状况。当访客选择下单购买商品，即成为商家的客户，商家就要进一步分析该客户的人群特征是什么，他们购买商品的主要原因是什么。

9.2.2 客户特征分析的内容

客户特征分析是商家了解用户诉求点的关键，对商家制定营销方案和资源配置计划具有重要意义。对客户特征的分析可以从以下几个方面来进行。

1. 年龄分析

处于不同年龄段的群体都有各自的消费特点。例如，少年的好奇心强，喜欢标新立异的东西；青年人购买欲望强，追逐潮流；中年人比较理智和忠诚，注重质量、服务等；老年人珍视健康，热爱养生，对新商品常持有怀疑态度。因此商家要关注店铺消费者的年龄，熟悉和理解他们的消费特点，这样才能更好地满足他们的需求。

以女装毛衣为例，通过收集女装毛衣的搜索记录数据综合分析客户的年龄特性，得到女装毛衣的客户年龄分布图（图中横轴代表的是年龄段，纵轴代表的是搜索人气）如图 9-2 所示。尽管女装毛衣的性别指向已经非常清晰，但客户搜索人气高的年龄段对于电商企业商品布局非常重要。商家可选定搜索人气高的某个年龄段，如在本例中 18～24 岁这一年龄段的搜索人气最高，结合选定年龄段客户所表现的个性化需求，并综合市场需求提炼客户属性偏好，安排商品的设计生产或通过第三方市场进行采购。

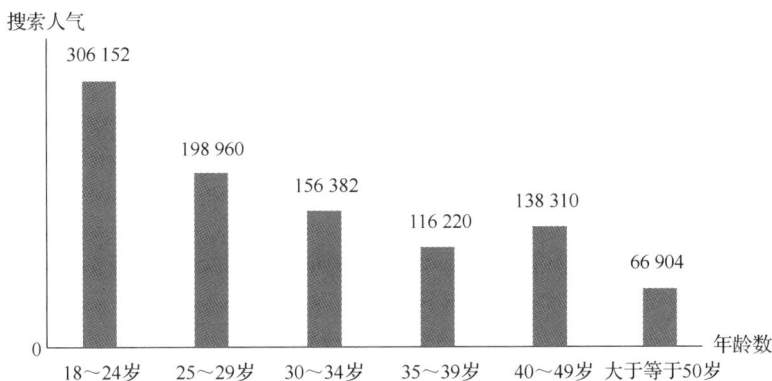

图 9-2　女装毛衣的客户年龄分布

2. 职业分析

不同职业的消费者对商品的需求差异很大，工人大多喜欢经济实惠、牢固耐用的商品；教职工比较喜欢造型优雅、美观大方、色彩柔和的商品；公司职员的交际和应酬比较多，选择商品时更注重时尚感；个体经营者或服务人员工作比较忙，对便利性要求比较高；医务人员更重视健康，对购买商品的安全性要求比较高……图 9-3 所示是某商家主营网店从 2021 年 1 月 10 日～5 月 9 日访客的职业分布图。

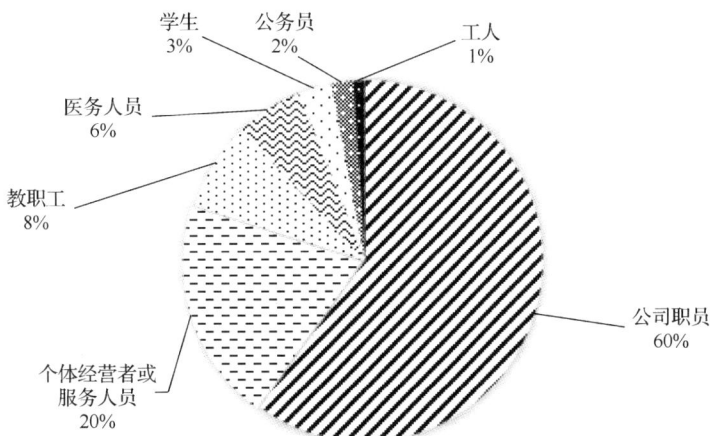

图 9-3　网店访客的职业分布

从图 9-3 中可以看出，公司职员占比最高，达 60%，个体经营者或服务人员占比 20%，教职工占比 8%，前三类合计 88%。从分析数据来看，商家一方面要把握好现有客户的需求，针对公司职员展开重点营销；另一方面要加强对医务人员、工人、公务员和学生消费人群需求的分析，提供更多能满足他们需求的商品。

3. 地域分布

这是指从空间维度上分析客户，商家要弄清楚他们从哪里来，属于哪个省（区）、哪个城市和哪个商圈等。这样商家就可以对重点省份或重点城市展开精准营销，以提升营销效果。图 9-4 所示为女装毛衣搜索人气高的地域分布图，有了这样的信息，商家就可以精准营销。

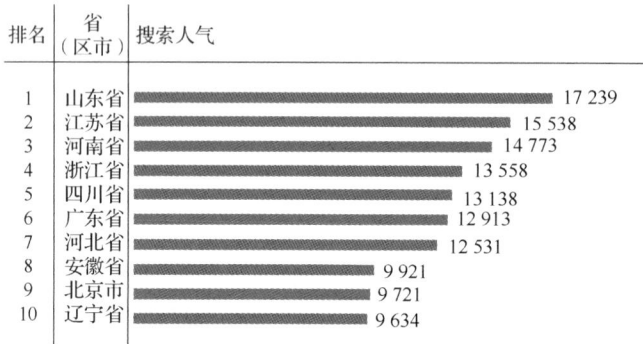

图 9-4　女装毛衣消费者的地域分布

除上述外，还有客户性别比分布、客户消费层级、客户购买频率、客户会员等级、客户偏好等方面的特征分析。

9.2.3　客户行为分析的概念

现代营销学之父菲利普·科特勒指出，消费者购买行为是指人们为满足需要和欲望而寻找、选择、购买、使用、评价及处置商品、服务时介入的过程活动，包括消费者的主观心理活动和客观物质活动两个方面。例如，对网店客户来源渠道的分析、对网店客户访问终端类型的分析、网店客户访问时间分布情况、网店客户购买的时间分布情况，等等。

图 9-5 中统计了某网店 2021 年 7 月～10 月三个月间的客户购买情况。从图 9-5 中可以看出，该店客户的购买时段集中在上午 9 点～晚间 10 点，其中上午 10 点左右、下午 2 点左右、晚间 8 点左右出现三个高峰时段。

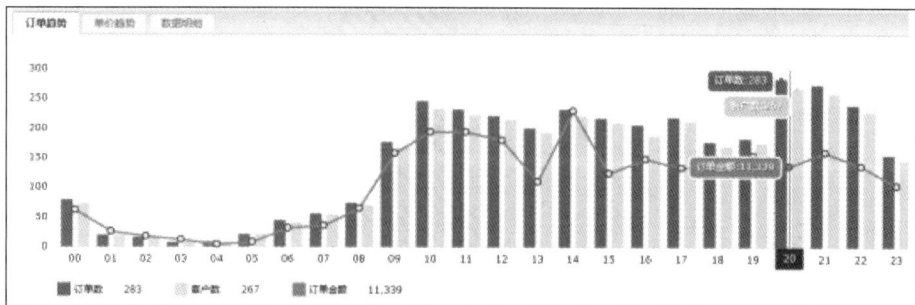

注：横轴为时间段，纵轴为订单量

图 9-5　某网店客户购买时段分布情况

9.2.4 客户行为分析的内容与流程

1. 客户行为分析的内容

市场营销学把消费者的购买动机和购买行为概括为"5W""1H"和"6O",从而形成消费者购买行为研究的基本框架。

- 市场需要什么（What）——有关商品（Objects）是什么。通过分析消费者希望购买什么，为什么需要这种商品而不是需要那种商品，企业应研究如何提供适销对路的商品来满足消费者的需求。
- 为何购买（Why）——购买目的（Objectives）是什么。通过分析购买动机的形成（生理的、自然的、经济的、社会的、心理因素的共同作用），了解消费者的购买目的，采取相应的市场策略。
- 购买者是谁（Who）——购买组织（Organizations）是什么。分析消费者是个人、家庭还是集团，购买的商品供谁使用，谁是购买的决策者、执行者、影响者。根据这些分析，组合相应的商品、渠道、定价和促销。
- 何时购买（When）——购买时机（Occasions）是什么。分析消费者对特定商品购买时间的要求，把握时机，适时推出商品，如分析自然季节和传统节假日对购买行为的影响程度等。
- 何处购买（Where）——购买场合（Outlets）是什么。分析消费者对不同商品购买地点的要求，如消费品种中的方便品，消费者一般要求就近购买；选购品则要求在商业区（地区中心或商业中心）购买，以便挑选对比；特殊品往往会要求直接到企业或专业商店购买等。
- 如何购买（How）——购买组织的作业行为（Operations）是什么。分析消费者对购买方式的不同要求，有针对性地提供不同的营销服务。根据消费者在市场消费中的行为与购买决策，分析不同类型的消费者的特点，如经济型消费者对性能和廉价的追求，冲动型消费者对情趣和外观的喜好，手头拮据的消费者希望分期付款，工作繁忙的消费者重视购买方便和送货上门等。

2. 客户购买行为分析的流程

第一步，购买行为环节模式描绘。通过座谈会、深访、观察等形式得到系统的、感性的消费者购买行为过程。不同类型的商品或服务的特点差异，使得消费者的购买行为过程也不完全一样。因此，前期的定性研究是建立模型的基础。

第二步，确定各环节的关键影响因素。通过定性和定量的研究，掌握消费者在不同环节中受到的影响因素，分析其中哪些是促成购买行为各环节演变的关键因素。

第三步，确定各环节的关键营销推动行为。针对行为各环节的关键因素，对比当前市场中成功与失败品牌的行动表现，确定哪些营销活动能够解决关键因素问题而形成推动行为。

第四步，评估目标品牌的消费者行为表现，得到完整的消费者分布结构，即处于不同阶段的消费者比例，从而明确品牌得到表现的原因。

第五步，确定营销活动的实施策略。针对品牌表现，按照重要性和优先性原则做出行动规划，并实施评估。

9.3 利用 RFM 模型进行客户画像数据分析

9.3.1 RFM模型简介

RFM 分析模型，即通过一个客户的最近一次消费（Recency，简称 R 值）、消费频率（Frequency，简称 F 值）、消费金额（Monetary，简称 M 值）三项指标，描述该客户的价值状况。

1. 最近一次消费

最近一次消费指的是客户上次购买（即客户上次到达商店）的时间。从理论上讲，最近一次消费的客户应该是更好的客户，并且他们最有可能对即时商品或服务的提供做出响应。R 值越小表示客户在该店消费的时间越近，即最近有购买行为的客户是复购可能性高的有价值客户。

例如，图 9-6 中的柱形图显示了某店铺三年内的 R 值分布情况。从图 9-6 中可以看出，形状呈现周期性且规律性的波浪形，且振幅随着时间的延长而变小。店铺对客户的营销有着稳定的季节性，从图 9-6 中可知，大概是统计周期的每年的第二个月，在这个月能吸引顾客下单，故 R 值在当月占比会特别高。该店铺的客户回购做得较好，能让客户从较远的波峰回到较近的浪形里。

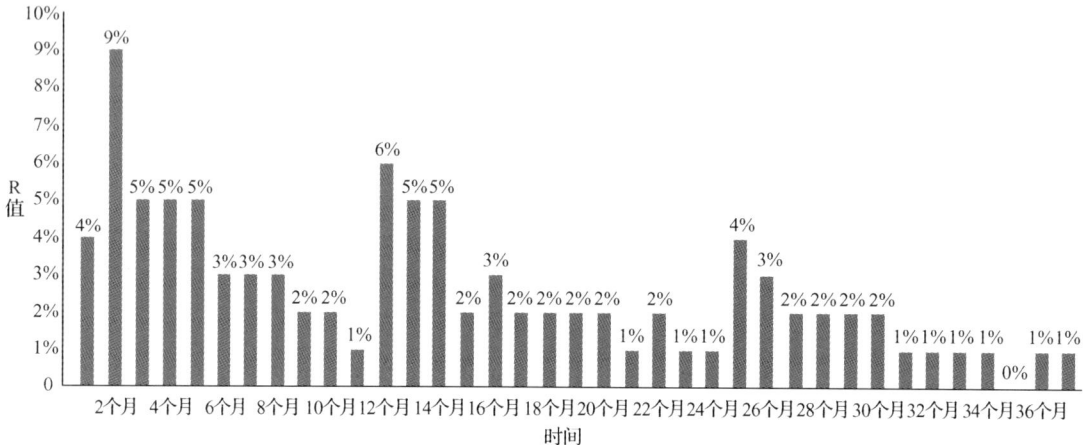

图 9-6 某店铺三年内的 R 值分布情况

2. 消费频率

消费频率是指客户在一定时间内进行购买的次数。可以说，购买次数最多的客户也是满意度最高的客户。如果您相信品牌和商店的忠诚度，那么购买次数最多的消费者的忠诚度最高。客户购买数量的增加意味着从竞争对手那里抢夺市场份额，并从他人那里获得营业额。

根据此指标，我们将客户分为五个相等的部分。此五部分分析等效于"忠诚度阶梯"。

例如，图 9-7 中的柱形图统计了一段时间内客户到店消费的次数分布。新客户（购买一次）占比为 65.6%，老客户（购买超过一次）占比为 34.4%。购买超过 4 次以后，流失达到稳定。因此，商家应该考虑如何对老客户进行营销，使其在店铺购买可达 4 次或 4 次以上。

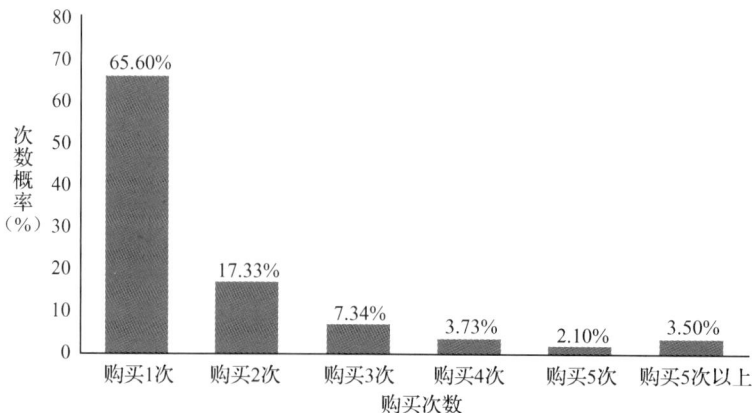

图 9-7 一段时间内顾客到店消费的次数分布

3. 消费金额

消费金额代表客户的总购买金额，指的是客户在某一期间内购买商品的金额。M 值越大表示该类客户对本店铺（商品）的购买意愿转化为购买行为可能性越大，消费越多的用户价值越大，该类客户的价值也应受到关注，反之亦然。它还可以验证"帕雷托定律"，也就是我们常说的"二八定律"，即公司收入的 80% 来自 20% 的客户。

例如，图 9-8 中的柱形图统计了一段时间内某个消费区间内的客户数与消费金额。消费 1 000 元以下的客户占比为 65.5%（近 2/3），贡献的店铺收入比例占 31.6%（近 1/3）。"二八定律"指出 20% 的顾客贡献店铺 80% 的收入——说明小部分忠诚顾客贡献了店铺主要的营收，图 9-8 就是对这一定律的有力证明。

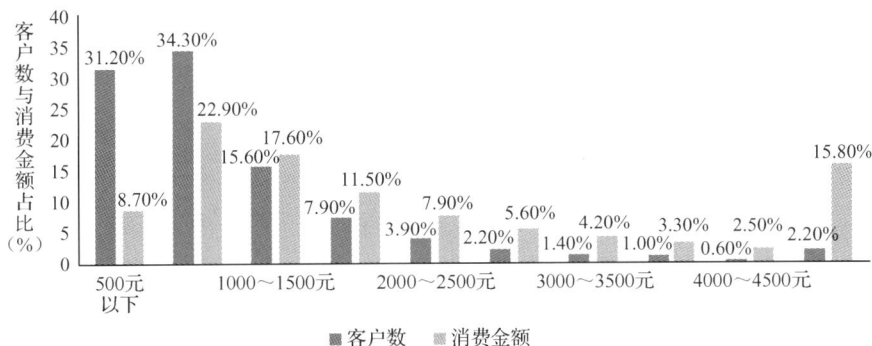

图 9-8　一段时间内某个消费区间内的客户数与消费金额

在获取所有客户三个指标的数据以后，需要计算每个指标数据的均值，通过将每位客户的三个指标与均值进行比较，可将客户按价值细分为八种类型：重要价值客户、重要发展客户、重要保持客户、重要挽留客户、一般价值客户、一般发展客户、一般保持客户和一般挽留客户，如图 9-9 所示。

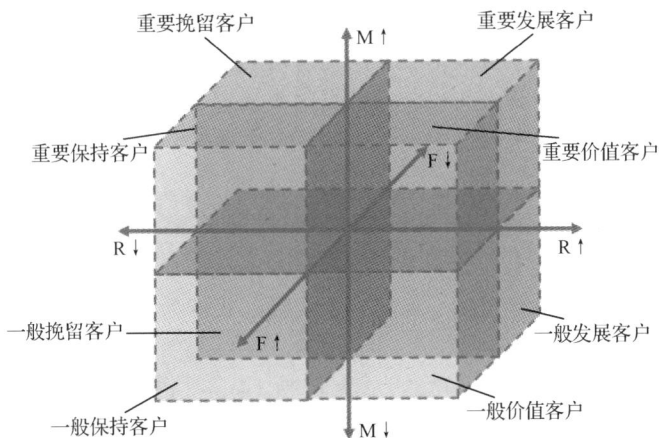

图 9-9　基于 RFM 的客户价值细分

RFM 模型最大的价值在于，可以从所有的历史客户群中迅速定位那些可能"最有价值"的客户，并通过随后及时的联络沟通，将其潜在购买转化为实际购买行为，从而进一步增强客户忠诚度，封杀竞争对手的市场空间。对大多数企业而言，在进行营销宣传时都会受到预算或者投入/产出比的限制。例如，营销活动的预算不多，只能提供服务信息给 2 000 或 3 000 个顾客，那么将信息发给贡献

40%收入的顾客，还是那些不到1%的顾客呢？这类情形就是 RFM 个模型的用武之地。

知识链接

RFM 模型的局限性

RFM模型分析也存在明显的缺陷，从统计的角度讲，它根本算不上一个模型，只是在传统商业模式下数据比较匮乏时使用的一种简单快速的CRM方法而已。在当前数据仓库普遍建立的情况下，分析人员可以大大超越RFM的简单框架，真正利用更丰富的数据信息，使用复杂的数据分析或数据挖掘模型对高价值客户做更为准确的定位。此外，RFM模型只能分析有交易行为的客户，而对访问过网站/商场但未消费的客户由于指标的限制无法进行分析，也就无法发现潜在的客户。对电子商务网站而言，由于网站数据的丰富性——不仅拥有交易数据，而且可以收集到客户的浏览访问数据，因此可扩展到更广阔的角度去观察客户。相信已经阅读过前面各章节的读者一定会对此非常清楚。

9.3.2 RFM模型的应用

RFM 模型是衡量客户价值和客户创利能力的重要工具和手段，广泛应用于各类客户关系管理（CRM）系统，该模型通过一个客户的最近一次消费、消费频率以及消费金额三项指标来描述该客户的价值状况。

RFM 模型非常适用于生产/销售多种商品的企业，而且这些商品的单价相对不高，比如消费品、化妆品、小家电、录像带店、超市等。它也适合在一个企业内只有少数耐用商品，但是该商品中有一部分属于消耗品，比如复印机、打印机、汽车维修等。另外，RFM 模型对加油站、旅行保险、运输、快递、快餐店、KTV、行动电话信用卡、证券公司等也很适合。

RFM 模型也适用于传统营销、零售业等领域，只要任何有数据记录的消费都可以用于分析。对电子商务网站而言，由于其网站数据库中记录的交易信息更加详细，因此同样可以运用 RFM 模型进行数据分析，并且相应的分析深度可以基于数据的丰富程度做进一步的拓展，尤其对那些已经建立起客户关系管理（CRM）系统的网站来说，其分析的结果将更有意义。RFM 模型确定各因素比后可以开展精准营销，具体应用如下。

1. 客户价值识别（客户特征）——客户交易历史数据收集

- 进行 RFM 模型分析，定位于最具价值客户群及潜在客户群。对最具价值客户群，应提高品牌忠诚度；对潜在客户群，应主动营销，促使产生实际购买行为。对价值低的客户群，在营销预算少的情况下可考虑不实行营销推广。

- 通过因子分析，研究影响客户重复购买的主要因素，从价格、口碑、评论等信息中识别主要因素及影响权重，调整商品或市场定位；查明促使客户购买的原因，调整宣传重点或组合营销方式。

2. 客户行为指标跟踪——客户行为数据收集

- 通过客户行为渠道来源的自动追踪：系统可自动跟踪并对访客来源进行判别分类，根据三大营销过程（采集和处理数据、建模分析数据、解读数据）对付费搜索、自然搜索、合作渠道、banner广告、邮件营销等营销渠道进行营销跟踪和效果分析。

- 营销效用方面：知道具体的客户易受哪种媒体营销的影响，他们怎样进入特定网站、跨屏、浏览某个网站时他们会做什么。

- 根据地理位置分别设定目标，如大多数中产阶层，居住位置比较集中，不再是笼统的客户群。

3. 个性化关联分析——客户行为属性数据收集

- 通过对客户浏览了什么商品、购买了什么商品、如何浏览网站等网站行为进行数据收集。

- 分析客户群需求相似程度、商品相似度，以及个性化推荐引擎向客户推荐哪些商品或服务是哪些客户感兴趣的，他们在多大程度上被促销活动、其他买家对商品的评价所影响。

9.4 电子商务消费者舆情数据分析实例

9.4.1 分析商品评论

1. 案例目的

（1）学习 Power BI 的操作方法。

（2）实操制作商品评价词云图。

2. 案例背景

商家需要时刻了解客户的舆情，可用于商品的更新迭代、提高转化率，也可用于提高商家的决策能力。某淘宝商家现想对自己的商品进行更新，需要通过对该商品历史消费者的评价数据进行分析，挖掘消费者对该商品关注的点或者新的需求，以便更好地对商品进行更新。

3. 案例内容与步骤

本案例使用的是一款眼镜的评价数据，如图 9-10 所示。

图 9-10 原始数据

打开商业智能软件 Power BI，在主页单击"获取数据""文本/CSV"选项（根据自己文件的格式选择，一般从网页上直接下载的表格文件多为 CSV 格式），如图 9-11 所示。

图 9-11　获取数据

导入评价数据文件"眼镜评价数据"，单击"转换数据"按钮（新版可能是"转换数据"按钮），如图 9-12 所示。

图 9-12　导入数据

单击"编辑"之后将跳转到 Power Query 编辑器中，如图 9-13 所示。

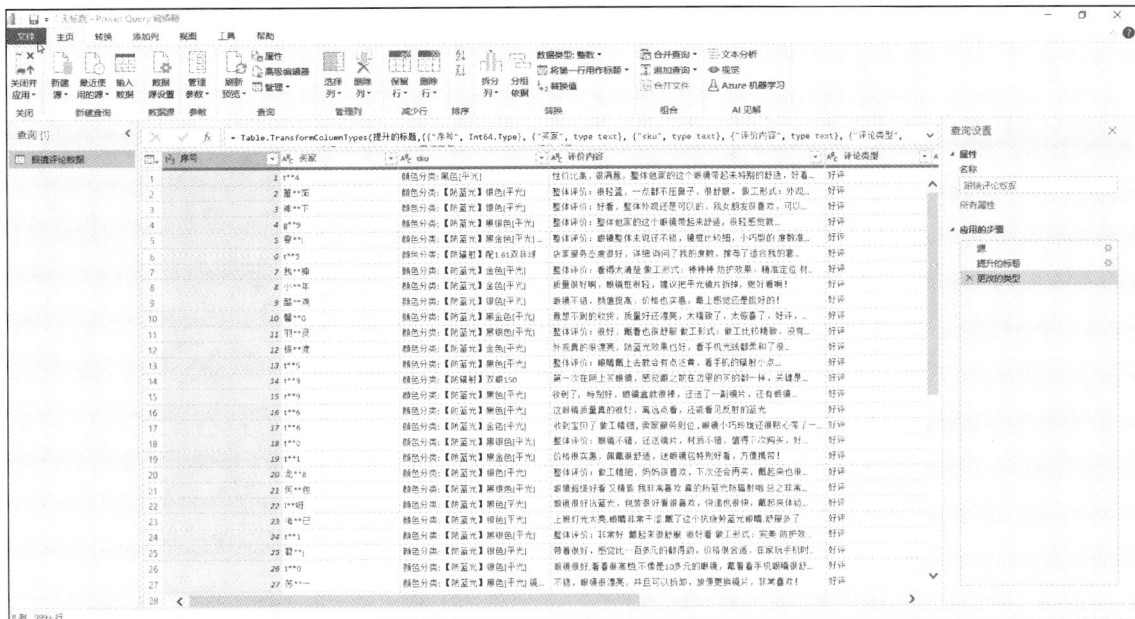

图 9-13　Power BI 编辑器

接下来我们需要对长评价进行分词操作，目的是将成段、成句的评价内容被拆分为单个的关键词，可使用 API 接口实现。

在菜单栏依次单击"添加列"→"自定义列"，在自定义列公式处输入"="http://api.pullword.com/get.php?source="&[评价内容]&"&param1=0.9&param2=0""（注意，两端需要加引号），并命名新列为"URL"，如图 9-14 所示。

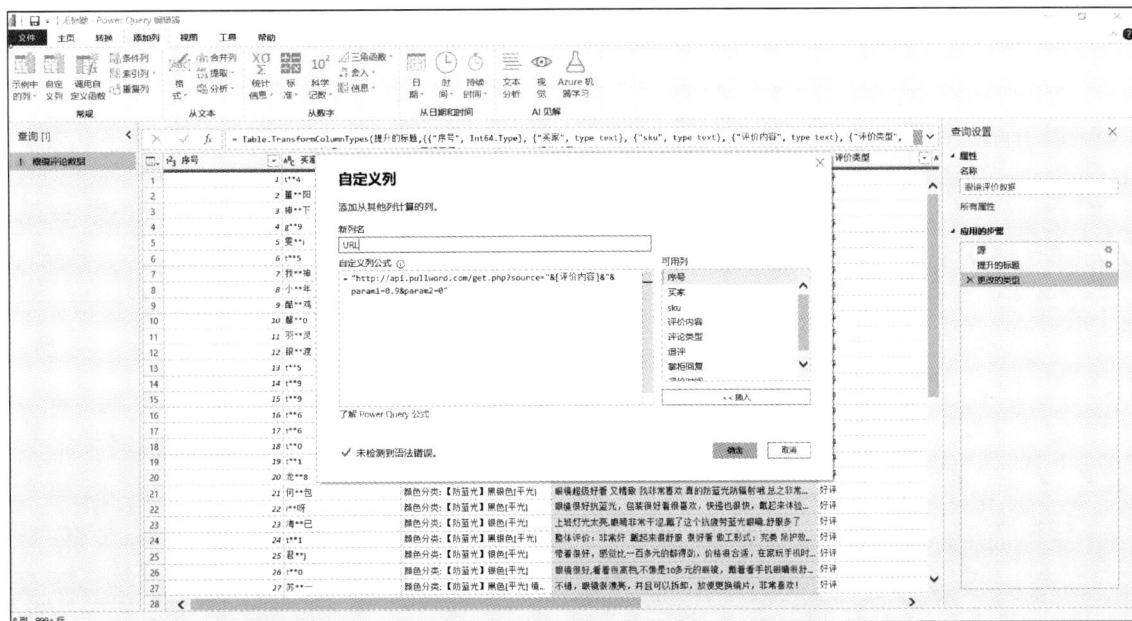

图 9-14　输入公式

拓展：PullWord 是一款免费的中文分词 api，这里使用的是 get 方式，代码为 http://api.pullword.com/get.php?source=（在这里输入你所需要分词的句子）&param1=0&param2=1

参数说明：

source：要分词的语句

例如：source=清华大学是好学校

param1：保留准确概率

例如：（0 到 1 之间小数）。

param1=0：保留所有单词

param1=0.5：保留准确率大于 50% 的单词

param1=1：只保留准确率为 100% 的单词

param2：调试模式

解释：

param2=0：调试模式关闭

param2=1：调试模式打开（显示每个单词的准确概率）

json：可选参数

举例：http://api.pullword.com/get.php?source=清华大学是好学校&param1=0&param2=1，得出结果：清华:0.604942 清华大学:1 华大:0.068537 大学:0.949906 好学:0.659566 学校:0.936925。

继续添加自定义列，输入"=Text.FromBinary(Web.Contents([URL]))"，根据自己的喜好命名，如图 9-15 所示。

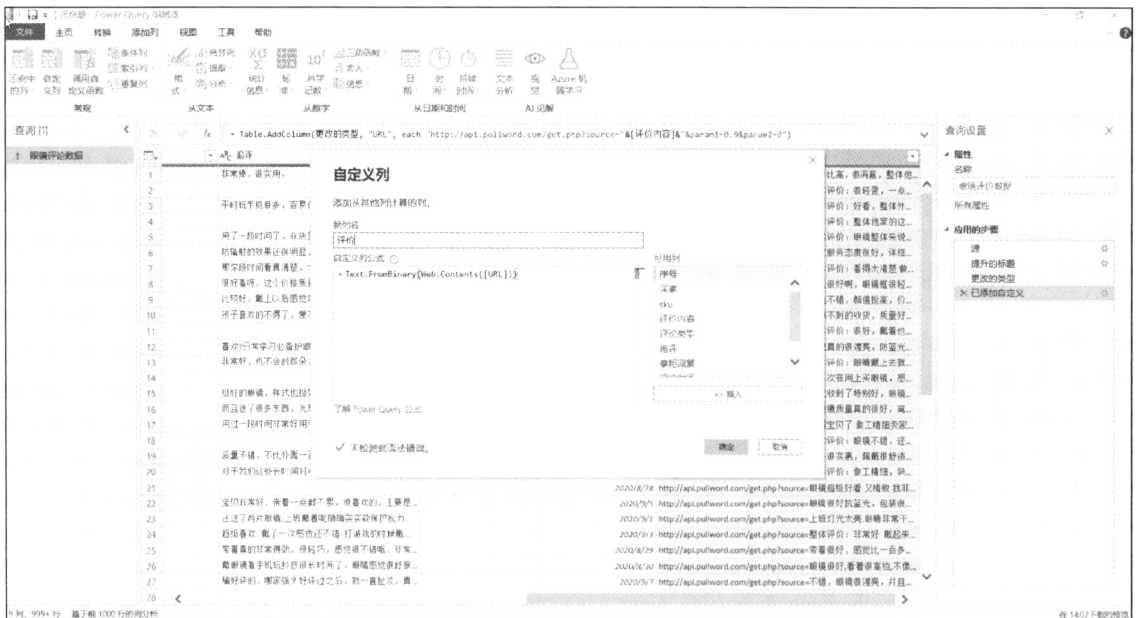

图 9-15　输入公式

这时候可能会出现隐私问题，单击"继续"按钮，如图 9-16 所示。

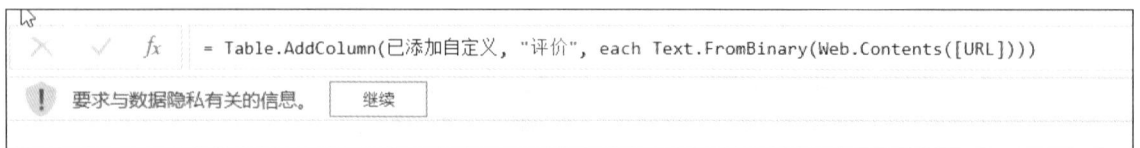

图 9-16　隐私问题

勾选"忽略此文件的隐私级别检查……"提示语句前面的复选框，如图 9-17 所示。

图 9-17　选择忽略隐私级别检查

分词完成的"评价"列结果如图 9-18 所示。从图 9-18 可以看出，原本成段、成句的评价内容被拆分成了一个个短关键词。

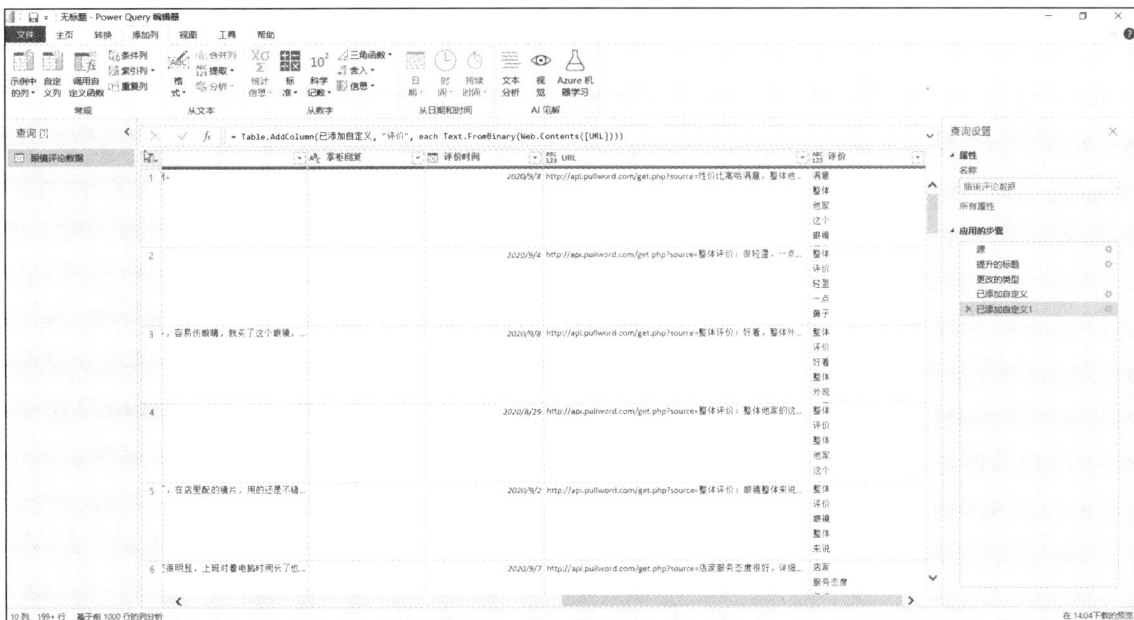

图 9-18　分词结果

接下来我们需要拆分"评价"列。回到菜单栏，首先选中"评价"列，再依次单击"主页" →"拆分列"菜单，选择"按分隔符"拆分为"行"，单击"确定"按钮，如图 9-19 所示。

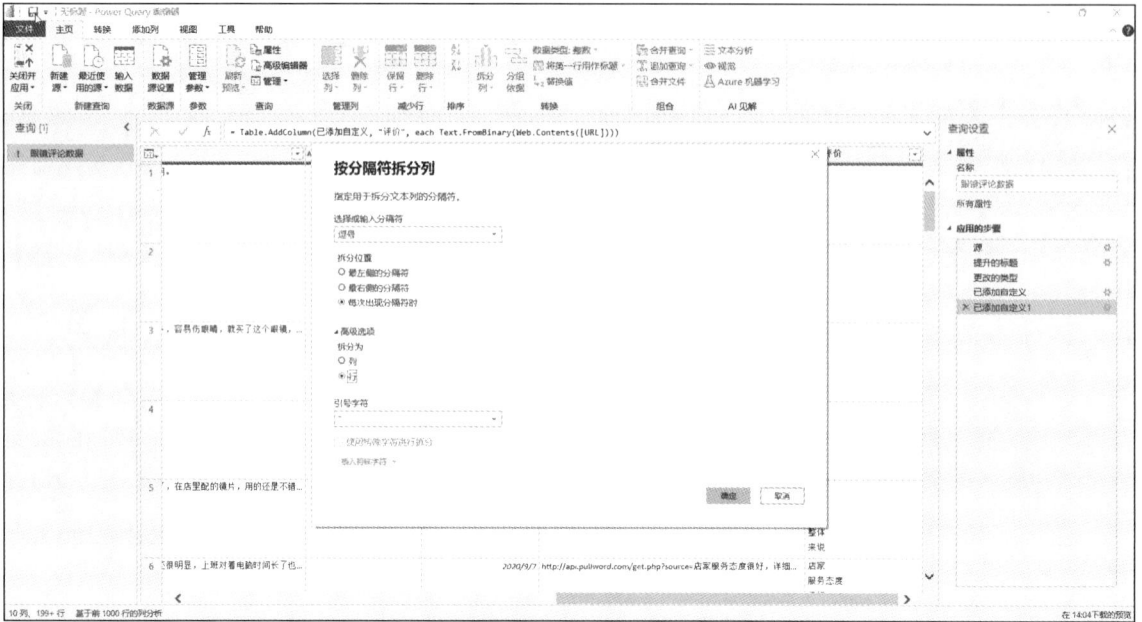

图 9-19　拆分列

拆分结果如图 9-20 所示。

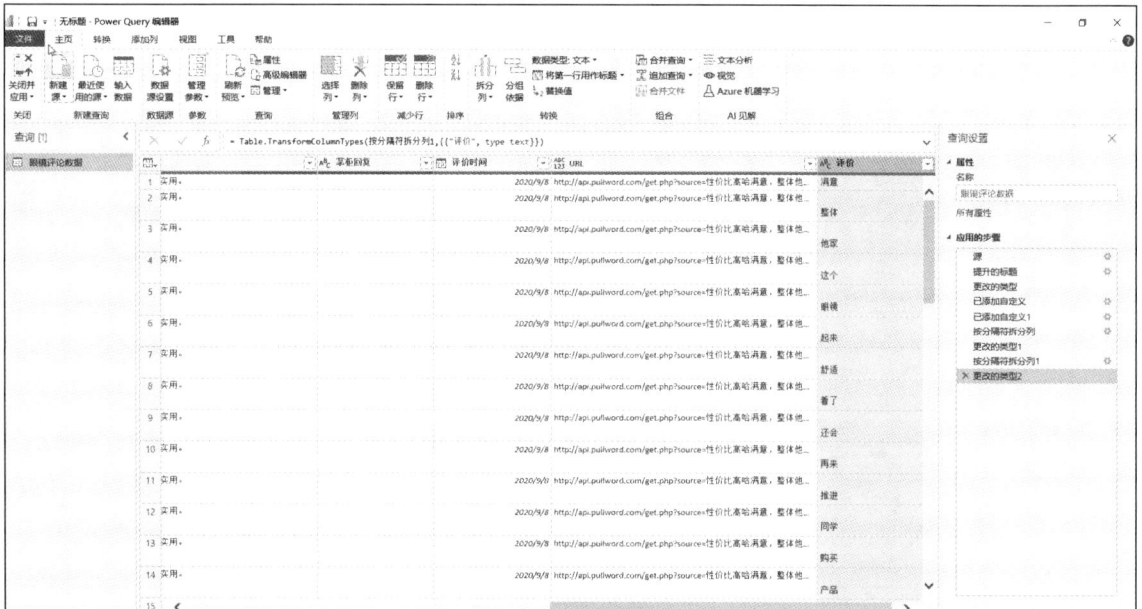

图 9-20　拆分结果

接下来我们需要对"评价"列进行分组。回到菜单栏，依次单击"主页"→"分组依据"选项，选择"计数"，对行进行计数，如图 9-21 所示。

图 9-21　进行分组

分组结果如图 9-22 所示，可以再对评价做一个筛选，筛选掉不需要的词，如这里的"空白"等。

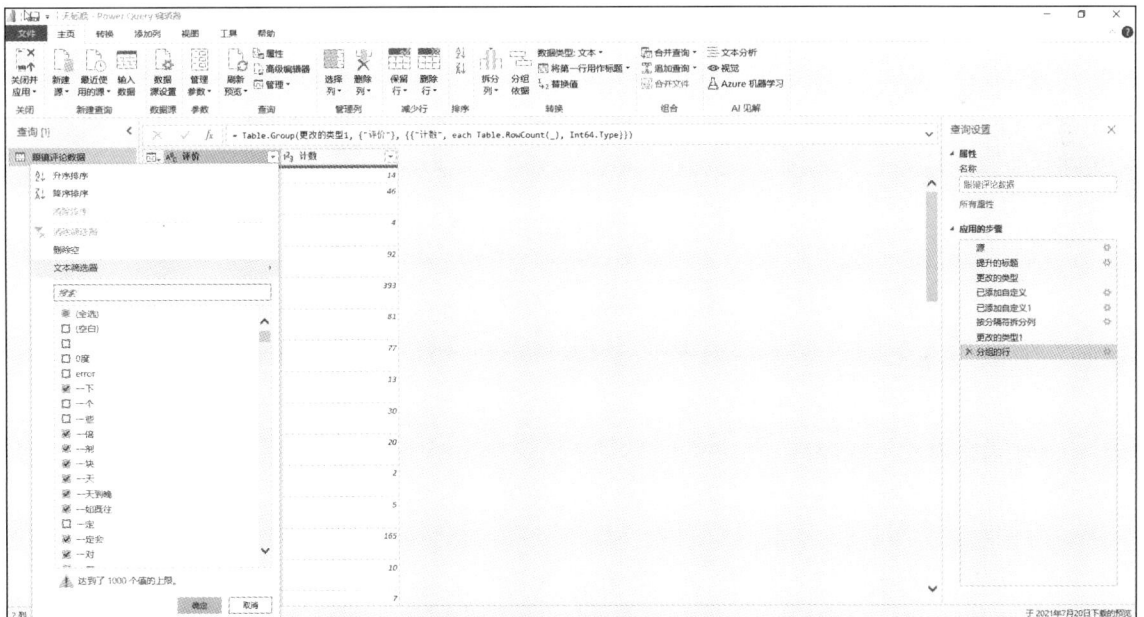

图 9-22　分组结果

单击页面左上角的"关闭并应用"选项，自动关闭 Power BI 编辑器，进入 Power BI Desktop 页面，如图 9-23 所示。

图 9-23　Power BI Desktop 页面

在 Power BI Desktop 页面，单击"主页"→"更多视觉对象"→"从我的文件"选项，导入已经下载好的 Word Cloud（词云）可视化对象插件，分别如图 9-24 和图 9-25 所示。

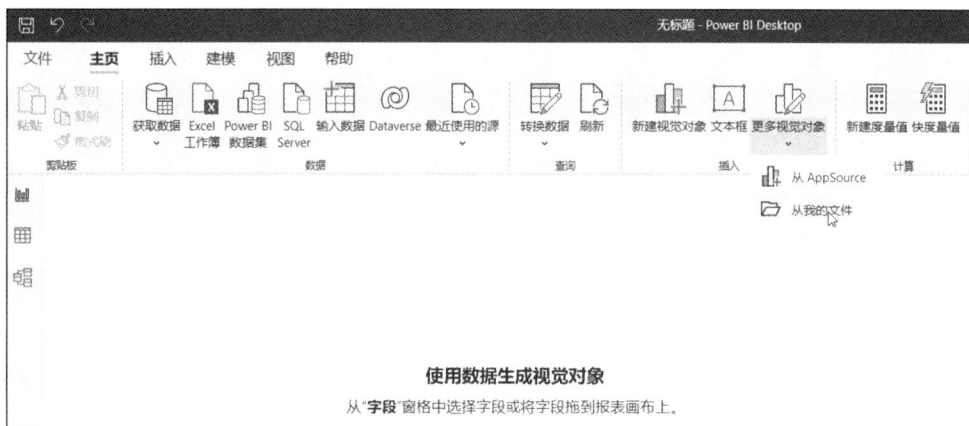

图 9-24　单击"从我的文件"

图 9-25　导入本地词云图插件

成功导入词云插件后，在右边的可视化区域中将出现词云对象的图标，如图 9-26 所示。单击该图标，进行词云对象字段设置。将"评价"拖入"类别"中，将"计数"拖入"值"中，如图 9-27 所示。

图 9-26　选择词云

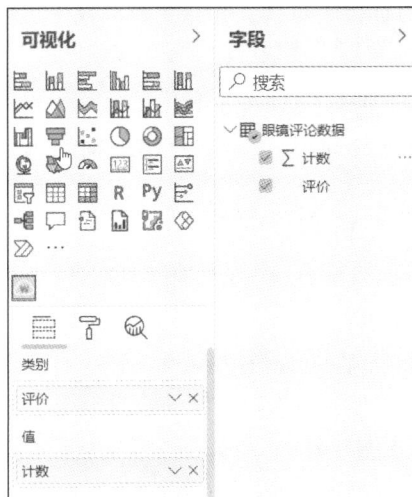

图 9-27　字段设置

创建好的评价词云图如图 9-28 所示某评价关键词出现的次数越多，显示的字体就会越大。从图 9-28 可以看出，眼镜、材质、镜片、蓝光、效果、外观设计等词的字体较大，说明消费者对眼镜的功效、镜片、材质等细节以及舒适度、购物体验等方面比较重视。

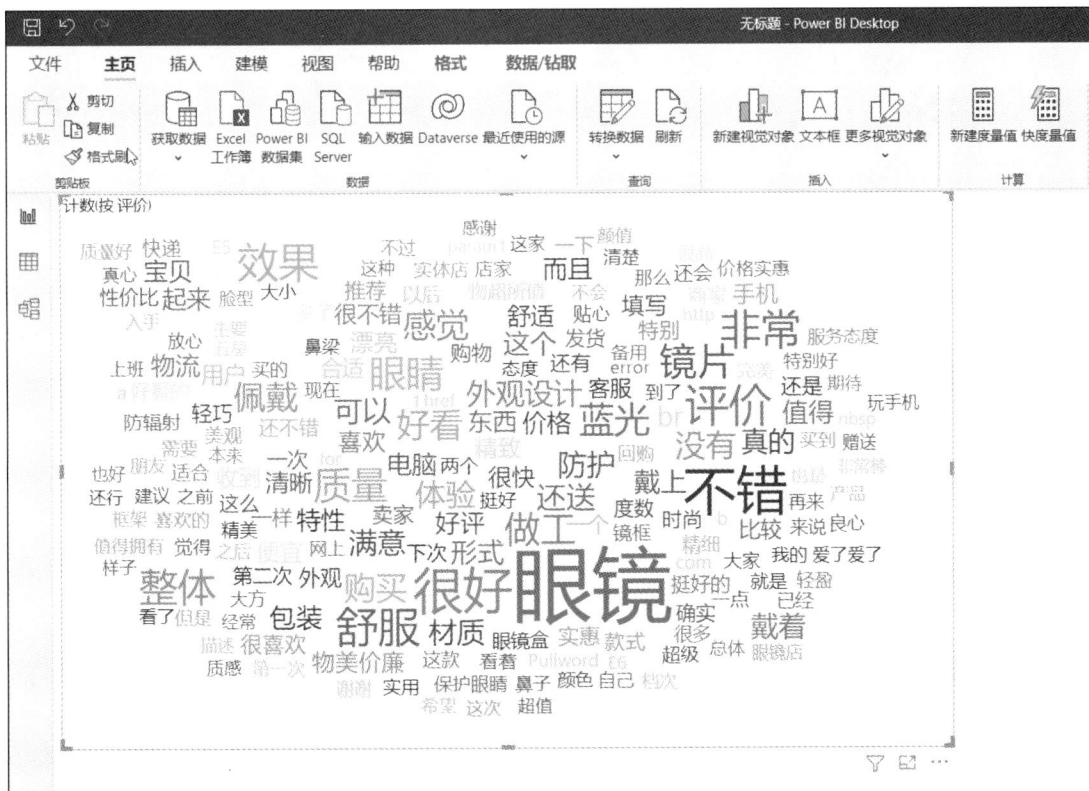

图 9-28　评价词云图

4. 案例总结

从评价词云图的分析得出结论：消费者对眼镜的功效、镜片、材质等细节以及舒适度、商品外观等方面比较重视。如果更新商品，可以根据商品的外观、材质、防蓝光镜片等属性来进行设计开发。

5. 实训题

借助 Power BI 工具制作某商品评价词云图。

9.4.2 分析客户问题

1. 案例目的

（1）学习 Power BI 的操作方法。

（2）实操制作客户问题词云图。

2. 案例背景

了解客户在消费前的疑问是十分重要的，只有解答了客户的问题才可以促进成交。商家应基于大数据分析竞品大量的客户问题，以寻找共性的客户问题。

3. 案例内容与步骤

本案例使用的是一款路由器的问大家数据如图 9-29 所示。

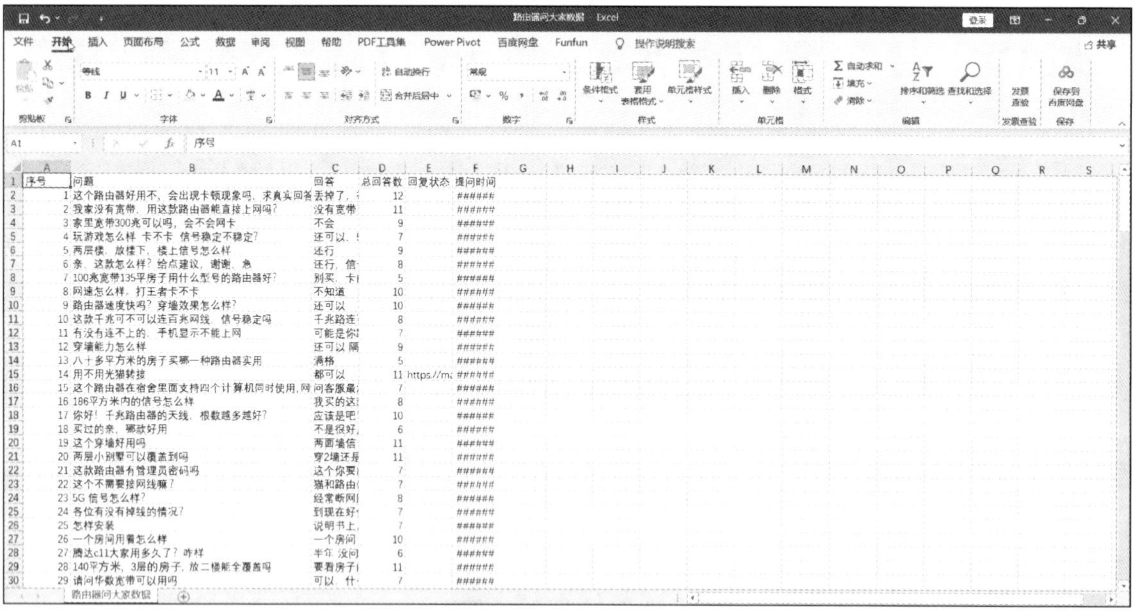

图 9-29　问大家数据

制作词云图的步骤与上一个案例相同，最终分析得出的问大家词云图如图 9-30 所示。从图 9-30 中分析得出，信号、掉线、网速等词的字体较大，说明消费者对信号强弱、是否掉线等问题比较重视。

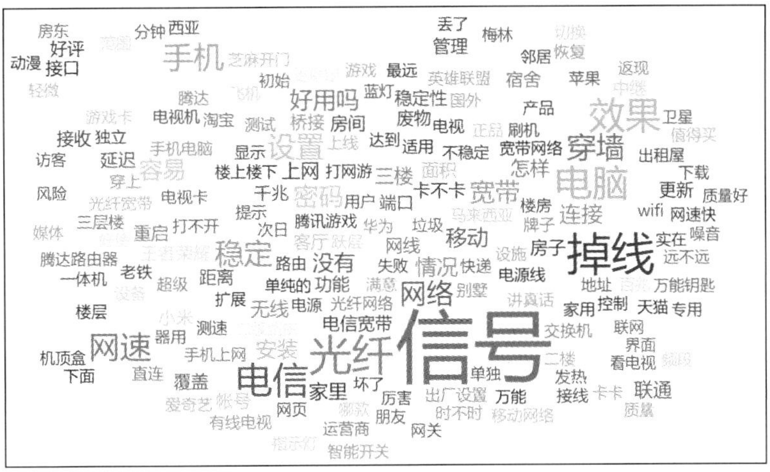

图 9-30　问大家词云图

4. 案例总结

从词云图中可分析得出，客户最关注的是路由器的信号强弱及掉线问题；客户场景主要是手机、电视、视频 App 以及玩游戏；客户的场景中有不少是房子有多楼层的情况。

5. 实训题

借助 Power BI 工具制作某商品问大家词云图。

9.4.3　RFM模型分析

1. 案例目的

（1）学习 RFM 模型的应用方法。

（2）实操利用 Power Query 进行 RFM 模型的分析。

2. 案例背景

现有某淘宝网店 2018 年 8 月～2018 年 10 月消费者购买数据，数据采集自商家后台的订单报表和宝贝报表。为了精准化消费者营销，降低推广成本，现需要使用 Power Query 将 5794 位消费者分类。

RFM 模型分析

3. 案例内容与步骤

本案例使用的数据如图 9-31 所示，这是某淘宝网店 2018 年 8 月～2018 年 10 月消费者购买数据。

（1）将 Excel 数据加载至 Power Query

在"数据"选项卡中，单击"从表格"选项，即可将数据加载至 Power Query，如图 9-32 所示。

图 9-31　消费者信息表（节选）

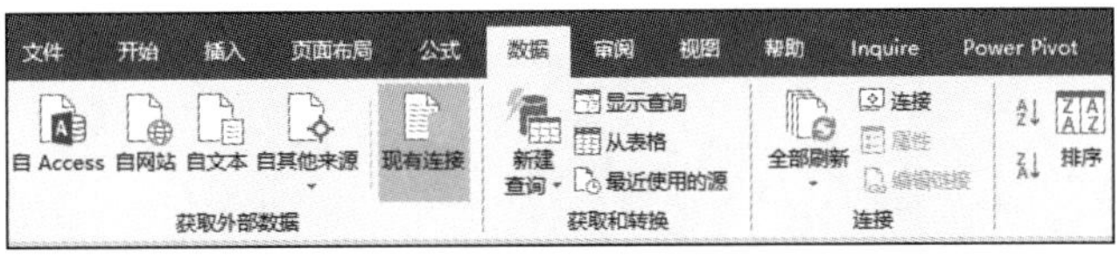

图 9-32　将数据导入 Power Query

成功加载至 Power Query 中的数据如图 9-33 所示。

图 9-33　加载至 Power Query 中的数据

（2）计算时间间隔 R

在"添加列"选项卡中，单击"自定义列"选项，如图 9-34 所示。

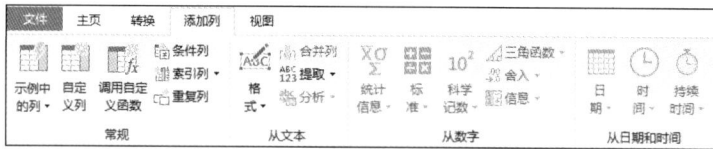

图 9-34　创建自定义列操作界面

进入"自定义列"页面，如图 9-35 所示，将"新列名"设置为"今天日期"，"自定义列公式"设置为"=DateTime.Date(#datetime(2018, 11, 1, 0, 0, 0))"，单击"确定"按钮，成功后如图 9-36 所示。

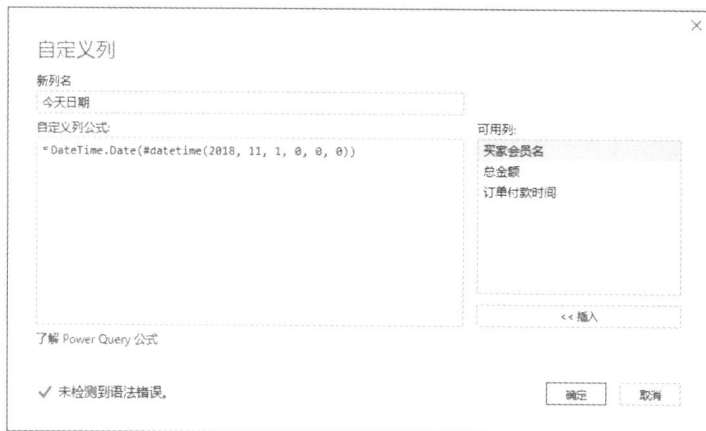

图 9-35　创建"今天日期"列

	买家会员名	总金额	订单付款时间	今天日...
1	[illegible]	119	2018/8/1 0:22:36	2018/11/1
2	[illegible]	119	2018/8/1 7:15:46	2018/11/1
3	[illegible]	119	2018/8/1 10:46:10	2018/11/1
4	[illegible]	119	2018/8/1 11:59:43	2018/11/1
5	[illegible]	59	2018/8/1 12:44:24	2018/11/1
6	[illegible]	69	2018/8/1 14:09:01	2018/11/1
7	[illegible]	119	2018/8/1 14:25:56	2018/11/1
8	[illegible]	119	2018/8/1 15:02:47	2018/11/1
9	[illegible]	69	2018/8/1 15:26:24	2018/11/1
10	[illegible]	119	2018/8/1 15:50:31	2018/11/1

图 9-36 成功创建今日日期

选中“今天日期”列，在“开始”选项卡中，单击“数据类型”选项，选中合适的类型，此处选择“日期/时间”，将“今天日期”列的类型与“订单付款时间”的统一。格式统一后的数据如图 9-37 所示。

	买家会员名	总金额	订单付款时间	今天日...
1	[illegible]	119	2018/8/1 0:22:36	2018/11/1 0:00...
2	[illegible]	119	2018/8/1 7:15:46	2018/11/1 0:00...
3	[illegible]	119	2018/8/1 10:46:10	2018/11/1 0:00...
4	[illegible]	119	2018/8/1 11:59:43	2018/11/1 0:00...
5	[illegible]	59	2018/8/1 12:44:24	2018/11/1 0:00...
6	[illegible]	69	2018/8/1 14:09:01	2018/11/1 0:00...
7	[illegible]	119	2018/8/1 14:25:56	2018/11/1 0:00...
8	[illegible]	119	2018/8/1 15:02:47	2018/11/1 0:00...
9	[illegible]	69	2018/8/1 15:26:24	2018/11/1 0:00...
10	[illegible]	119	2018/8/1 15:50:31	2018/11/1 0:00...

图 9-37 格式统一后的数据

在“添加列”选项卡中，单击“自定义列”选项，将“新列名”设为“R”，“自定义列公式”设为“=[今天日期]-[订单付款时间]”，单击“确定”按钮，如图 9-38 所示，计算结果如图 9-39 所示。

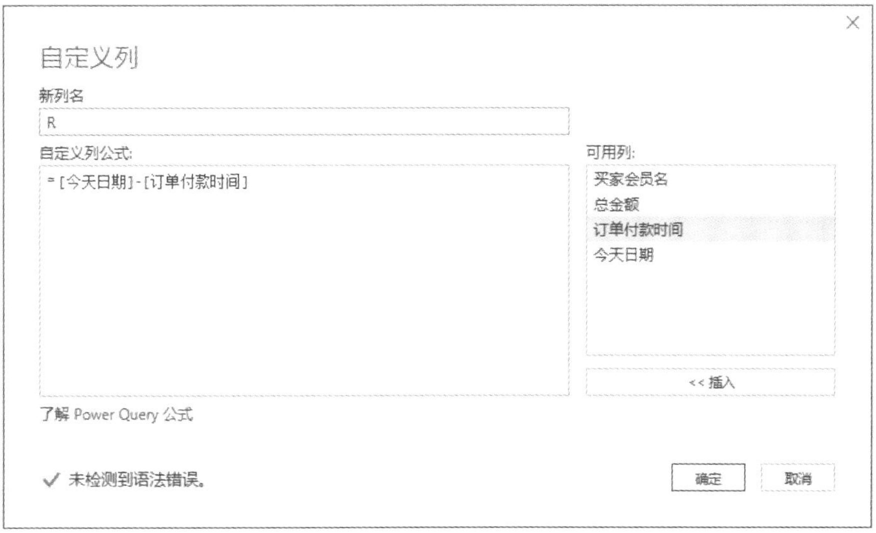

图 9-38 计算 R

	买家会员名	总金额	订单付款时间	今天日...	R
1	[illegible]	119	2018/8/1 0:22:36	2018/11/1 0:00...	91.23:37:24
2	[illegible]	119	2018/8/1 7:15:46	2018/11/1 0:00...	91.16:44:14
3	[illegible]	119	2018/8/1 10:46:10	2018/11/1 0:00...	91.13:13:50
4	[illegible]	119	2018/8/1 11:59:43	2018/11/1 0:00...	91.12:00:17
5	[illegible]	59	2018/8/1 12:44:24	2018/11/1 0:00...	91.11:15:36
6	[illegible]	69	2018/8/1 14:09:01	2018/11/1 0:00...	91.09:50:59
7	[illegible]	119	2018/8/1 14:25:56	2018/11/1 0:00...	91.09:34:04
8	[illegible]	119	2018/8/1 15:02:47	2018/11/1 0:00...	91.08:57:13
9	[illegible]	69	2018/8/1 15:26:24	2018/11/1 0:00...	91.08:33:36
10	[illegible]	119	2018/8/1 15:50:31	2018/11/1 0:00...	91.08:09:29

图 9-39　R 的计算结果

删除“订单付款时间”与“今天日期”列，并将“R”列类型改为整数，修整后的数据结果如图 9-40 所示。

	买家会员名	总金额	R
1	[illegible]	119	92
2	[illegible]	119	92
3	[illegible]	119	92
4	[illegible]	119	92
5	[illegible]	59	91
6	[illegible]	69	91
7	[illegible]	119	91
8	[illegible]	119	91
9	[illegible]	69	91
10	[illegible]	119	91

图 9-40　修整后的数据

（3）进行数据分组，得到每位消费者的 RFM 数据

将数据分组：在“开始”选项卡中，单击“分组依据”选项，按图 9-41 所示设置分组依据信息，数据分组结果如图 9-42 所示。

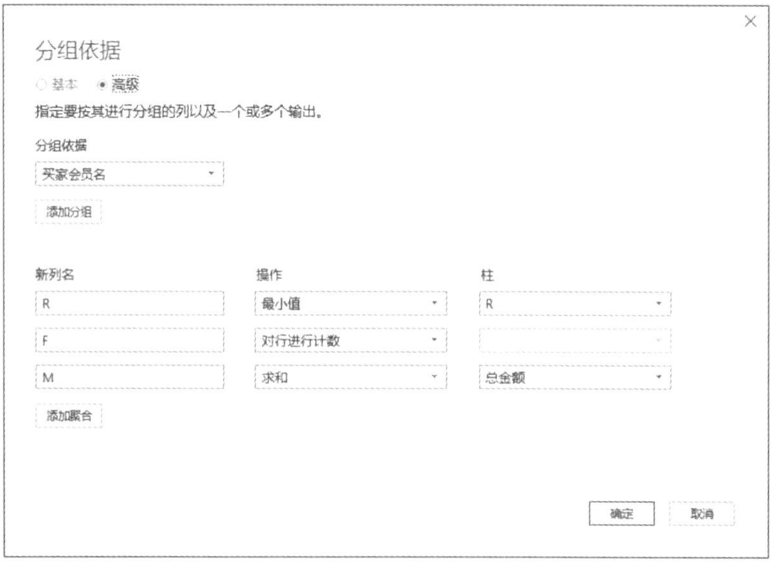

图 9-41　分组依据设置界面

	买家会员名	1.2 R	1.2 F	1.2 M
1	[illegible]	92	1	119
2	[illegible]	92	1	119
3	[illegible]	92	1	119
4	[illegible]	92	1	119
5	[illegible]	91	1	59
6	[illegible]	91	2	138
7	[illegible]	91	1	119
8	[illegible]	91	1	119
9	[illegible]	91	1	119

图 9-42　数据分组结果

（4）消费者等级归类

通过自己写函数建立逻辑判断，归类消费者等级。在“开始”选项卡中，单击“高级编辑器”选项，进入函数编辑页面，如图 9-43 所示。

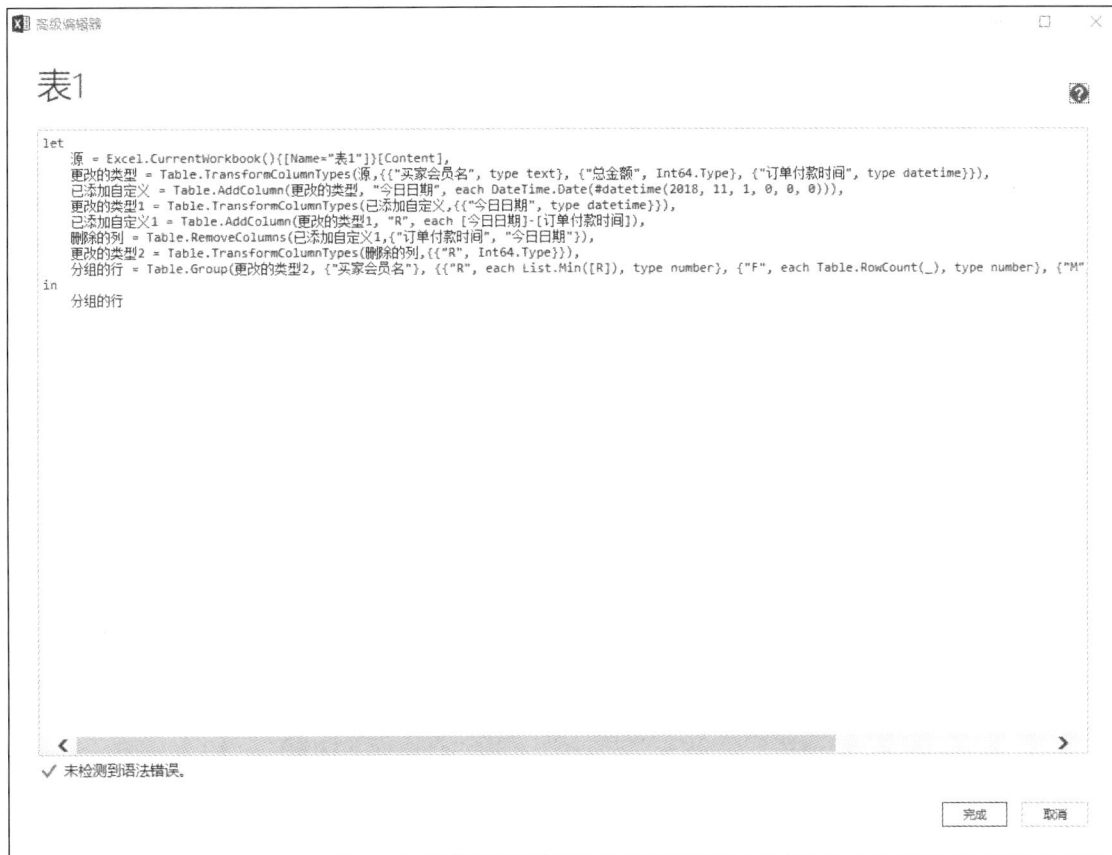

图 9-43　函数编辑界面

在图 9-43 中表 1 处代码 in 前补上以下关于消费者等级判断的条件语句。

```
AR= List.Average(分组的行[R]),
AM= List.Average(分组的行[M]),
AF= List.Average(分组的行[F]),
已添加条件列 = Table.AddColumn(分组的行,"消费者等级", each if ([R] < AR) and ([M] > AM)
```

```
and ([F] > AF) then "高价值消费者"else if ([R] > AR) and ([M] > AM) and ([F] > AF) then"重点保持消费者"else if ([R] < AR) and ([M] > AM) and ([F] < AF) then"重点发展消费者"else if ([R] > AR) and ([M] > AM) and ([F] < AF) then"重点挽留消费者"else if ([R] < AR) and ([M] < AM) and ([F] > AF) then"一般价值消费者"else if ([R] > AR) and ([M] < AM) and ([F] > AF) then"一般保持消费者"else if ([R] < AR) and ([M] < AM) and ([F] < AF) then"一般发展消费者"else"潜在消费者"
```

并将最后一行“分组的行”改为“已添加条件列”。（注：AR 为 R 值的平均值，AF 为 F 值的平均值，AM 为 M 值的平均值。）

改完后代码如图 9-44 所示。

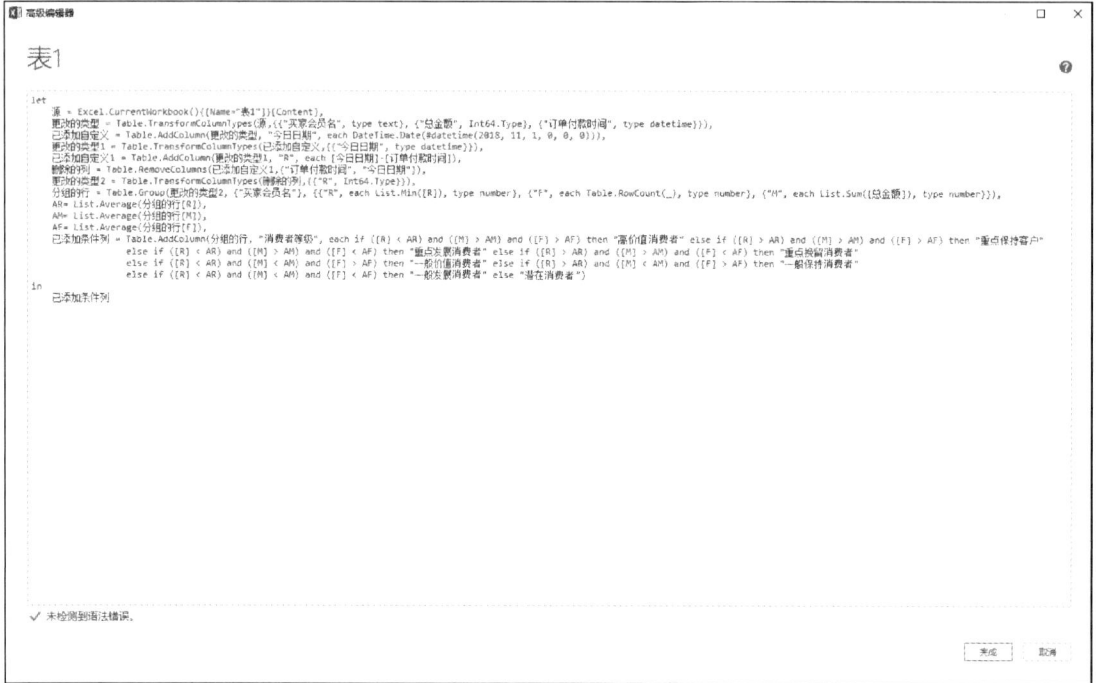

图 9-44　修改高级编辑器代码

成功运行代码即可得到完整的消费者等级归类，如图 9-45 所示。

	买家会员名	1.2 R	1.2 F	1.2 M	消费者等...
1	[illegible]	92	1	119	潜在消费者
2	[illegible]	92	1	119	潜在消费者
3	[illegible]	92	1	119	潜在消费者
4	[illegible]	92	1	119	潜在消费者
5	[illegible]	91	1	59	潜在消费者
6	[illegible]	91	2	138	重点保持消费者
7	[illegible]	91	1	119	潜在消费者
8	[illegible]	91	1	119	潜在消费者
9	[illegible]	91	1	119	潜在消费者

图 9-45　消费者等级归类结果

4. 案例总结

商家根据归类结果，可以针对各等级消费者，设计不同的精准化营销策略，降低推广成本。

5. 实训题

利用 Power Query 进行 RFM 模型的分析。

9.4.4　撰写消费者舆情分析报告

1. 案例目的

（1）回顾舆情分析的相关知识点。

（2）选择腾达的爆款路由器作为分析对象，使用系统数据撰写分析报告。

2. 案例背景

腾达想了解自己的爆款路由器在消费者中的舆情和购买前消费者的问题，以利于商家对商品的更新迭代。

3. 案例内容与步骤

使用腾达爆款路由器的评价数据，利用 Power BI 软件制作词云图，如图 9-46 所示。

① 报告标题：信号和网速是消费者很关心的细节。

② 阐述文本：消费者在商品方面主要关心信号、网速等，对服务及价格也会关注。

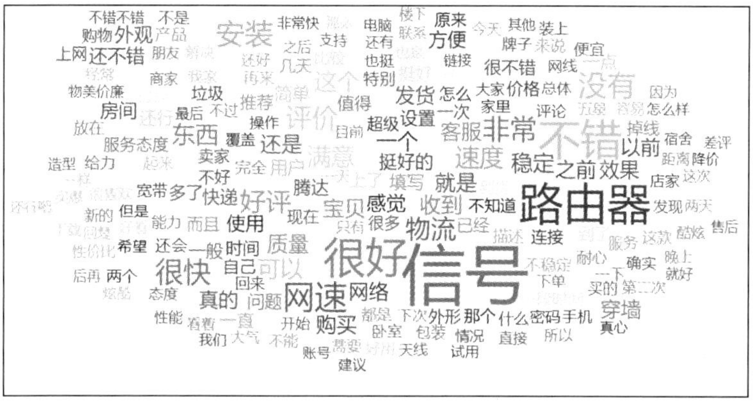

图 9-46　商品评价词云图

使用腾达爆款路由器的问大家数据，利用 Power BI 制作问题词云图，如图 9-47 所示。

① 报告标题：消费者最关心路由器的信号问题。

② 阐述文本：路由器的信号、延迟、掉线、稳定等情况都是消费者购买该商品时疑虑的问题。

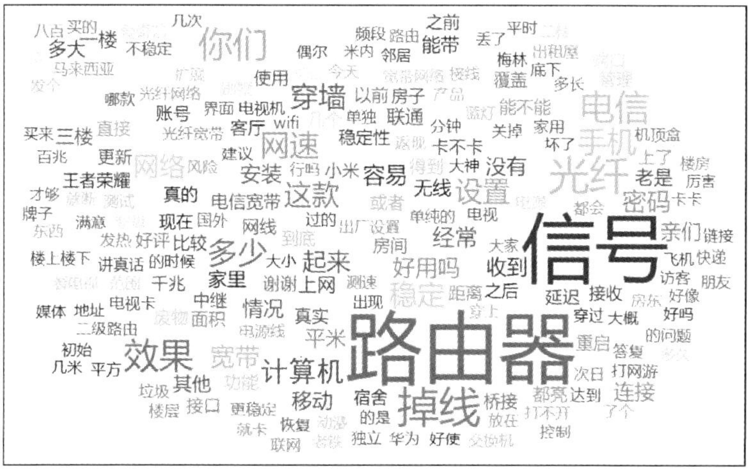

图 9-47　问题词云图

4．案例总结

（1）消费者重视商品的信号能力，即商品的核心功能。

（2）消费者对服务和价格也相对重视。

（3）消费者购买前会再三确认与信号相关的问题。

5．实训题

自选某一商品，撰写消费者舆情分析报告。

思考题

1．简要概述客户画像的概念。

2．简要概括客户画像分析的流程。

3．简述客户画像的常见度量指标。

4．客户画像分析的指标是什么。

5．客户购买行为分析的流程是什么？

章节目标

- 了解电子商务数据可视化的意义
- 掌握电子商务数据可视化的步骤
- 掌握电子商务图表可视化的类型及使用方式
- 掌握电子商务数据商业报告的内容与撰写步骤

学习重点

- 电子商务数据可视化方法
- 使用Excel制作电子商务数据图表

学习难点

- 使用特殊图实现数据可视化
- 撰写电子商务数据商业报告

本章思维导图

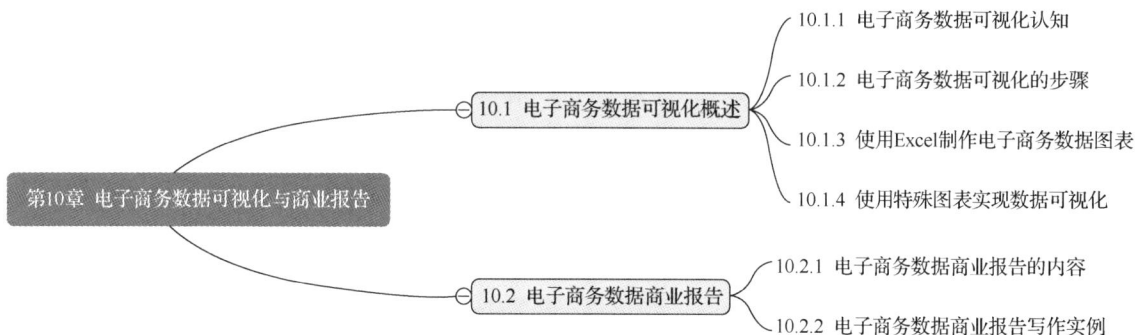

第10章 电子商务数据可视化与商业报告

- 10.1 电子商务数据可视化概述
  - 10.1.1 电子商务数据可视化认知
  - 10.1.2 电子商务数据可视化的步骤
  - 10.1.3 使用Excel制作电子商务数据图表
  - 10.1.4 使用特殊图表实现数据可视化
- 10.2 电子商务数据商业报告
  - 10.2.1 电子商务数据商业报告的内容
  - 10.2.2 电子商务数据商业报告写作实例

10.1 电子商务数据可视化概述

10.1.1 电子商务数据可视化认知

电子商务数据可视化可以借助人脑的视觉思维能力，帮助人们理解大量的数据信息，并深入了解其细节层面的内容，发现数据中隐含的规律，查找、分析及揭示数据背后的信息，从而提高数据的使用效率和决策的正确性。

1. 电子商务数据可视化的意义

在生活和工作中，一张图片所传递的信息往往比很多文字所传递的信息更直观、更清楚。所谓

"字不如表，表不如图"，图表的重要性可见一斑。统计分析商品、客户画像等都需要从业者具备优秀的数据可视化能力。现在常见的如"一图看懂××"等信息交流方式就是用图表来传递信息的，是典型的数据可视化成果。

电子商务数据可视化可以通过简单的逻辑和视觉体验让用户快速把握要点，使大脑的视觉系统迅速识别、存储、记忆图形信息，本能地将图形信息转化为长期记忆。

电子商务数据可视化还可以改变我们解读世界的方式，对于相同的数据，不同的表达方式能产生不同的效果。在展现跨境电子商务数据时，一张清晰而独特的数据图表能够让别人更加直观且准确地理解我们所要表达的信息和意图，同时也可以让电子商务数据的价值发挥最大化，更具说服力。

2. 提升电子商务数据可视化的视觉效果

创建外观精美的可视化电子商务数据图表对设计人员来说是一种挑战。要呈现良好的电子商务数据可视化效果不能仅仅进行简单的图文混排，还必须在视觉上能够表达数据的主旨，这就要求设计人员在进行视觉设计前必须了解数据内容的框架，同时掌握一定的技巧。

要想呈现良好的电子商务数据可视化效果，可以从以下 10 个方面进行提升。

① 颜色：建议使用的颜色不要超过 5 种，颜色的使用要适度，仅突出关键信息即可。

② 字体：所有文字必须字体清晰、字号合适，让用户能够快速选择信息。

③ 版式：要提供符合逻辑的版式，引导用户进行信息阅读，尽可能让图表元素保持对齐，从而保证视觉一致性。

④ 标注：谨慎使用标注，标注仅用于标出关键信息。

⑤ 留白：要有足够的留白（如果留白太少，会看起来很杂乱）。

⑥ 插图：插图必须符合主题基调，能够提高内容的传递效率。

⑦ 图标：简约、易懂且具有普遍性，其作用主要是便于内容的理解。

⑧ 数据：一组数据对应一份图表就足够了，不要画蛇添足。

⑨ 比例：确保数据可视化设计中的组成元素比例得当，便于用户快速阅读。

⑩ 简约：避免不必要的设计，如文本的 3D 效果、装饰性的插图和毫无关联的元素等。

10.1.2　电子商务数据可视化的步骤

对电子商务数据进行可视化处理，一般可以按照以下 4 个步骤来进行。

（1）明确数据可视化的需求，寻找数据背后的故事

在创建一个电子商务数据可视化项目时，首先需要明确数据可视化的需求是什么。设计人员可以先试着回答一个问题：这个可视化项目怎样帮助用户？设计人员思考这个问题，可以避免在数据可视化设计中出现把一些不相干的数据放在一起进行比较的常见问题。

其次，设计人员要进行信息的整理、分组与理解，寻找其中进行可视化的可能性，同时需要通过观察与比较，总结数据之间的关系，建立起基本的数据关系结构，然后思考如何利用定义清晰的视觉元素将这些数据包装成更加有趣的"故事"。

（2）为数据选择正确的可视化类型

在确定需求之后，就可以为数据选择一个正确的可视化类型。有些设计人员会选择使用不同类型的图表来展现相同的数据，但实际上这种做法并不值得借鉴。数据可视化的效率虽然很高，但前提是必须准确运用，并能够精确地传达信息。不同类型的数据分别适合不同的图表类型，如果设计

人员选用一个错误的图表类型去展现数据，就很容易让用户造成误解。

（3）确定最关键的信息指标并给予场景联系

能否实现高效的数据可视化不仅取决于信息可视化的类型，还取决于一种平衡：既要保证总体信息的通俗易懂，同时也要在某些关键点上有所突出；既能提供深刻、独家的信息解读，也能提供合适的场景以联系上下文，从而更加合理地展现数据。

设计人员不需要把"故事"讲完，也不需要全篇进行说教，而需要通过设计让数据最大限度地体现它的价值，同时引导用户得出相应的结论。

（4）为内容而设计，优化展现形式

如果设计形式很糟糕，即使"故事"再美好，数据再有吸引力，用户也不会被吸引。因此，优秀的设计形式同样是一个很关键的方面，它可以帮助设计人员高效地对信息进行转换，利用精美的外观来吸引用户阅读。

视野拓展

你知道优秀的设计通常具有哪些特点吗？

- 一致性：所有的相关元素应在视觉上保持一致。
- 清晰性：逻辑结构清晰，方便用户找到自己所需要的内容。
- 愉悦性：设计内容在视觉上应当富有吸引力，同时能够反映整体基调和主观态度，让用户在阅读时能够保持比较轻松的心态。
- 遵循内部语言：在传达重点、宣传方式上要"因地制宜"，需要参考品牌内部的设计语言，保持品牌和设计风格的一致性。

10.1.3　使用Excel制作电子商务数据图表

（1）折线图

折线图用于显示数据在某个时期内的变化趋势。例如，数据在一段时间内呈增长趋势，在另一段时间内呈下降趋势。通过折线图，我们可以对数据在未来一段时间内的变化情况做出预测。某跨境电子商务企业各岗位男女人数分布数据，如图 10-1 所示，可以用折线图进行分析，操作步骤如下。

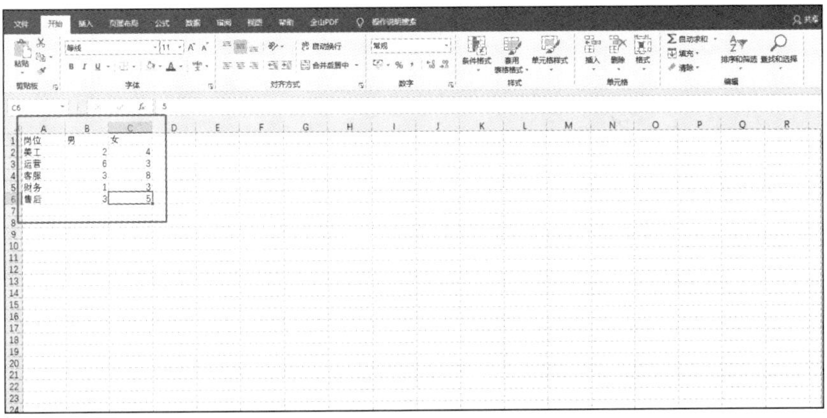

图 10-1　各岗位男女人数分布数据

步骤 1　选中表中所有数据，选择"插入"选项卡，在"图表"组中单击"插入折线图"，如图 10-2 所示。

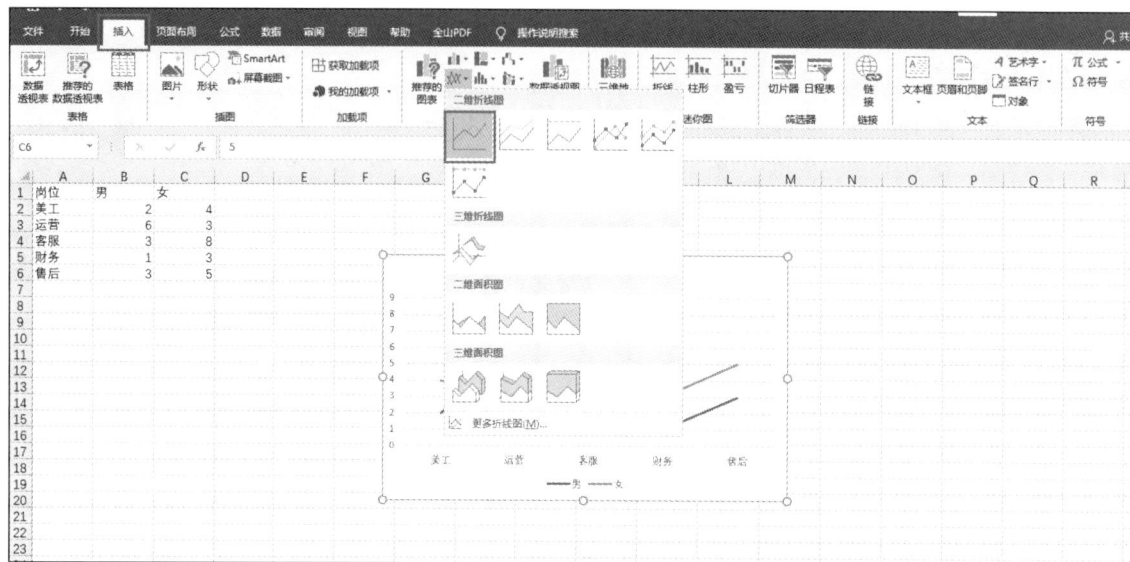

图 10-2　插入折线图

步骤 2　拖动图表可调整图表的位置，拖曳图表边框可调整图表的大小；单击图表右上角的"图表元素"按钮，可添加、删除或更改图表元素，如添加坐标轴标题、去除网格线等；在页面右侧可设置图表区格式，如更改填充方式、边框线条等，如图 10-3 所示。

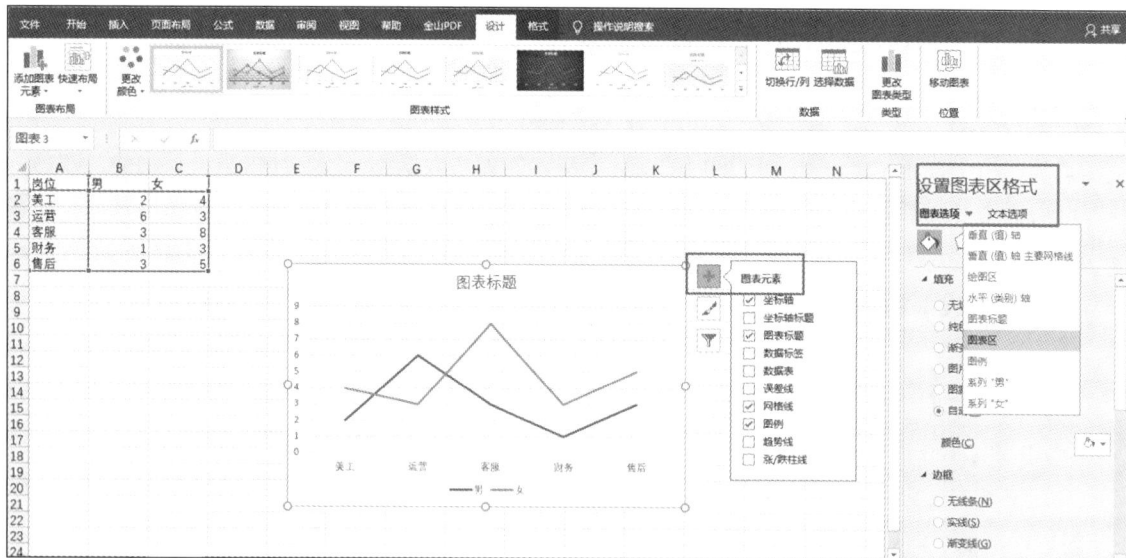

图 10-3　设置图表元素

步骤 3　更改图表标题为"各岗位性别分布"，各岗位性别分布折线图的效果如图 10-4 所示。

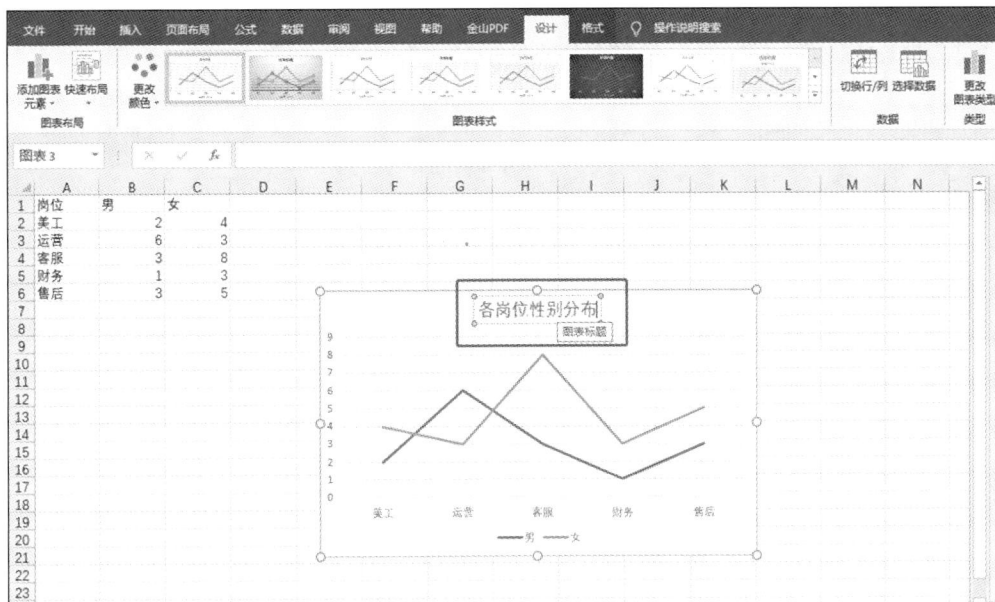

图 10-4   各岗位性别分布折线图最终效果

（2）柱形图

柱形图可以有效地对一个系列甚至几个系列的数据进行直观的对比，簇状柱形图则适用于对比多个系列的数据。某企业销售部门各员工的全年销售目标及每个季度的详细销售数据，如图 10-5 所示。柱形图可以形象地展示该企业销售部门全年销售目标的完成情况，能清晰地展示每员工的计划达成情况、销售业绩分布情况及每个季度在全年中的业绩占比，操作步骤如下。

图 10-5   员工销售数据

步骤 1   选中表中所有数据，选择"插入"选项卡，在"图表"组中单击插入"柱形图"，选择"堆积柱形图"选项，如图 10-6 所示。

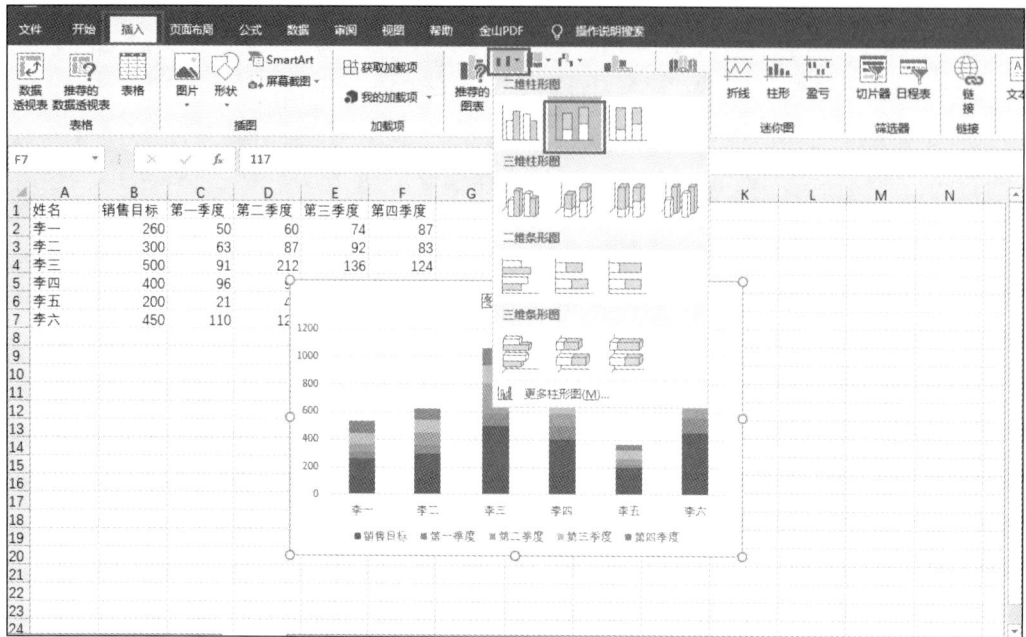

图 10-6　插入堆积柱形图

步骤2　在所插入的堆积柱形图中选择某一数据系列并单击鼠标右键，在弹出的快捷菜单中选择"更改系列图表类型"命令；在弹出的"更改图表类型"对话框中，单击系列名称对应的图标类型下拉按钮，设置"销售目标"数据系列的图表类型为"簇状柱形图"，设置"第一季度""第二季度""第三季度""第四季度"数据系列的图表类型为"堆积柱形图"。各季度数据绘制在"次坐标轴"上，如图 10-7 所示。

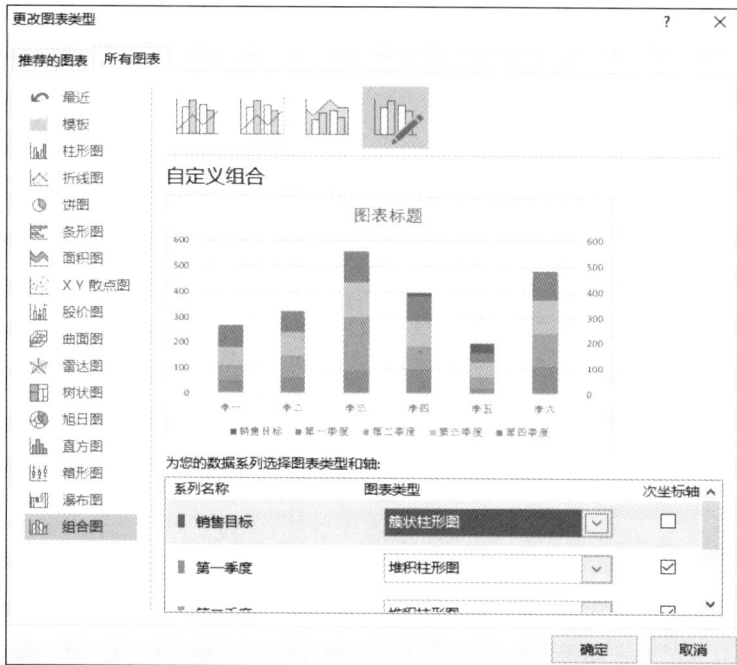

图 10-7　"更改图表类型"对话框

步骤 3 更改图表标题为"销售目标达成情况";选中"销售目标"数据系列,单击鼠标右键,在弹出的快捷菜单中选择"设置数据系列格式"命令,修改"系列重叠度"为"100%","间隙宽度"为"40%",设置实线边框、无填充,删除次坐标轴及网格线,最终效果如图 10-8 所示。

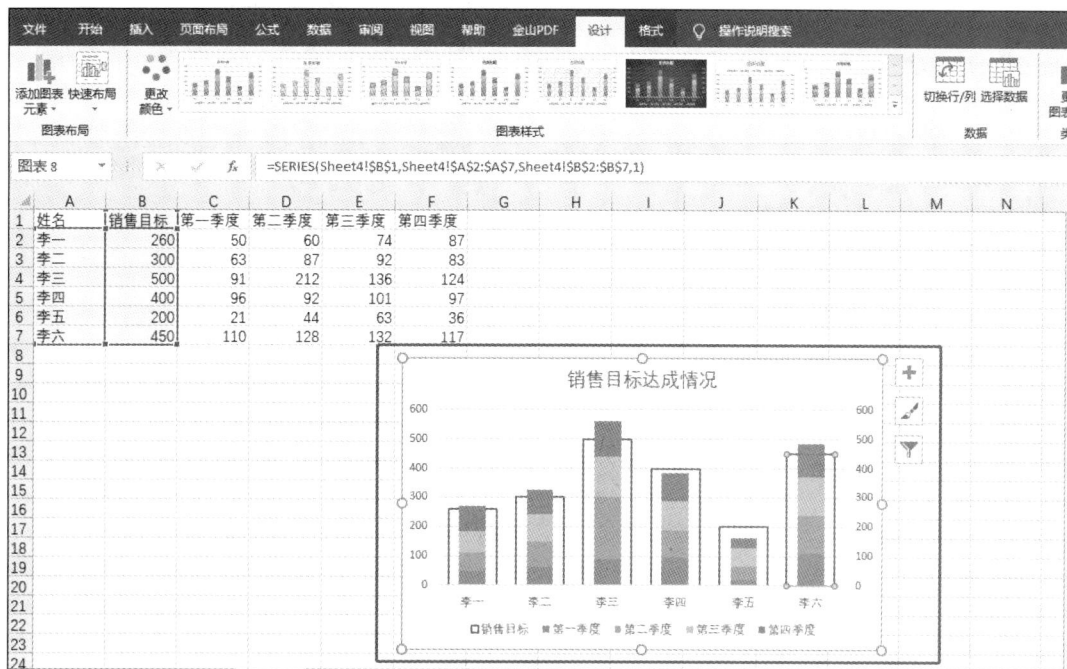

图 10-8 员工销售数据堆积柱形图最终效果

（3）饼图

饼图用于对比几个数据在其形成的总和中所占的百分比。整个饼图代表总和,每一个数据用一个扇形表示。如果在同一个饼图中显示两组数据,就需要用双层饼图展示。某店铺 2019 年 8 月销售数据汇总,如图 10-9 所示。现需要通过饼图展示各类别商品的销量及每一具体商品的销量情况,操作步骤如下。

图 10-9 某店铺销售数据汇总表

步骤 1　将鼠标光标定位于工作表的空白单元格内，选择"插入"选项卡，在"图表"组中单击"插入饼图或圆环图"，选择"饼图"选项，插入一个空白饼图，如图10-10所示。

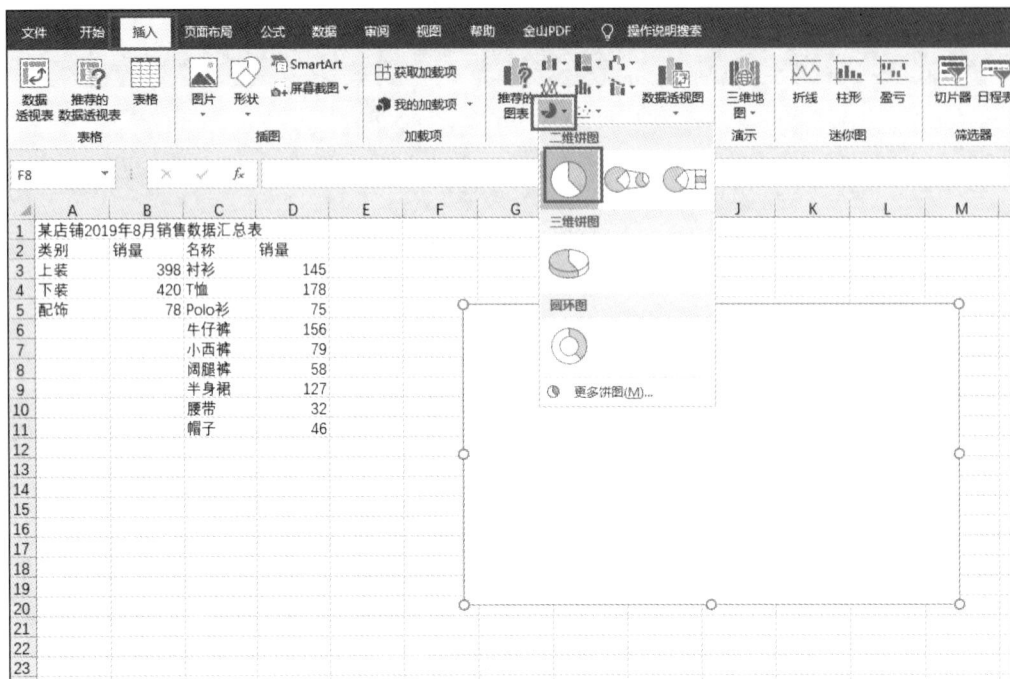

图 10-10　插入饼图

步骤 2　在图表的空白区域单击鼠标右键，在弹出的快捷菜单中选择"选择数据"命令，在"选择数据源"对话框中分别添加类别名称和系列名称，将"水平（分类）轴标签"设置为名称区域，如图10-11所示。设置完成后，两个饼图是完全重合在一起的。

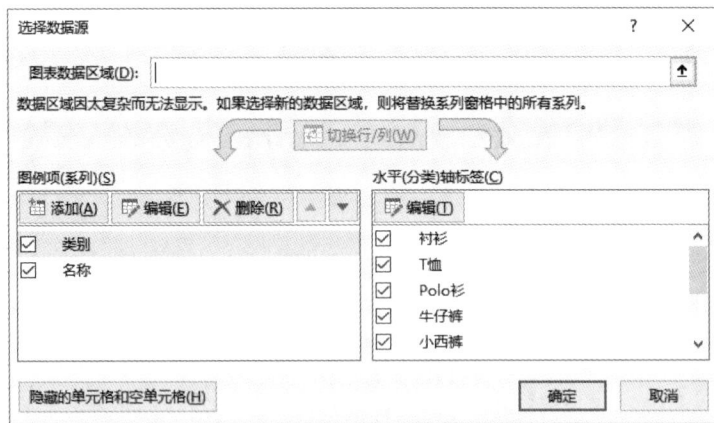

图 10-11　"选择数据源"对话框

步骤 3　选择类别饼图中的某个数据系列，单击鼠标右键，在弹出的快捷菜单中选择"设置数据系列格式"命令，设置数据系列绘制在"次坐标轴"上，设置饼图程度为"50%"；移动3块分离的类别饼图（需要注意的是，要逐块分别移动，不能一次性全选移动），同时添加数据标签，即可形成图10-12所示的双层饼图。

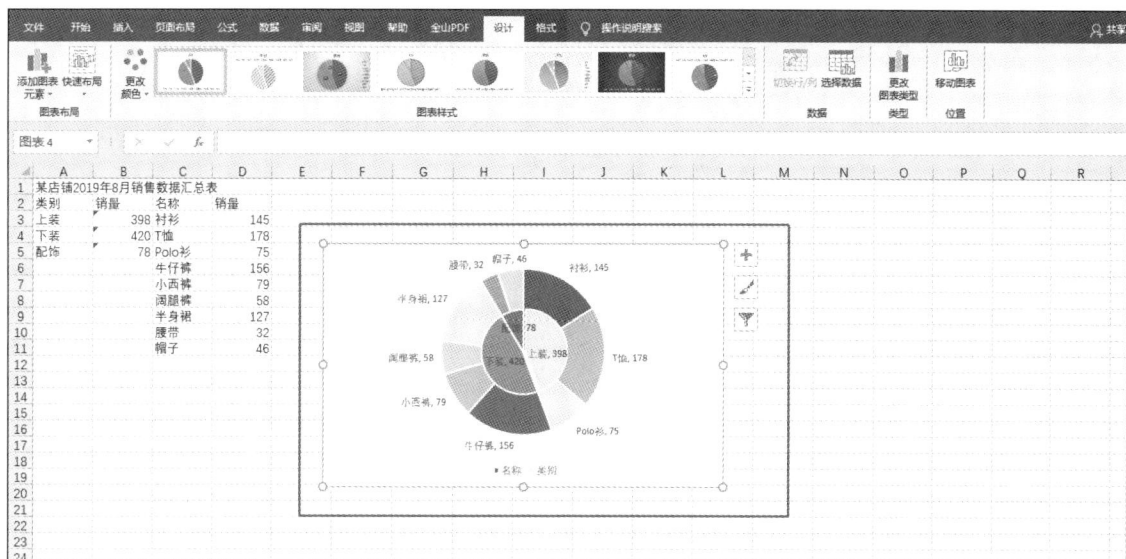

图 10-12　某店铺销售数据双层饼图最终效果

为了让图表层次更分明，在进行颜色调整时可将每类商品的颜色设置为同一色系，但深浅不同，如上装全部是蓝色系，配饰全部为灰色系。

（4）散点图

散点图通常用于显示和比较数值，能够表示因变量随自变量变化而变化的大致趋势，据此设计人员可以选择合适的函数对数据点进行拟合。在不考虑时间的情况下比较大量数据时，可以使用散点图。某平台统计的不同年龄消费者的网购金额数据，如图 10-13 所示，下面基于此制作散点图。

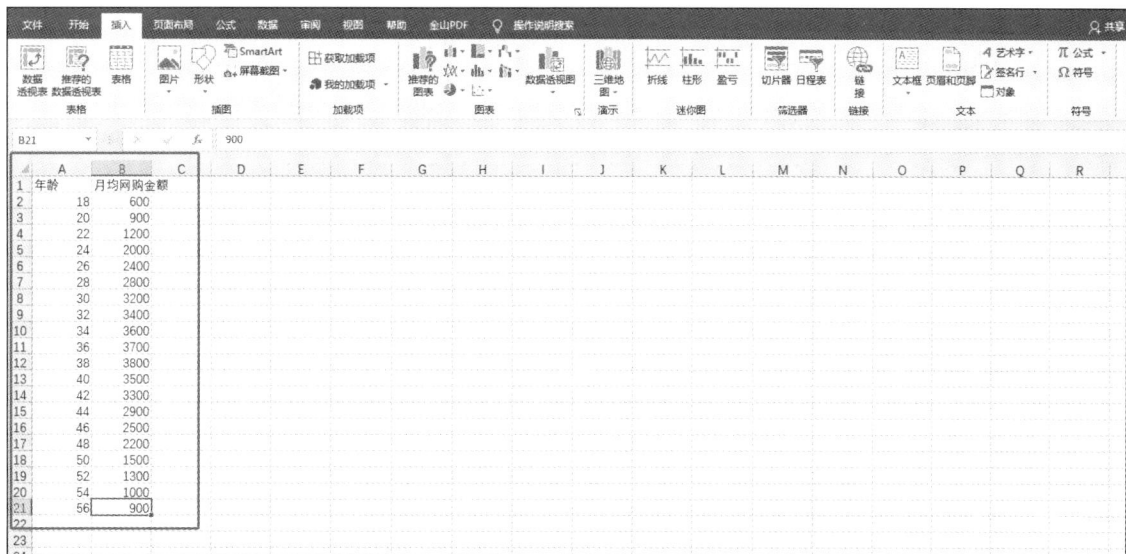

图 10-13　不同年龄消费者的网购金额数据

步骤 1　选中数据，选择"插入"选项卡，在"图表"组中单击"插入散点图"，选择"带平滑线和数据标记的散点图"选项，如图 10-14 所示。

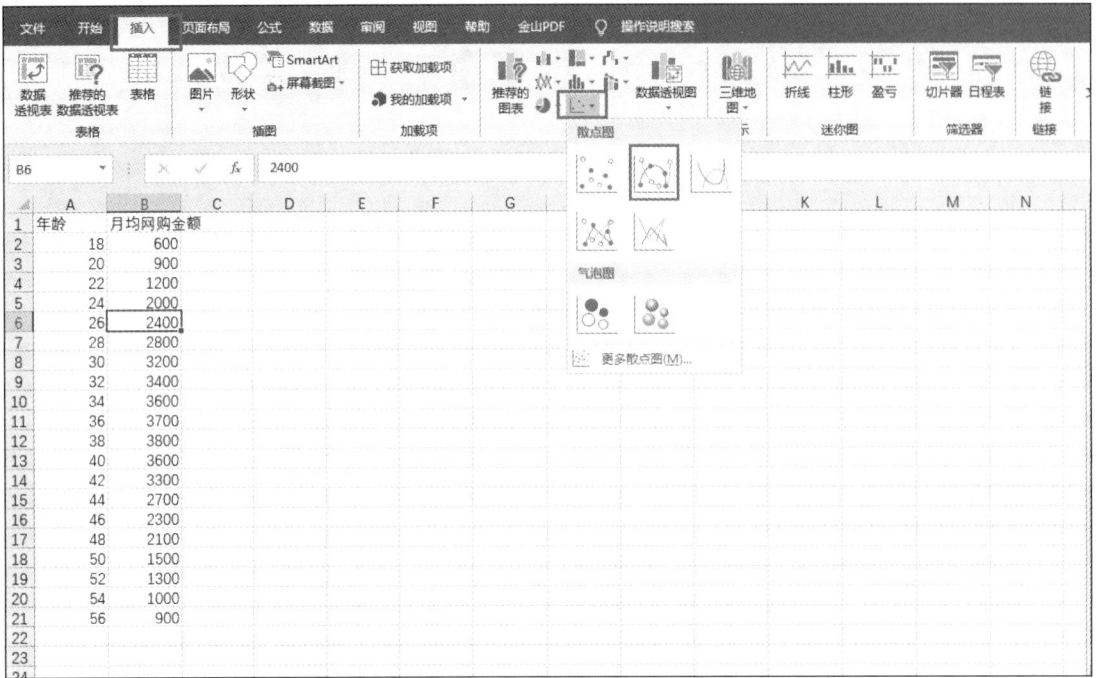

图 10-14　选择图表类型

步骤 2　此时即可插入散点图，调整图表的大小和位置，删除图例，设置图表标题，如图 10-15 所示；还可进一步设置图表元素、坐标轴选项等，使图表更加清晰、明了。

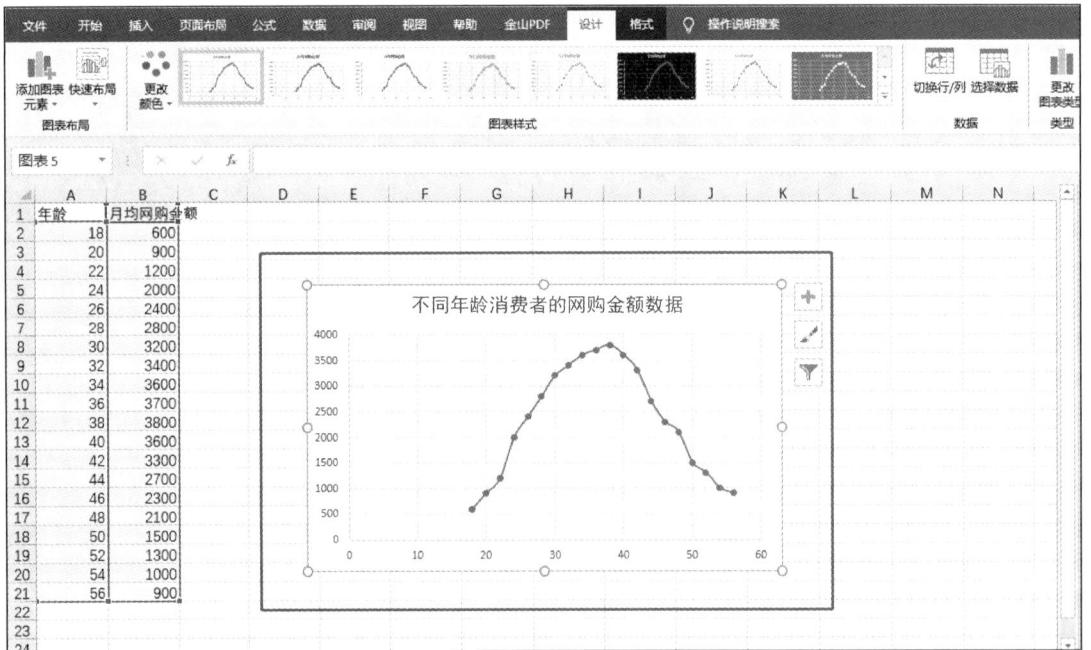

图 10-15　网购金额数据散点图最终效果

（5）气泡图

气泡图与散点图相似，可用于展示 3 个变量之间的关系。在绘制气泡图时将第一个变量放在横轴，第二个变量放在纵轴，第三个变量则用气泡的大小来表示。某电商平台统计的网购消费者的年龄分布数据，如图 10-16 所示。下面将基于此数据制作气泡图来展示消费者的年龄分布情况，操作步骤如下。

图 10-16　网购消费者的年龄分布数据

步骤 1　选择任一空白单元格，选择"插入"选项卡，在"图表"组中单击"插入气泡图"，选择"三维气泡图"选项，如图 10-17 所示。

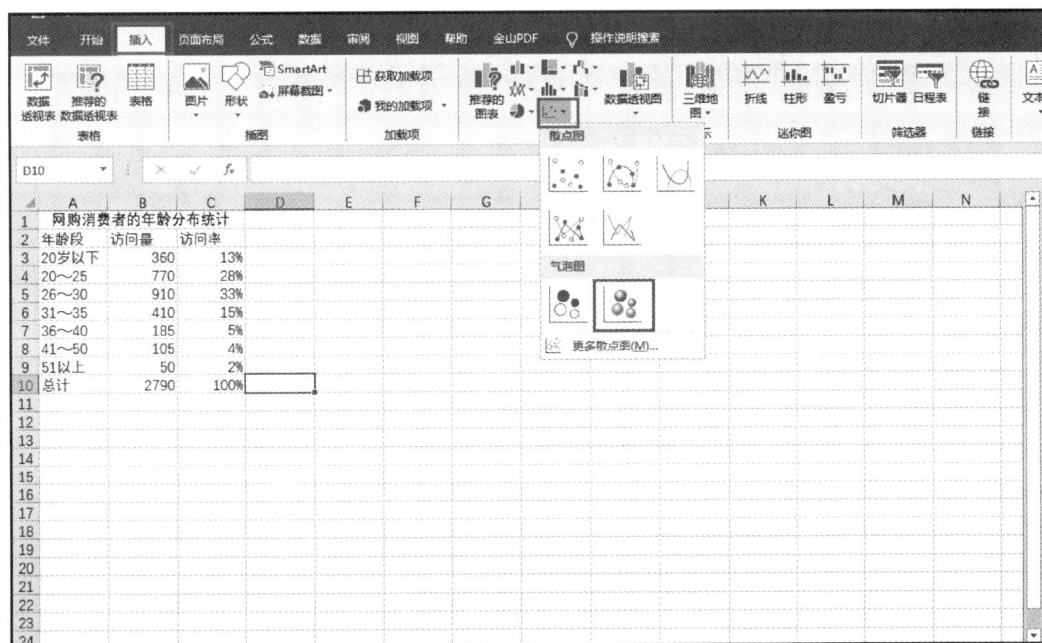

图 10-17　选择三维气泡图

步骤2 在插入的空白图标上单击鼠标右键，在弹出的快捷菜单中选择"选择数据"命令，在弹出的"选择数据源"对话框中，单击"添加"按钮；在弹出的"编辑数据系列"对话框中，设置"系列名称"为A1单元格，"X轴系列值"为A3:A9单元格区域，"Y轴系列值"为B3:B9单元格区域，"系列气泡大小"为C3:C9单元格区域，如图10-18所示，然后单击"确定"按钮。

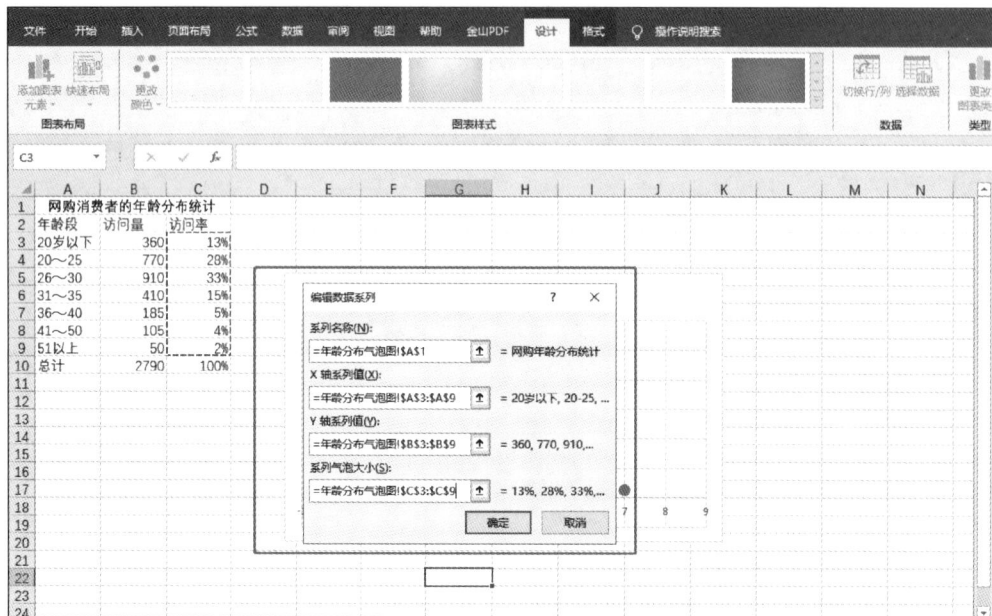

图10-18 "编辑数据系列"对话框

步骤3 调整图表大小，并删除图例；在数据系列上单击鼠标右键，在弹出的快捷键菜单中选择"设置数据系列格式"命令，在弹出的"设置数据系列格式"对话框中选择"填充"选项，勾选"依数据点着色"复选框，最终效果如图10-19所示。

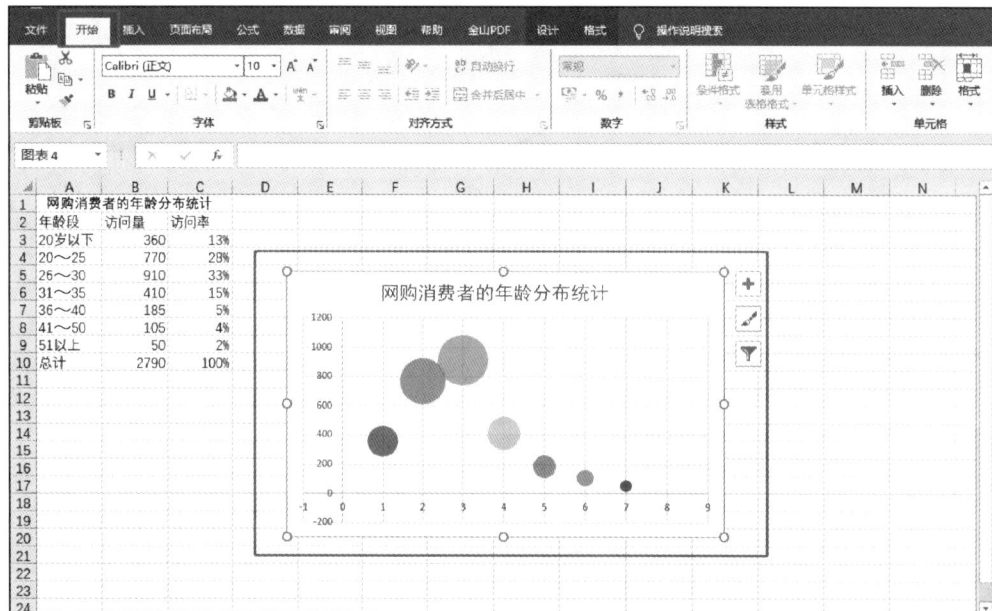

图10-19 网购消费者的年龄分布气泡图最终效果

10.1.4　使用特殊图表实现数据可视化

（1）瀑布图

瀑布图因形似瀑布而得名，具有像瀑布一样自上而下的、流畅的视觉效果。这类图表采用绝对值与相对值相结合的方式，很好地阐释了单个系列数据从一个值到另一个值的变化过程，形象地说明了数据的流动情况。

如果图表中个别数据点的数值同其他数据点相差较大，坐标轴刻度就会自动适应最大数值的数据点，而其他数值较小的数据点就无法在图表中直观体现。柱形断层图则可以忽略中间的数据，使所有数据都能在同一个图表中表现出来。某企业近一年的收支数据，如图 10-20 所示，下面将基于此进行瀑布图的制作，操作步骤如下。

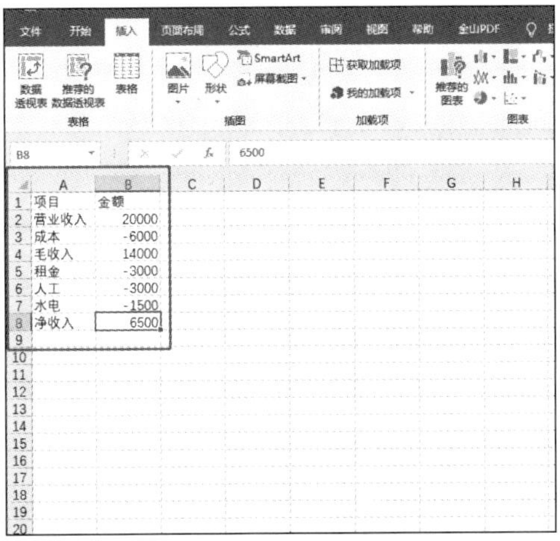

图 10-20　企业收支数据

步骤 1　选择任一数据单元格，选择"插入"选项卡，在"图表"组中单击"瀑布图"，选择"瀑布图"选项，如图 10-21 所示。

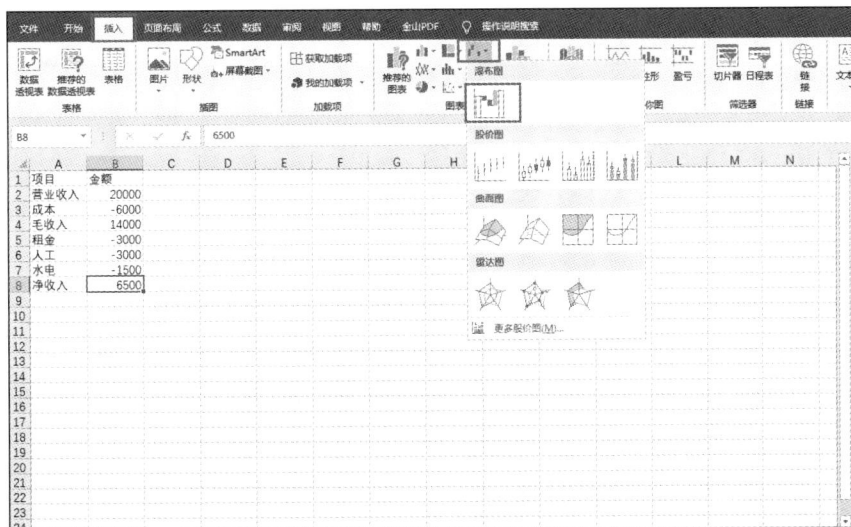

图 10-21　选择瀑布图

步骤 2 　更改图表标题为"某企业收支情况"；在图表中选中"毛收入"数据系列，单击鼠标右键，在弹出的快捷菜单中选择"设置为汇总"选项，这样设置后的瀑布图会更便于理解，如图 10-22 所示。

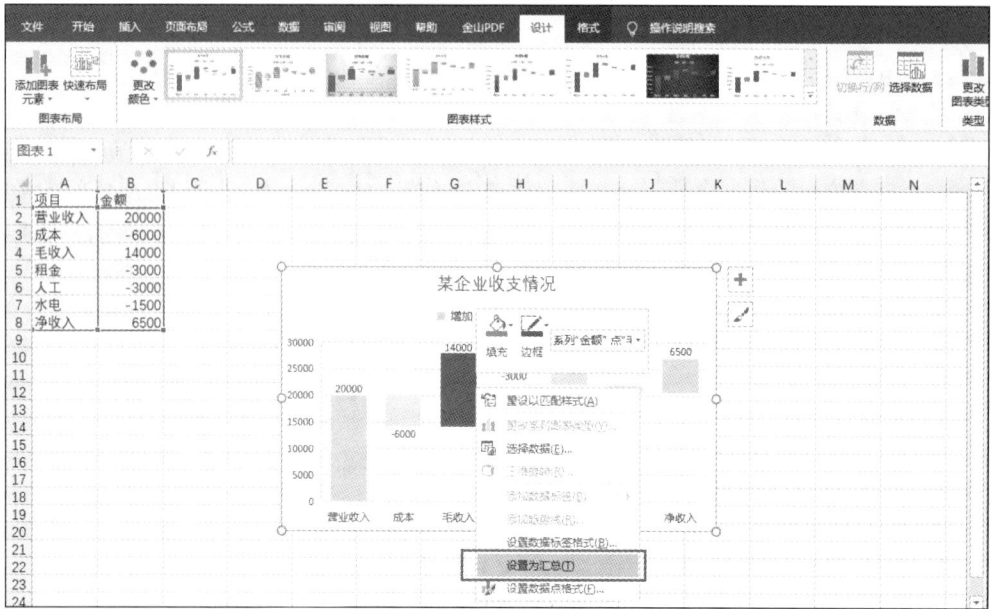

图 10-22　汇总"毛收入"

步骤 3 　对"净收入"数据系列进行相同的操作，得到的最终效果如图 10-23 所示。

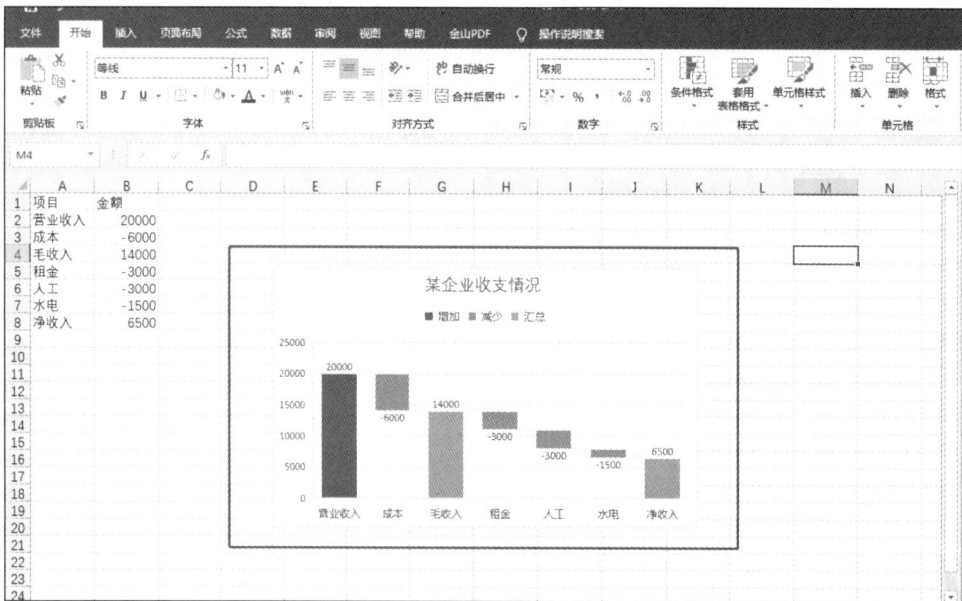

图 10-23　某企业收支情况瀑布图最终效果

（2）旋风图

旋风图能够直观地展示两组数据的对比情况。本例利用旋风图清楚地展示不同性别消费者在消费时的看重因素，具体操作步骤如下。

步骤 1 选中 A1:C6 单元格区域，选择"插入"选项卡，在"图表"组中单击"推荐的图表"，选择"组合图"选项，将图表类型设置为"簇状条形图"，其中将"女性"设置为显示在"次坐标轴"上，如图 10-24 所示。

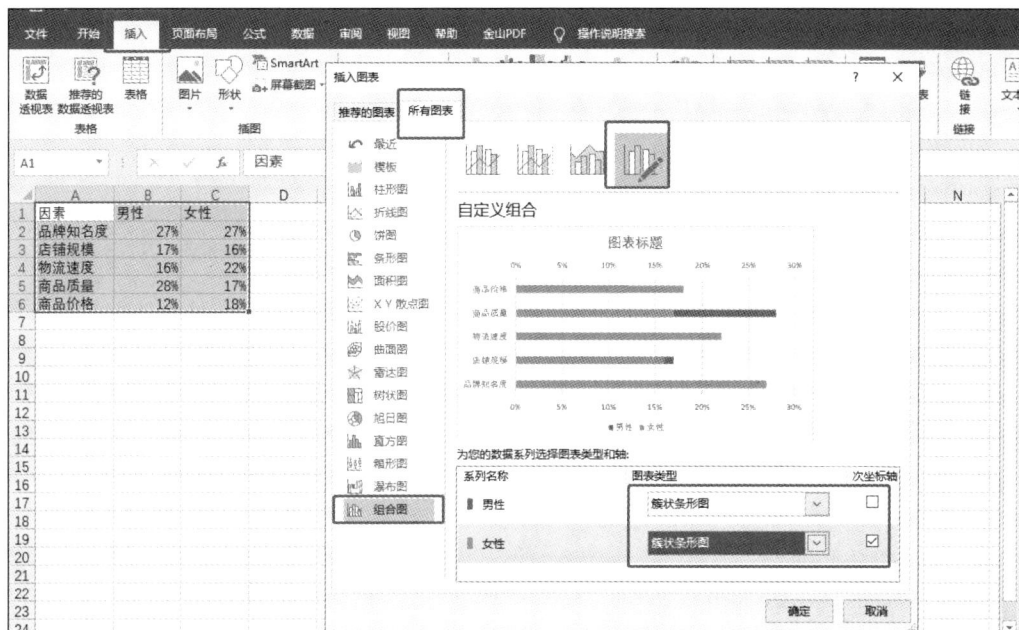

图 10-24 "插入图表"对话框

步骤 2 双击上面的坐标轴，设置其最小值和最大值分别为-80%和 80%，并勾选"逆序刻度值"复选框；同理，设置下面坐标轴的最大值和最小值；另外，单击坐标轴标签，在"坐标轴选项"中将标签位置设置为"低"，完成后如图 10-25 所示。

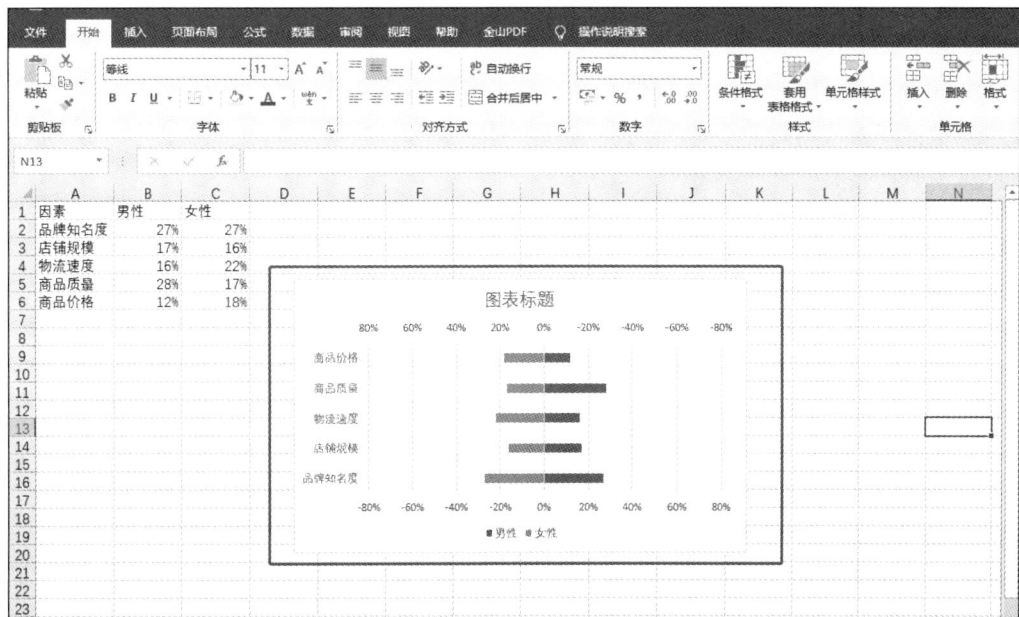

图 10-25 设置完坐标轴后的效果

步骤3 更改图表标题；按 Delete 键删除水平坐标轴和网格线等多余元素；设置数据系列的间隙宽度为"70%"；添加数据标签，并设置图表的颜色、文字格式等，完成后的最终效果如图 10-26 所示。

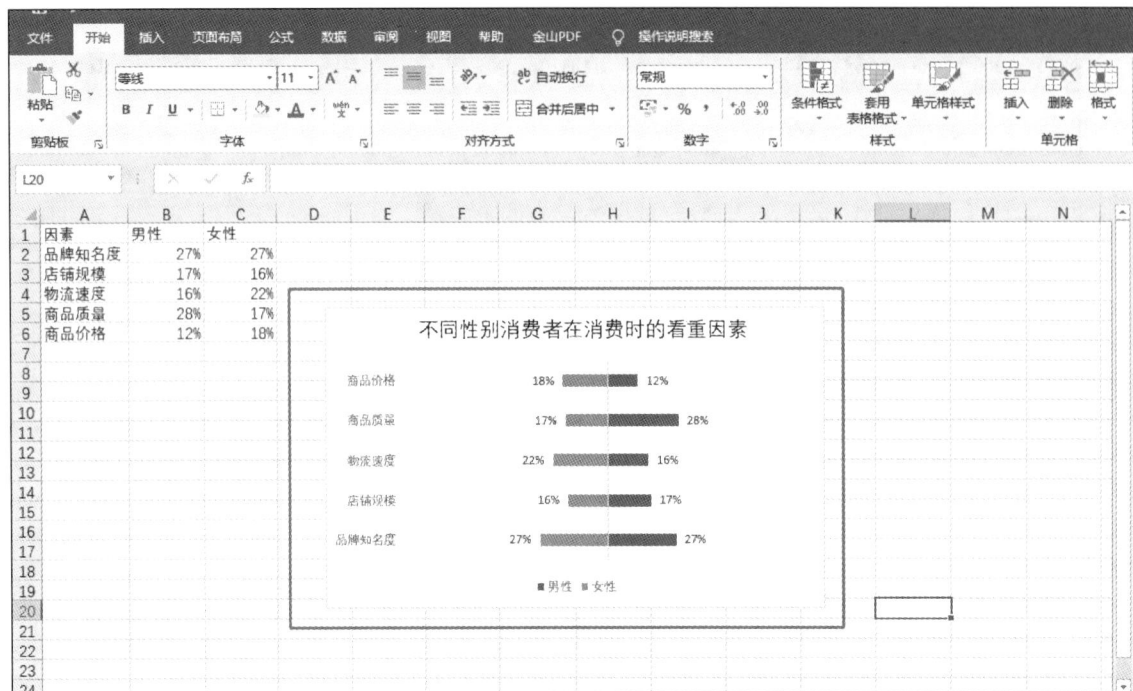

图 10-26 消费者看重因素旋风图最终效果

视野拓展

你知道给数据命名要注意哪些要点吗？

建立数据图表的第一步便是正确地为数据命名，数据的名称在Excel表格中称为字段，后期的数据分析计算均是以字段为依据进行的。由此可见，数据若命名不规范，很可能导致后续分析出现混乱。数据命名要把握以下3个要点。

要点1：言简意赅。

要点2：添加单位。

要点3：使用术语/通用书面语。

10.2 电子商务数据商业报告

10.2.1 电子商务数据商业报告的内容

1. 企业简介

企业简介通常是对一个企业或组织的基本情况的简单说明。通常在商业报告中撰写企业简介时，首先需要明确企业的背景，如企业性质和组成方式（集资方式）等；再从整体上介绍企业的经营范围、企业理念和企业文化；然后概括性地介绍一下企业现在的经营状况；最后指明企业未来的发展方向或者现阶段的发展目标。

2. 报告目标

通常情况下，在撰写商业报告时要明确商业报告的目标。首先阐明客户对于经营的疑虑，再针对客户的疑虑提出解决办法。

3. 制作流程

对商业报告制作流程的介绍，就是要写出制作商业报告的思路，概括出该商业报告写作的步骤以及在每步骤中所用到的方法。

另外，为了给企业呈现更清晰的商业报告写作流程，我们还可以将文字内容转换成流程图的模式，如图 10-27 所示。

图 10-27　商业报告流程图

4. 数据来源

这一部分主要是向客户说明商业报告中所有数据的来源，并指出为什么要选择这些数据源，以及数据的搜集方法。企业可以使用数据统计工具，获得相关数据。例如，分析会员数据的 CRM 软件、分析网店运营的生意参谋软件等。

5. 数据展示

这一部分需要将商业报告中所用到的数据展现出来。例如，某项目中介绍了计算机商品相关数据的各种处理方法，如果制作一个关于计算机商品销售网店的商业报告，就可以把项目中得到的数据结果展示出来。

6. 数据分析

数据分析主要分为 6 个方面：商品类目成交量、商品类目销售额、商品品牌成交量、商品品牌销售额、销售平台数据和竞争数据。只需根据上一部分中展示的数据，依次进行详细的解释和合理的推测即可。

7. 结论

我们在撰写商业报告结论时，要从企业的诉求出发，为企业提供建议。

10.2.2　电子商务数据商业报告写作实例

1. 制作企业简介

某企业是集销售和服务于一体的专业平板电脑经销商，涵盖平板电脑、MID、平板电脑电源等众多平板电脑品牌和平板电脑配件。该企业具有专业的进货渠道，是众多平板电脑品牌的特约经销商。该企业已经在 20 个城市开设实体店，为千万客户带来了高质量、高性能的平板电脑及其配件。针对新时代消费人群，该企业在原有的 20 个城市的实体店中配备了完善的渠道营销网络和售后服务分支机构，为客户提供专业的售后服务。为了顺应网购的大潮流，该企业准备进驻互联网，组建立华平板商城，打算在淘宝或者天猫上开设网上旗舰店，服务更多的网上客户。

2．编写报告目标

该企业关于开设网店存在着以下两个疑虑：销售什么商品？选择淘宝和天猫中的哪一个销售平台？

3．编写制作流程

这里的制作流程是指商业报告的数据分析流程。首先在淘宝和天猫两个平台上找到销售量前十的店铺，收集这 10 家店铺销售的商品类目和品牌；再分别对各商品类目和品牌的成交量和销售额进行分析，找出最佳商品类目和商品品牌；最后，对销售量前十的店铺所对应的销售平台（淘宝和天猫）进行分析，找出最佳销售平台。

4．收集数据

由于该企业网店的意向开设平台主要是阿里巴巴旗下的淘宝和天猫，所以相关数据可以从阿里巴巴的专业数据统计机构获得。

（1）因为该企业想要在淘宝或者天猫上开店，所以撰写商业报告时的数据应主要来自淘宝和天猫这两个平台。

（2）淘宝和天猫这两个平台中销量前十的店铺中的商品类目和商品品牌数据。

（3）数据收集的方法有以下两种。

① 通过阿里巴巴指数寻找销售量前十的店铺。

② 通过卖家独立店铺运营数据搜集各家店铺的商品类目信息和商品品牌信息。

5．分析图表数据

数据分析的意义在于一个企业通过商业报告中的数据分析，可以判定市场的动向，从而制订合适的生产与销售计划。下面就根据数据展示的内容，对相关数据进行分析。

（1）商品类目

通过对商品类目数据的分析，该企业可以了解市场上各种商品的成交量和销售额情况。

① 成交量。通过柱形图可以清楚知道平板电脑的成交量位列第一，因为大部分消费者进入店铺，第一需求就是平板电脑。

成交量排名第二的是平板电脑的保护套，因为保护套不仅可以保护平板电脑外壳不受磨损，其多样的外观更可以美化平板电脑，这对于作为平板电脑主要消费者的年轻人，具有强大的吸引力，其售价也比较低廉。

排名第三和第四的是平板电脑配件和平板电脑贴膜，因为这两种都是平板电脑的必需品，加上其价格低廉，所以也拥有较高的成交量。而充电器和数据线属于平板电脑的标配商品，随平板电脑一起出售，所以没有大量的消费者群体，成交量较低。

② 销售额。平板电脑以绝对优势占据商品类目销售额第一的位置。因为其他商品类目都属于平板电脑的附属配件，价格远低于平板电脑，所以平板电脑销售额的起点就比其他商品类目更高，再加之其成交量也远远大于其他商品类目，所以平板电脑的销售额最高（销售额=成交量×平均单价）。

（2）商品品牌

分析商品品牌的成交量和销售额，可以帮助该企业认识所销售的品牌，并确定主要的销售品牌。

① 成交量。通过商品品牌成交量柱形图可知，Apple 的平板电脑成交量以绝对优势名列第一，这与 Apple 的品牌价值密切相关。在线下的平板电脑市场中，提到平板电脑，大部分消费者首先想到的都是 Apple 的 iPad。强大的品牌价值使得 Apple 平板电脑拥有大量的消费者群体。

名列第二的 Colorfly 和名列第三的联想都是国产平板电脑的领头羊，它们都拥有精良的技术和不错的性价比，这也使得它们可以在平板电脑市场中占有一席之地。

而对于排在第四名的华硕，大部分消费者对于华硕的认知还停留在笔记本电脑上，对于它的平板电脑的认可度还不是很高。同样 E 人 E 本平板电脑，因为其品牌知名度不高造成成交量较低。

② 销售额。通过商品品牌销售额柱形图可知，Apple 的销售额最高，因为其售价相较于其他品牌的平板电脑高，成交量也较高。联想因为较高的成交量和适中的售价成了位居销售额第二的平板电脑品牌。

同时我们还应该注意到，在成交量的比较中，Colorfly 的成交量要高于联想的成交量，但是销售额却远低于联想，是因为联想的平均售价高于 Colorfly。其他品牌的平板电脑因为没有强大的消费者市场，同时因为售价不高，销售额较低。

（3）销售平台

由销售平台所制作的饼图可知，无论是成交量还是销售额，淘宝都要比天猫高。

6. 得出报告结论

通过以上的数据分析，得出以下 3 个结论。

（1）商品类目

如果企业比较看重商品类目的成交量，那么第一应考虑的是平板电脑；平板电脑保护套是大部分消费者在购买平板电脑时必买的商品类目，所以企业也应该将保护套作为重点考虑的商品类目。至于平板电脑配件、平板电脑贴膜也都有较高的成交量，企业也可以将它们纳入考虑范围。如果企业比较看重商品类目的销售额，那么第一考虑的也应该是平板电脑，因为平板电脑的起价远远高于其他商品类目。通过前面的柱形图，我们还可以看到，平板电脑保护套和平板电脑配件也能带给企业一定的销售额，所以企业可以将这两种商品类目纳入考虑范围。

（2）品牌选择

Apple 由于其强大的品牌实力，在平板电脑的消费者群体中拥有很高的品牌知名度，所以不论是成交量还是销售额都比其他的平板电脑的品牌要高出很多。所以企业应该将 Apple 纳为重点考虑品牌。

如果企业更看重平板电脑的成交量，那么除了 Apple 之外，还可以将 Colorfly 作为考虑对象。

如果企业比较看重平板电脑的销售额，通过前面的分析，可以看到联想是除了 Apple 之外带来最高销售额的品牌，所以也可以将联想纳为重点考虑对象。

（3）销售平台

通过淘宝和天猫的销售平台数据可知，淘宝拥有更高的销售能力，所以企业应该将淘宝作为第一考虑的销售平台。

知识拓展 1

行业研究报告的实际案例

1. 实训目的

（1）回顾学习过的知识。

（2）完成一份系统的行业研究报告。

2. 行业研究报告内容

行业研究报告的内容主要包括以下几个部分。

① 市场规模。

② 市场趋势。

③ 市场竞争度。

④ 行业价格波段分布。

⑤ 主要竞争对手的识别。

⑥ 竞店的分析对比。

⑦ 竞品的分析对比。

⑧ 客户舆情分析。

⑨ 选品建议。

⑩ 选词建议。

3．报告要求

① 报告内容不少于20页（除封面、主题页和尾页）。

② 报告背景色不可使用暗色调（如深蓝、黑、紫、灰等）。

③ 报告必须包含小结和总结，要有明确的结论。

④ 报告要在规定时间内完成。

4．示例

（1）封面示例（见图10-28）

图 10-28　封面示例

（2）目录示例（见图10-29）

图 10-29　目录示例

（3）内容示例（见图10-30）

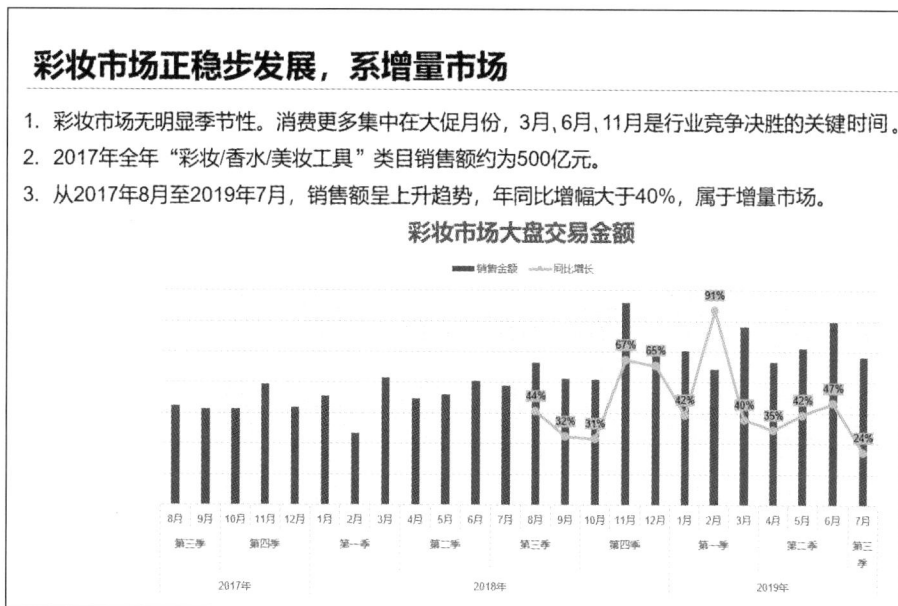

图 10-30　内容示例

（4）小结/总结示例（见图10-31）

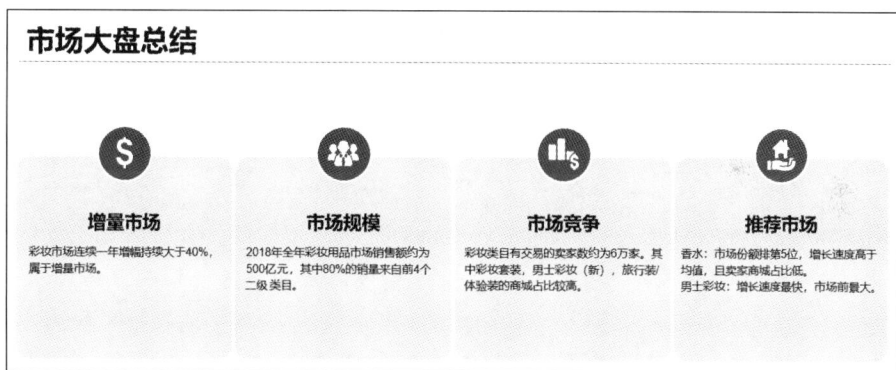

图 10-31　小结/总结示例

知识拓展 2

店铺企划商业报告的实际案例

1. 实训目的

（1）回顾学习过的知识。

（2）完成一份系统的店铺企划商业报告。

2. 店铺企划商业报告内容

店铺企划商业报告主要包括以下3个部分。

① 项目盈亏预测。

② 目标拆解。

③ 店铺全年计划拆解。

3. 报告要求

① 报告中规划的每个数据都要有合理依据；数据的来源、依据要阐述清楚。

② 报告内容不少于15页（除封面、主题页和尾页）。

③ 报告背景色不可使用暗色调（如深蓝、黑、紫、灰等）。

④ 报告必须包含小结和总结，要有明确的结论。

⑤ 报告在规定时间内完成。

思考题

1. 简述数据可视化的内涵。

2. 电商数据可视化的意义是什么？

3. 简要概括电商数据可视化的步骤。

4. 对于企业想要呈现一个良好的电商数据可视化效果，可以从哪些方面进行提升？

5. 简要罗列电商图表可视化的主要类型及应用场景。